L'EUROPE ET L'HUMANITÉ

 PHILOSOPHIE ET LANGAGE

N.S. Troubetzkoy

l'Europe et l'humanité

traduction et notes par Patrick Sériot

précédé de

*Troubetzkoy,
linguiste ou historiosophe des totalités organiques ?*

par Patrick Sériot

MARDAGA

© 1996, Pierre Mardaga éditeur
Hayen 11 -B-4140 Sprimont
D. 1996-0024-22

Patrick Sériot :
N.S. Troubetzkoy, linguiste ou historiosophe des totalités organiques ?

**LIRE TROUBETZKOY EN FRANÇAIS
À LA FIN DU XXe SIÈCLE**

Les textes étonnants qu'on va lire ne sont pas de ceux qui auraient touché un public francophone il y a encore une dizaine d'années, avant la chute du Mur et de bien des certitudes, quand le potentiel intellectuel de l'émigration russe de l'entre-deux-guerres, monde finissant, en décalage avec son époque, n'était reconnu que pour ses peintres et ses poètes, et que tout le reste, l'apport scientifique original, était ignoré.

Il n'en est plus de même maintenant.

Aussi curieux que cela puisse paraître, cependant, N.S. Troubetzkoy est mal connu. Le malentendu qui règne à son sujet est si grand qu'est apparue la nécessité de publier en français des textes qui puissent faire prendre conscience de la distance qui le sépare de l'image qui en est habituellement donnée.

Les *Principes de phonologie* (publiés en allemand en 1939 à Prague, en français en 1949, en russe en 1966) sont la partie émergée de l'iceberg. Ils sont connus en dehors de leur contexte scientifique, mais aussi culturel et idéologique, ce qui est symptomatique de la réception de la science russe dans le monde francophone. De ce contexte, on ne connaît en français que la traduction des notes autobiographiques de Troubetzkoy (annexées aux *Principes de phonologie*[1]) et les remarques embarrassées de G. Mounin, ponctuées de points d'interrogation, dans le second volume de son *Histoire de la linguistique*[2]. C'est peu pour reconstituer l'ensemble.

Une sorte de vulgate s'est ainsi peu à peu établie à propos de Troubetzkoy en «Occident», étroitement dépendante des traductions disponibles, qui le présentent comme un pur et simple continuateur de la pensée de Saussure. L'«autre» Troubetzkoy, le culturologue et l'historiosophe, commence à être publié dans la Russie d'aujourd'hui, mais c'est alors une autre déformation qui menace son image : souvent pure hagiographie, cette redécouverte est centrée sur l'homme et l'œuvre, sans le mettre en rapport avec l'*air du temps* de son époque, sans que soit possible une mise en perspective, une commensurabilité, seules pouvant permettre une analyse épistémologique de l'apport de Troubetzkoy au savoir de son temps.

Cette introduction voudrait combler ces lacunes et faire fonctionner conjointement les deux approches.

En dehors de «*Pensées sur le problème indo-européen*», les textes de Troubetzkoy présentés ici s'adressaient essentiellement à des Russes. Ils n'avaient probablement pas pour objectif d'être traduits. Les lire en cette fin du XXe siècle présente pourtant un triple intérêt. D'abord il nous font saisir un aspect inédit de l'histoire tourmentée du structuralisme européen. Ensuite on va pouvoir entrer dans la représentation de la culture russe que se fait un de ses plus grands intellectuels. Enfin, et ce n'est sans doute pas le moindre des paradoxes, on va pouvoir se poser des questions inédites sur les rapports entre science et culture dans le domaine des sciences humaines.

Ces textes de Troubetzkoy peuvent être lus à plusieurs niveaux, dans différentes perspectives : par des linguistes qui recherchent le fond philosophique, idéologique, culturel large au sein duquel peuvent naître des idées, des concepts, des représentations sur la langue; par des philosophes et des théoriciens des sciences politiques, qui verront comment une théorie explicite du nationalisme peut s'articuler sur une authentique pratique scientifique (philosophique, structuraliste au sens large), en un renversement de paradigmes. Enfin, par des spécialistes de géopolitique, qui y retrouveront une représentation explicite de la frontière symbolique entre la Russie et l'Europe comme séparation entre deux «continents», entre deux «mondes».

Mais ils permettent de s'interroger, aussi, sur les valeurs de la démocratie, mise en péril dans l'entre-deux-guerres non seulement par les idéologies totalitaires, mais aussi par la vision «idéocratique» et «démotique» d'intellectuels russes émigrés de grand talent. Notre problème, en tant que lecteurs occidentaux interpellés par ce refus de la «civilisation occidentale», est de savoir jauger ce relativisme, qui mène par exemple dans de nombreux pays à récuser toute notion de valeurs universelles. On pourrait alors peut-être engager un dialogue critique avec la culture russe, non sous la forme d'une stricte hagiographie, d'une fascination exotisante pour une mystérieuse «âme russe», mais dans la perspective comparative d'une commensurabilité, d'une mise en parallèle. Si des différences apparaissent entre la Russie et l'«Occident», elles doivent être argumentées et mesurables. On pourrait appeler cette perspective une «épistémologie comparée», si tant est que cette notion ait un sens. La thèse qui sera défendue ici est qu'on n'explique rien sur Troubetzkoy par «l'âme russe» ou quelque chose ayant trait à un déterminisme ethnique : pour étudier une philosophie relativiste, il ne faut pas se faire relativiste soi-même, ne pas couper Troubetzkoy de son époque, tout en étudiant le parcours intellectuel d'un des «pères fondateurs» du structuralisme, et en interrogeant la cohérence de sa vision des entités telles que langue, culture, peuple, ou nation...

Une thèse scientifique ne naît pas toute seule, elle a une histoire pas seulement interne, elle s'inscrit dans un contexte intellectuel large, mais aussi social, etc. L'ambition de cette introduction est de présenter une activité scientifique «en contexte», d'expliquer des allusions qui semblent ne pas faire sens, de reconstituer un univers mental dans sa complexité. Il faut faire apparaître le lien entre l'activité du linguiste et celle de l'historiosophe-culturologue, qui revendiquait une vision du monde unique, synthétique, «formant un tout». Les *Grundzüge* et toute la phonologie prennent un *sens différent* si on les replace dans le contexte global. Autrement dit, on entend ici pouvoir répondre à cette question troublante : comment Troubetzkoy peut-il être *à la fois* un des pères fondateurs du structuralisme *et* celui de l'eurasisme? (y a-t-il un conflit de la modernité et du passé?) Notre vision du structuralisme devrait en sortir quelque peu transformée.

De quelle manière ces textes participent-ils au mouvement de la connaissance? Si l'on s'interroge sur la façon dont on peut reconnaître une nouveauté scientifique, ces textes nous montrent que, chez Troubetzkoy, la nouveauté, la rupture n'est pas où l'on pourrait le croire, en tout cas pas dans l'avancée vers un structuralisme classique de type «européen». Les termes de rupture et de «tradition» vont occuper une place importante dans cette discussion : Troubetzkoy tout à la fois rompt avec une certaine linguistique russe (celle de Fortunatov et des Néogrammairiens russes), et prolonge une certaine pensée philosophique russe (celle des *Ljubomudry* et des slavophiles), tout en vivant profondément dans son temps et sa situation d'émigré. Or la nouveauté qu'apporte Troubetzkoy a une histoire. Si certains de ces textes, du point de vue de la réflexion historique ou idéologique, ne présentent plus qu'un intérêt historique, ils sont en fait fondamentaux pour comprendre la genèse d'un structuralisme qui est bien souvent présenté comme *trop lisse* dans les histoires de la linguistique, alors qu'elle présente de bien nombreuses aspérités.

Il convient de ne pas faire non plus de ces textes une lecture récursive, de ne pas les lire en s'appuyant sur ce qui est venu après, mais de les replacer dans leur contexte, celui de l'émigration russe et de l'entre-deux-guerres, ce moment-clé pour l'histoire de la linguistique et des sciences humaines en général. On pourra alors tenter de retrouver le fil, de reconstituer l'horizon scientifique, culturel et idéologique dont venait Troubetzkoy, tout en montrant au public francophone qu'on peut porter au monde russe et d'Europe orientale un intérêt autre qu'artistique et littéraire, maintenant que, grâce à l'ouverture des archives, on peut rassembler les bribes disparates de ce qui fut autrefois un ensemble cohérent. Comprendre ce qu'est l'Europe nécessite aussi d'en concevoir l'histoire de la pensée scientifique, afin d'en déterminer l'insaisissable frontière orientale. Savoir si la Russie appartient culturellement à l'Europe ou non passe sans doute aussi par ces interrogations.

Ce choix de textes, comme tout choix, peut être jugé arbitraire, il pourrait être différent. On a voulu montrer ici diverses facettes d'un aspect mal connu de l'œuvre de Troubetzkoy, en prenant à la lettre un de ses principes, à savoir que tous les aspects de la vie et de l'œuvre d'un individu s'éclairent réciproquement : le linguiste, le culturologue et l'historiosophe ne font qu'un.

BIOGRAPHIE

Les biographies de N.S. Troubetzkoy ne sont pas nombreuses, aucune n'existe en français, à part les «Notes autobiographiques» communiquées par R. Jakobson et publiées en annexe aux *Principes de phonologie*. Les renseignements essentiels sur la vie de Troubetzkoy se trouvent dans les nécrologies (Tschižewskij 1939; Jakobson 1973) et les introductions ou postfaces des recueils d'articles (Tolstoj 1995; Liberman 1991). C'est dans ce dernier texte qu'on trouve les renseignements les plus exhaustifs et la bibliographie la plus complète à son sujet. Mais depuis 1991 les travaux sur Troubetzkoy se sont multipliés, principalement en Russie. Enfin, on consultera avec profit Toman (1995), le seul «Occidental» à avoir sérieusement exploité les archives de Troubetzkoy à Moscou et à Prague.

Le milieu intellectuel

N.S. Troubetzkoy (Nikolaj Sergeevič Trubeckoj[3], 1890-1938) est né à Moscou, dans le milieu de la haute aristocratie intellectuelle, dans une famille où étaient abondamment discutées les questions philosophiques qui dominaient la scène intellectuelle en Russie au tournant du XXe siècle. Le philosophe V.S. Solov'ev était un habitué de la maison.

Son père Sergej Nikolaevič Trubeckoj (1862-1905), professeur de philosophie à l'Université de Moscou, était connu pour ses travaux sur Platon et la théorie du Logos. Premier recteur de l'Université de Moscou à avoir été élu, il joua un rôle important dans la démocratisation de la vie russe et la diffusion des idées «libérales», ce qui lui valut des attaques sarcastiques de la part de Lénine. Il mourut un mois après avoir été élu Recteur, à l'âge de 43 ans, de la même maladie cardiaque qui emporta son fils à 48 ans.

Son oncle Evgenij Nikolaevič Trubeckoj a écrit une étude en deux volumes sur la pensée de V. Solov'ev, mais c'était essentiellement un historien de l'art. Les idées de N.S. Troubetzkoy sur l'art russe ancien sont proches de celles de son oncle sur l'art des icônes. Les articles et conférences de E.N. Trubeckoj sur la période pré-pétrovienne et l'orthodoxie et les essais de N.S. Troubetzkoy sur la littérature russe ancienne ont la même origine : tous deux admiraient l'art russe ancien, et pensaient qu'il avait été mal compris. Tous les deux essayaient d'en reconstituer le langage.

Son autre oncle, Grigorij Nikolaevič Trubeckoj, était spécialiste de sciences politiques. Les analyses que fait N.S. Troubetzkoy de l'histoire politique de la Russie n'ont pas un rapport direct avec celles de son oncle ou de son père. Il s'agit d'une autre génération. Mais le milieu profondément orthodoxe dans lequel il vivait et l'éducation religieuse qu'il avait reçue ont grandement influencé ses intérêts et ses opinions. L'histoire et le sens du christianisme, les relations entre le christianisme et les autres religions étaient des thèmes de réflexion pour tous les membres de cette famille érudite, qui avaient en commun un intérêt profond pour une réflexion sur le destin de la Russie.

Les années de Russie

N.S. Troubetzkoy fut un enfant précoce, un «Wunderkind» (l'expression est de D. Tschiževskij, 1939, p. 464). Il n'est pas allé à l'école, mais suivait les cours de répétiteurs privés chez lui. Chaque année, lui et ses frères et sœurs se présentaient aux examens du Gymnase classique de Moscou (*cf. Notes autobiographiques*, p. XVI).

A partir de l'âge de 14 ans il assiste aux réunions de la *Section ethnographique de la Société des amis des sciences naturelles, de l'anthropologie et de l'ethnologie*, dont le Président est Vsevolod F. Miller, spécialiste de folklore et caucasologue, chercheur connu pour ses études sur la poésie épique et les langues indo-iraniennes[4], qui remarque les qualités exceptionnelles du jeune garçon.

En 1908 il commence ses études au Département de philosophie et de psychologie de la Faculté d'histoire et de philologie (l'équivalent d'une Faculté des Lettres) à l'Université de Moscou. Il étudie l'ethnopsychologie, la philosophie de l'histoire et les problèmes de méthodologie, mais, déçu par les cours, il passe au département de philologie (*cf. Notes autobiographiques*, p. XVII), provoquant une grande déception chez ceux qui voyaient en lui un futur philosophe et le successeur de son père et de son oncle (*cf.* Jakobson, 1973, p. 300).

Liberman rappelle que le chef du Département de linguistique à l'Université de Moscou était V. Porzeziński, fidèle à l'enseignement de Fortunatov, et que les vues de Troubetzkoy étaient fort différentes. Ils étaient cependant issus de la même école : Hjelmslev (1939, p. 56, 59) relie certaines convictions de Troubetzkoy à l'enseignement de Porzeziński. La linguistique à l'Université de Moscou à cette époque était essentiellement l'étude des langues indo-européennes. Or Troubetzkoy s'intéressait avant tout à des langues non indo-européennes (finno-ougriennes et caucasiennes). Il reste néanmoins chez Porzeziński parce qu'il pensait qu'on ne pouvait apprendre la méthode comparative que chez les indo-européanistes. D'après les *Notes autobiographiques* (p. XVII) il était venu à la conclusion (à l'âge de 18 ans...) que la linguistique était la seule branche des sciences humaines possédant une approche scientifique, et que toutes les autres branches (ethnographie, histoire des religions, histoire de la culture, etc.) n'abandonneraient leur âge préscientifique, «alchimique», que si elles suivaient l'exemple de la linguistique. Peu de gens pensaient de la sorte en 1909.

L'année universitaire 1913-1914 il suit les cours de Brugmann, Leskien et des autres Néogrammairiens à Leipzig, en même temps que L. Bloomfield et L. Tesnière.

En 1915 il devient privat-docent (chargé de cours) à l'Université de Moscou, où il fait un cours sur la linguistique comparée.

Le jeune chercheur

Troubetzkoy publie son premier article scientifique à l'âge de 15 ans, en 1905, dans la prestigieuse revue *Etnologičeskoe obozrenie*. Il traite du chant finnois «Kulto neito» à la lumière de la théorie des survivances (*cf.* Toman, 1987). Ses contributions à la revue paraissent régulièrement jusqu'à la guerre, elles traitent de folklore et d'ethnographie[5] finnoise, paléo-sibérienne et caucasienne, étudient les représentations et motifs mythologiques populaires de ces domaines ethniques. La matière de ses premières recherches est la culture des «petits peuples» non indo-européens.

La vie dans l'émigration

Troubetzkoy, qui devait faire un cours sur l'avestique et le vieux perse durant l'année universitaire 1917-1918, ne semblait pas prévoir la catastrophe imminente lorsqu'il partit durant l'été 1917 à Kislovodsk, une ville d'eau du Caucase. Il quittait Moscou pour ne plus jamais y revenir. Après la Révolution d'Octobre il passe du «désert intellectuel» de Kislovodsk à Tiflis, puis Bakou, où il contracte le typhus, et enfin s'installe à Rostov-sur-le-Don, où il trouve un emploi de privat-docent en grammaire comparée à l'Université. Il souffre là encore de solitude intellectuelle. Le 2 janvier 1920 la ville est prise par l'Armée rouge; il est évacué en Crimée, d'où il s'enfuit à Constantinople avec un flot de réfugiés russes. Avant de quitter Rostov, il avait déposé le manuscrit d'un livre sur «la Préhistoire des langues slaves», qui disparut lors d'un bombardement allemand en 1942 (Simeonov, 1977, p. 7). A la rentrée universitaire de 1920, il est nommé chargé de cours à l'université de Sofia, où il reste deux ans. Il enseigne la philologie indo-européenne et le sanskrit, ainsi que l'histoire de la pensée religieuse en Inde, devant un maigre auditoire, pour un salaire plus maigre encore[6]. La situation des émigrés russes devenant difficile en Bulgarie, il trouve finalement un poste à Vienne à la rentrée de 1922, en remplacement de V. Jagić. Il entre rapidement en contacts avec A. Meillet, et l'expérience accumulée dans le domaine de la caucasologie lui permet de donner rapidement à ce dernier et à M. Cohen les matériaux sur les langues caucasiennes pour le recueil *Les langues du monde*, paru à Paris en 1924. Il passe à Vienne le reste de sa vie, jusqu'à ce que les persécutions nazies ne hâtent sa mort, le 25 juin 1938 (sur la vie de Troubetzkoy à Vienne, *cf.* Hafner, 1988 et Jagoditsch, 1977). Ses réflexions personnelles sont désormais bien connues grâce à l'édition de sa correspondance avec Jakobson (éditée en 1975 par Jakobson), retrouvée dans des conditions rocambolesques. Il reste à espérer que ce document irremplaçable de l'histoire des idées linguistiques sera un jour traduit en français.

UNE PHILOSOPHIE DE L'HARMONIE ORGANIQUE

Troubetzkoy a activement participé à l'émergence de nouveaux domaines d'étude en linguistique, parfois il en est directement à l'origine : morphonologie, histoire des langues normées [literaturnye jazyki], typologie des structures linguistiques, linguistique contrastive, unions de langues [Sprachbünde], contacts de langues, linguistique aréale. On sait moins qu'il menait en parallèle une activité de philosophe, d'historien de la culture, d'ethnologue, d'essayiste politique, et que l'ensemble de ces activités intellectuelles ne formait pour lui qu'un seul et même ensemble *harmonieux, organique*, et non un conglomérat disparate.

La doctrine eurasienne

Arrivé à Sofia en 1920 après avoir été ballotté dans différentes villes par la guerre civile, Troubetzkoy devient l'instigateur d'un courant de pensée qui rassembla certains des esprits les plus brillants parmi les exilés russes de l'entre-deux-guerres: l'«eurasisme», pour lequel la Russie n'est ni l'Europe ni l'Asie, mais un troisième continent, un «monde à part», situé à l'Est de l'Europe et au Nord de l'Asie :

> Le substrat national de l'État qui autrefois s'appelait l'Empire russe et maintenant s'appelle l'URSS ne peut être que l'ensemble des peuples qui habitent cet État, envisagé comme une nation particulière, faite de plusieurs peuples [mnogonarodnaja nacija], et qui, en tant que telle, possède son nationalisme. Nous appelons cette nation *eurasienne*, son territoire *l'Eurasie*, et son nationalisme *l'eurasisme*.
> (*«Le nationalisme pan-eurasiste»*)

La première apparition publique de l'eurasisme eut lieu le 3 juin 1921 lors d'une séance du *Cercle de philosophie religieuse* de Sofia, où furent présentés deux exposés, l'un par G.V. Florovskij, l'autre par N.S. Troubetzkoy (Sobolev, 1991, p. 124). Dans la même année 1921, quatre jeunes intellectuels russes (la génération des années 90) émigrés à Sofia publient un recueil d'articles au titre énigmatique : *Issue vers l'Orient*.

Pressentiments et accomplissements. Affirmation des Eurasistes. Il s'agit de P.P. Suvčinskij (musicologue), G.V. Florovskij (théologien, historien de la culture), P.N. Savickij (économiste et géographe), et une fois encore N.S. Troubetzkoy, ethnologue et linguiste. Le recueil contenait une introduction et 10 articles.

Tous les émigrés partisans de ce mouvement avaient en commun l'idée que la Russie ne faisait pas partie de l'Europe, qu'elle avait une civilisation «à part», qui avait été niée en Russie par 200 ans d'un régime monarchique occidentalophile. A la différence des slavophiles, ils ne reconnaissaient aucun lien entre la Russie et les Slaves de l'Ouest, occidentalisés et catholiques, et leur réflexion à la fois sociale, politique et scientifique mettait en avant les *affinités* géographiques, historiques, culturelles et scientifiques entre les régions et peuples de Russie et de ceux de territoires adjacents, censés former une *unité naturelle.*

La culture russe était conçue par les eurasistes non comme le reflet de la culture occidentale, non comme une partie de cette culture, mais comme une culture «à part», propre à un ensemble de peuples d'Europe de l'Est et d'Asie, ayant des «affinités d'âme» avec la Russie. C'est cette affinité qui, d'après les auteurs de *Issue vers l'Orient*, rendent la culture russe «accessible et proche pour ces peuples, et qui, en sens inverse, rend féconde leur participation à la cause russe» (ib. p. VII).

Troubetzkoy, comme tous les eurasistes[7], tout en proposant une «révolution de la conscience», s'appuie sur une utopie rétrospective : non pas la Russie impériale issue des réformes de Pierre le Grand, mais la Russie moscovite, «authentique», qu'il pense issue du système de gouvernement tataro-mongol. La fascination pour l'Empire mongol est à la base de son livre, paru en 1925 sous le pseudonyme I.R.[8] : *L'héritage de Gengis Khan*. Malgré le (ou à cause du) désastre de la guerre de 1904 contre le Japon, l'intelligentsia russe portait un intérêt certain pour l'Asie en général, et la partie asiatique de l'Empire en particulier.

Les eurasistes avaient de nombreux désaccords entre eux, mais ils partageaient une conviction : ce n'est qu'en adoptant une «vision du monde» particulière, l'eurasisme, que l'on pouvait préserver l'unicité, la singularité de la culture russe, fondée sur l'héritage gréco-byzantin *et* sur la conquête mongole. La Russie (toujours identifiée à l'Eurasie) était considérée non pas comme un pays colonisateur (de l'Asie centrale et du Caucase), mais comme un pays colonisé (par les «Romano-Germains»). Qui plus est, l'expansion russe en Asie Centrale et dans le Caucase était vue comme un processus naturel et continu de développement organique, en une sorte de processus écologique, sans motivation politique et sans lien causal. L'Eurasie était ainsi pour eux une *unité* géopolitique naturelle, dont les caractéristiques géographiques (géophysiques), culturelles, historiques, ethniques, anthropologiques *coïncident*.

Les eurasistes revendiquent un «système scientifique» entièrement original (samobytnoe), d'avant-garde : une science «synthétique». Ils semblent tout ignorer des travaux de leurs contemporains ou prédécesseurs immédiats sur la nature géographique de la Russie, en particulier les théories anthropogéographiques de F. Ratzel et géopolitiques de J. Mackinder sur la nature de la Russie, (*cf.* Hauner, 1992), du moins ne citent-ils jamais leurs sources. Pourtant l'«air du temps» est indéniable. Contemporains d'Oswald Spengler, les eurasistes participent pleinement à la vie intellectuelle de l'Europe de l'après-guerre et du Traité de Versailles.

Si Troubetzkoy ne cite jamais ses sources (la seule exception est G. Tarde), il laisse (consciemment ou non), des traces de ses lectures. Ainsi son livre *L'Europe et l'humanité* est une allusion évidente au livre de N. Ja. Danilevskij de 1869 : *La Russie et l'Europe*. Ce livre, qui anticipe sur les constructions d'O. Spengler et A. Toynbee (il fut traduit en allemand juste après *Le déclin de l'Occident* de Spengler) a une thématique extrêmement proche de celle de Troubetzkoy, avec une théorie organiciste des «types historico-culturels fermés», il utilise la même terminologie en ce qui concerne les «Romano-Germains». De même, le sous-titre de *L'héritage de Gengis-Khan* : «Une vision de l'histoire russe non depuis l'Ouest mais depuis l'Est», semble renvoyer au sous-titre du livre de Danilevskij : «Une vision des relations culturelles et politiques du monde slave et du monde romano-germanique».

Malgré de très grandes et très précises différences avec Danilevskij, la lecture de celui-ci a laissé des traces chez Troubetzkoy, qui sont autant de pistes à suivre. Les thèmes principaux de convergence entre les deux penseurs ont tous un rapport avec un relativisme culturel extrême : une civilisation universelle est impossible et impensable, la culture ne peut exister qu'au pluriel (on retrouve le thème classique de l'opposition romantique entre culture et civilisation). De façon plus ou moins latente apparaît chez l'un et chez l'autre l'idée que la culture russe a une supériorité intrinsèque sur les autres. En tout cas, elle est spécifique, fondamentalement différente de celle des «Romano-Germains». Ces derniers ont une culture fondée sur la force, la violence et l'expansionnisme[9].

En revanche, Troubetzkoy et les eurasistes n'admettent aucune solidarité slave. A la différence des derniers slavophiles, ils ne proposent pas de reconquérir Constantinople : chacun doit rester chez soi et apprendre à se connaître soi-même. De même, Troubetzkoy accuse les slavophiles classiques d'être «occidentalisant» (*Sur le vrai et faux nationalisme*), parce que monde slave veut imiter les grandes puissances.

La philosophie de Troubetzkoy

Troubetzkoy est un philosophe de son temps et de son lieu, un lieu qui n'est pas si irréductiblement différent de l'Occident que Troubetzkoy le prétend.

a) la question du déterminisme

Le système philosophique, la «vision du monde» de Troubetzkoy et des eurasistes sont traversés d'une tension fort classique chez les héritiers russes de Hegel, entre un déterminisme implacable et un volontarisme fondé sur l'éthique.

La philosophie de l'histoire

Toutes les définitions actuelles du structuralisme insistent sur l'importance de la *synchronicité* des faits plutôt que de leur évolution. Il s'agit de montrer comment le structuralisme a dépassé l'approche néo-grammairienne. Or pour Troubetzkoy (comme pour Jakobson avant 1939) la dichotomie synchronie / diachronie est non seulement à dépasser : elle est irrecevable.

Par contraste avec la vision dominante qu'on a du structuralisme, les écrits de Troubetzkoy présentent une philosophie de l'histoire, mais avec une nuance particulière : c'est une téléologie qui refuse l'idée de progrès. En pleine époque de crise de l'idée de progrès, Troubetzkoy, comme G. Sorel son contemporain, refuse l'idée d'évolution linéaire, mais aussi l'idée romantique de l'âge d'or révolu.

Plusieurs auteurs on insisté sur la présence massive des thèmes hégéliens chez Jakobson et Troubetzkoy (Mounin, 1972, p. 100; Holenstein, 1984). Ce qu'il y a d'hégélien est sans doute sa philosophie de l'histoire, fort différente du structuralisme d'après la deuxième guerre mondiale. Pour Troubetzkoy, le devenir n'est jamais aléatoire, il *a un sens*. Ce sens doit être déchiffré.

Par certains aspects, sa conception du temps est typique du XIXe siècle : il y a irréversibilité, mais il y ajoute un correctif important : il n'y a pas universalité. Le temps s'écoule à l'intérieur de totalités fermées, les nations ne viennent pas tour à tour prendre place dans le grand processus universel de réalisation d'un Esprit absolu.

La philosophie de l'histoire chez Troubetzkoy n'est pas une discipline particulière, isolée, mais le domaine d'application pratique des principes généraux de la philosophie de la culture. L'histoire est la culture dans son déroulement diachronique, où les «personnes collectives» sont le moteur et le *sujet* du processus historique. Dans cette doctrine où les Européens sont mis en opposition au reste du monde, les Européens seuls semblent être soumis à un véritable fatalisme : leur vraie nature est la violence et l'expansionnisme. Le cas des autres peuples, en revanche, est moins désespéré : dans le processus véritable de connaissance de soi, chaque personne collective prend conscience de sa relativité, et reconnaît chaque autre personne comme égale en droit. Il reste néanmoins que l'européanisation est le mal fondamental du processus historique.

On notera encore un trait particulier à la philosophie de l'histoire de Troubetzkoy, vue à travers sa conception religieuse : il y a «intervention directe de Dieu dans le processus historique» («*La Tour de Babel*»). Néanmoins par la terminologie employée, cette conception repose sur la *nécessité* historique : nombreuses sont les formulations telles que : «il était inévitable que...», «l'impitoyable logique de l'histoire». De plus, tout groupe (ethnique, social...) a une *tâche* à accomplir. Ainsi en va-t-il des Ukrainiens :

> Une conscience nationale correctement développée montrera aux futurs créateurs de cette culture ses limites naturelles comme sa véritable essence et sa véritable tâche : devenir une individuation ukrainienne particulière de la culture pan-russe.
>
> («*Le problème ukrainien*»)

Au déterminisme historique correspond un déterminisme géographique : non seulement chaque entité anthropologique, mais encore chaque entité géographique a une tâche, un destin à accomplir, en tant que *totalité finalisée*. C'est dans *L'héritage de Gengis Khan* que cette idée revient comme un leitmotiv :

> Toute l'Eurasie [...] représente une totalité unique, aussi bien géographique qu'anthropologique. [...] De par sa nature même, l'Eurasie est historiquement destinée à constituer une totalité unique. [...] L'unification historique de l'Eurasie fut dès le début une nécessité historique. Et, en même temps, la nature même de l'Eurasie a indiqué les moyens de cette unification.

Ainsi encore, si le bolchevisme et le marxisme sont considérés comme la pire conséquence de la culture occidentale (ou, plus exactement, «romano-germanique»), il n'en va pas de même de la Révolution russe elle-même, conçue comme un immense et *nécessaire* cataclysme, qui a soulevé les masses russes en même temps que les peuples d'Orient : dans son essence subconsciente il ne s'agit pas d'une révolte des pauvres contre les riches, mais des opprimés par une culture étrangère pour reconquérir leur véritable «nature» culturelle. Pour les eurasistes, la Révolution d'octobre 1917 est une purification, un renouvellement, une résurrection du vrai esprit des steppes propre à la culture russe, et le point de départ du processus de renforcement de la puissance de l'Eurasie.

Une conception aréale de la culture

On est habitué en Europe occidentale au discours anti-colonial dans une perspective Nord / Sud et une argumentation «de gauche». Moins connu est un discours anti-colonial anti-occidental, «de droite», en provenance de Russie, dans une perspective Est / Ouest. L'enjeu, en effet, n'est pas l'émancipation du peuple, mais une défense de la tradition nationale. Ce renversement de perspective prend un intérêt très actuel à la lumière d'événements récents survenus en Russie, qui ne prennent sens que si l'on en connaît les antécédents historiques, remontant à la pensée slavophile, mais certainement aussi à la vision de l'Occident «latin» par les Byzantins. Quoi qu'il en soit, prôner une «ré-asiatisation» de la Russie pour éviter le «cauchemar de l'européanisation» est aussi une façon de justifier la politique coloniale de l'Empire russe et toutes les résistances au séparatisme des Républiques de la part de l'État soviétique. Reconsidérer le joug tatare comme positif, comme fondateur du système étatique russe permet de considérer l'influence occidentale comme un «joug romano-germanique».

Pourtant cette conception aréale de la culture entraîne à son tour de nombreuses difficultés. Une tension constante entre les catégories du continu et du discontinu caractérise la conception qu'a Troubetzkoy des entités collectives comme les peuples et les cultures. D'une part, ces entités sont enchâssées dans une structure hiérarchique complexe :

> Il n'y a pas (ou pratiquement pas) de peuples entièrement spécifiques ou isolés : chaque peuple fait toujours partie d'un groupe de peuples à qui il est lié par certains traits généraux. De plus, un même peuple fait partie d'un groupe de peuples par une série de caractéristiques, et d'un autre groupe par une autre série.
>
> («*Le nationalisme pan-eurasien*»)

D'autre part, une limite supérieure est donnée à ce continuum, formant ainsi des totalités fermées : «seules des grandes unités ethniques (par exemple un groupe de peuples) approchent l'unicité totale» (ib.). Il va de soi que l'URSS-Eurasie forme une unicité totale...

On se trouve ainsi devant un double système d'évaluation. Troubetzkoy pense en termes d'arc-en-ciel, de contacts, de voisinage, de gradation, en en faisant une règle universelle, mais les exemples qu'il donne sont ceux des peuples de l'Eurasie. D'autre part, il voit les cultures comme des monades hermétiquement closes quand il s'agit de comparer la culture romano-germanique à la culture russo-eurasienne. Ainsi, dans *L'Europe et l'humanité*, il propose un dilemme : adopter ou rejeter la culture romano-germanique, comme s'il s'agissait d'un choix de type «tout ou rien».

En fait, on a l'impression que la seule frontière qui compte est celle qui sépare la Russie de l'Europe, et que sa conception «zonale» de types historico-culturels fermés est destinée à isoler hermétiquement (avant tout au plan culturel et économique) la Russie de l'Europe. L'Est et l'Ouest ne sont pas une relation mais des objets premiers : dès l'origine, les Slaves étaient attirés par l'âme vers l'Est, par le corps vers l'Ouest («*Les sommets...*»). Il s'agit d'une conception plus substantialiste que structuraliste de la culture, qu'on peut «réformer» ou «emprunter», comme si les cultures étaient des choses.

Le monde romano-germanique est toujours vu par Troubetzkoy comme une totalité indifférenciée, hostile, de surcroît : «les Romano-Germains, voila notre pire ennemi», dit-il dans «*Le problème russe*». Leur culture a un «défaut fatal» incorrigible : l'égocentrisme («*L'Europe et l'humanité*»). La culture française et la culture allemande sont ainsi censées former un tout homogène, ce qui est d'autant plus curieux que ses diatribes contre la culture romano-germanique ressemblent à s'y méprendre à celles des romantiques allemands contre la culture française de l'époque des Lumières.

Ainsi les cultures sont parfois en continuum territorial, parfois ce sont des objets dénombrables, qu'il est possible d'emprunter d'un bloc. Troubetzkoy a pour idéal la pureté de la tradition culturelle russe par rapport à la culture romano-germanique (il insiste sur la différence d'hérédité), mais il est pour la fusion organique de la culture de la steppe (touranienne) et de la forêt (russe et finno-ougrienne). Il y a, dans ce cas, convergence *malgré* l'absence d'hérédité commune : les «lieux de développement» Europe et Eurasie sont supposés *essentiellement* différents, alors que l'opposition steppe / forêt se résoud en une complémentarité organique. Le but du travail scientifique, pour les eurasistes, va être ainsi de redécouper les totalités apparentes (ex : «les Slaves») pour mettre au jour les totalités réelles (ex : «les Eurasiens»).

Mais le thème de l'autarcie et de l'autosuffisance pose un problème encore plus aigu, celui des limites de l'identité, des limites de la totalité : Troubetzkoy ne donne jamais de critères permettant de distinguer le tout et les parties. Ainsi, les Ukrainiens sont par rapport aux Russes dans un rapport d'inclusion, de partie à totalité, mais les Eurasiens sont par rapport aux Européens dans un rapport d'exclusion, de totalité par rapport à une autre totalité.

Ces aléas ontologiques des objets de discours des eurasistes leur ont valu une critique acerbe de Berdiaev, qui les accuse de «nominalisme» :

> Les eurasistes reprennent la théorie historiographique de Danilevskij, et font leur son naturalisme et son nominalisme. Les conceptions historiosophiques de Danilevskij et des eurasistes sont une forme naïve, et philosophiquement injustifiée, de nominalisme, de négation nominaliste de la réalité de l'humanité. Les eurasistes sont des réalistes dans leur conception de la nationalité, et des nominalistes dans leur conception de l'humanité. Mais la décomposition nominaliste des entités réelles ne peut pas être arrêtée arbitrairement. Le nominalisme ne peut reconnaître la réalité de la nationalité, pas plus qu'il ne peut reconnaître celle de l'individu humain : la décomposition des entités réelles va à l'infini. Si l'humanité ou le cosmos ne sont pas des réalités, alors les autres échelons ne sont pas non plus réels.
>
> («Evrazijcy», *Put'*, Paris, n° 1, 1925, p. 109)

b) La personologie (personologija)

Le travail du Cercle de Prague est caractérisé dans les manuels et les encyclopédies comme «la suprématie de l'ordre du signifiant», «le fait de rendre compte de la langue en termes de pure combinatoire». Aucune de ces descriptions ne s'applique aux textes présentés ici.

La philosophie de la personne

Un texte fondamental de Troubetzkoy est l'introduction à son recueil d'articles de 1927 : *Sur le problème de la connaissance de la Russie par elle-même* (ici : p. 171 *sqq.*). La thèse principale de la «personologie» de Troubetzkoy est qu'une collectivité humaine est, tout comme un individu, à considérer comme une *personne* («ličnost'»), la différence entre les deux n'étant que de degré, et que tous les aspects d'une personne sont liés entre eux en une totalité organique et, dans le meilleur des cas, harmonieuse :

> Un individu ne diffère pas d'une entité collective organique, la différence ne réside que dans le degré de complexité.
>
> (*«Le déclin de la créativité»*)

Cette mise en rapport de l'individuel et du collectif autour de la notion de personne s'inscrit parfaitement dans l'air du temps européen de l'entre-deux-guerres, et entretient de nombreuses similitudes, mais aussi bien des différences, avec le courant contemporain du personnalisme français d'Emmanuel Mounier (1905-1950) et Gabriel Marcel (1889-1973).

Le «personnalisme communautaire» trouve son expression en France dans la revue *Esprit*, fondée par E. Mounier en 1932, il est influencé explicitement par Berdiaev et l'idéalisme russe. A partir d'une prise de conscience de la crise spirituelle, philosophique et morale du monde occidental, il entendait procéder à une révision radicale de ses valeurs et de ses principes, fondée sur une critique du monde bourgeois, avili par le matérialisme et par l'isolement de l'individu.

Mais ces thèmes se retrouvent dans toute l'Europe de cette époque. Ainsi le philosophe allemand Max Scheler (1873-1928) reconnaît la valeur non seulement des personnes singulières, mais aussi de ces personnes collectives (*Gesamtpersonen*) que sont la nation, la totalité culturelle. Comment ne pas y reconnaître la «personne collective», ou «personne composée de plusieurs individus» (mnogočelovečeskaja ličnost') chez Troubetzkoy?

Troubetzkoy est convaincu que le mal tient d'abord à une culture qui a fait de l'homme un individu abstrait, coupé de sa collectivité. Il ne conçoit pas la personne comme une entité juridique qu'il faudrait défendre contre la collectivité. Par opposition à l'individu, être isolé, pure abstraction, la personne est engagée, dès sa naissance, dans une communauté.

Le personnalisme français, exigeant la transformation personnelle, pousse à l'engagement personnel. En cela, refusant le déterminisme, à la différence de la personologie de Troubetzkoy, il ne se laisse pas absorber par une philosophie de l'histoire.

La «personne» est également une catégorie importante du culturalisme relativiste en anthropologie américaine. Abram Kardiner, autre contemporain de Troubetzkoy (1891-1981) met en avant le concept de «personnalité de base». Pour lui les individus vivant dans une société et soumis à un même ensemble d'institutions partagent le même type de personnalité. Le concept de personnalité de base rend compte de cet impact du social sur le psychisme. Pourtant, là encore, une différence importante sépare Kardiner de Troubetzkoy : le déterminisme du milieu. Kardiner récuse toute détermination univoque de l'ego par l'environnement externe.

Troubetzkoy définit en effet la personne comme une «totalité psychophysique, unie à un environnement physique» («*Sur le problème de la connaissance de la Russie par elle-même*», Introduction), il cherche à étudier «la personne collective dans son environnement physique» (*ib.*), ce qui le rapproche alors plus de l'anthropo-géographie allemande de l'époque de F. Ratzel (1844-1904), autre grand pourfendeur de l'évolutionnisme.

On assiste ainsi chez Troubetzkoy à une tension, encore une fois, entre une revendication de la plénitude de la personne et l'impersonnalisme philosophique dû à un déterminisme historico-culturel. Son programme consistant à sauver l'originalité irréductible de chaque conscience est miné par la conception «à étages» ou «imbriquée» et la non-distinction entre individu et collectivité : l'originalité de la collectivité se fait au détriment de l'individu. Troubetzkoy s'inscrit dans le courant personnaliste typique de son temps, mais le résultat paradoxal est qu'il le tire d'un côté impersonnel.

Une des origines de la personologie de Troubetzkoy est à trouver dans les spéculations chrétiennes sur la Trinité (une nature divine en trois hypostases), et sur l'Incarnation (une personne assumant deux natures : divine et humaine), particulièrement importantes dans le monde orthodoxe. Il faut bien voir que cette conception non individualiste, mais «symphonique» de la personne (*cf.* Karsavin) n'a rien à voir avec l'affirmation irréductible de liberté qu'on trouve, par exemple, chez Kierkegaard.

Si l'on peut dire que c'est sous l'influence des systèmes d'inspiration structuraliste ou collectiviste que le personnalisme en tant que tel a connu une décrue rapide après la deuxième guerre mondiale, il faut alors remarquer que la philosophie de Troubetzkoy contient en germe les uns comme les autres.

Enfin la notion de *personne collective* s'inscrit parfaitement dans un thème propre à l'air du temps de l'entre-deux-guerres : la psychologie des peuples. La fascination pour un peuple vrai, authentique pose par là-même le problème de l'hybridation, profondément marqué, également, par cette époque. Mais Troubetzkoy propose une solution complexe et paradoxale : il y a à la fois convergences d'entités non reliées génétiquement (c'est le thème des *affinités*, par exemple entre les peuples de l'Eurasie) et clôture hermétique entre des entités séparées (par exemple l'Europe et l'Eurasie). Toute ces entités ethniques ont un «caractère national», un «psychisme national».

La singularité (samobytnost') et le relativisme culturel

Pour Troubetzkoy la multiplicité des langues et des cultures n'est pas une malédiction, mais au contraire une loi divine. On a là une lecture relativiste de la tradition judéo-chrétienne.

La critique qu'oppose Troubetzkoy à l'ethnocentrisme s'inscrit parfaitement dans la mise en cause de l'évolutionnisme, qui se faisait jour dès la fin du siècle dernier. On a déjà évoqué la proximité des vues de

Troubetzkoy avec la notion de temps cyclique et de «types historico-culturels fermés» chez N. Danilevskij et O. Spengler[10]. Au début des années trente, Wittgenstein écrivait des «Bemerkungen über Frazers "The Golden Bough"», dans lesquelles il dénonçait l'ethnocentrisme de Frazer et son incapacité à concevoir la vie de l'autre «en dehors du cadre de notre paroisse bien anglaise». Bien plus tard Lévi-Strauss, dans son *Anthropologie structurale II*, présentera l'idée d'un évolutionnisme culturel comme mythe philosophique, produit par projection des hypothèses d'évolution des espèces animales sur les sociétés humaines, et dont l'origine tient à une attention insuffisante accordée aux données culturelles complexes, indûment projetées du biologique sur le social.

Or, curieusement, Troubetzkoy mêle les métaphores biologiques à son analyse des «totalités organiques», ou «personnes collectives» que sont pour lui les différentes sociétés.

Pour Troubetzkoy,

Tout jugement de valeur doit une fois pour toutes être éradiqué de l'ethnologie et de l'histoire de la culture, comme de toutes les sciences de l'évolution, car les jugements de valeur reposent toujours sur l'égocentrisme. Il n'y a pas de culture supérieure ou inférieure. Il n'y a que des cultures semblables ou dissemblables.

(«*L'Europe et l'humanité*»)

Pourtant Troubetzkoy, partisan du plus extrême relativisme, cet adversaire des jugements de valeur, ne dédaigne pas d'en émettre. Il se gausse des linguistes européens qui pensent que la structure flexionnelle est supérieure aux structures isolante et agglutinante, mais c'est pour en inverser la hiérarchie :

L'évolution des langues indo-européennes a été un processus consistant à dépasser un système flexionnel hypertrophié et à tendre vers un idéal d'agglutination rationnelle.

(«*Pensées sur le problème indo-européen*»)

Il considère le chamanisme comme une «religion primitive» («L'héritage de Gengis Khan»), et le catholicisme comme une «déviation du christianisme» («La Tour de Babel...»). A la différence de Polivanov (1931), il considère que l'alphabet cyrillique est intrinsèquement supérieur à l'alphabet latin («L'élément panslave dans la culture russe», 1927). Quant au mépris qu'il profère à l'encontre des manifestations autonomes de la culture ukrainienne, qualifiées de «vieilleries provinciales, arriération culturelle, vide spirituel, autoglorification arrogante, publicité tapageuse, phrases grandiloquentes», bref, «non pas une culture, mais une caricature» («Le problème ukrainien»), il a de quoi laisser perplexe.

Il faut noter que pour Troubetzkoy la spécificité de l'orthodoxie n'est jamais argumentée sur des bases théologiques : ce n'est pas l'absence du *filioque* qui fait pour Troubetzkoy la supériorité de l'orthodoxie, mais l'affirmation qu'il s'agit de la seule vraie foi. Plus encore, ce qui importe chez lui est qu'il s'agit de la religion propre à la culture du peuple russe. La religion est une composante culturelle, qui n'a de sens qu'en relation avec la vie d'un peuple (la religion n'est pas une affaire privée, mais le bien d'un peuple tout entier, c'est pourquoi il blâme tant l'activité des missionnaires catholiques, «agents de l'étranger»). Le christianisme transcende les cultures, mais ne les annihile pas : il n'est qu'un «levain», capable de faire lever les pâtes les plus diverses.

L'individuel et le collectif

Troubetzkoy, comme Georges Sorel (1847-1922), méprise la démocratie, comme lui il prône une «révolution des esprits et des consciences». Mais à la différence de Sorel, il ne veut pas détruire l'État, au contraire, il veut tout soumettre au contrôle de l'État idéocratique.

D. Mirsky avait déjà noté en 1927 (p. 316) que l'anti-individualisme des eurasistes prend ses racines dans leur vision métaphysique. Ils considèrent l'homme comme lié indissolublement au groupe, et l'état amorphe dans lequel l'individualisme libéral et l'économie bourgeoise ont réduit l'homme européen comme un mal absolu. L'homme étant indissolublement lié à son groupe, sa personnalité est reliée *organiquement* à une personne «symphonique» supérieure, dont il est une partie, et qui appartient à un autre ordre de réalité que l'homme pris isolément. Ces personnes collectives symphoniques peuvent être d'échelles différentes, les plus typiques étant la tribu ou la nation, la plus haute est l'Église, qui est aussi la partie du Cosmos qui est informée le plus parfaitement par le Logos divin. A part Troubetzkoy, l'un des théoriciens les plus conséquents de cette idée de personne symphonique et collective est L.P. Karsavin (1882-1952). Selon ce dernier, cette théorie a certaines affinités avec le socialisme, mais ses fondements sont tout à fait différents. Le socialisme est, du moins historiquement, une émanation de l'individualisme disséquant de l'Occident latin, il part des droits de l'individu à faire partie de l'univers matériel. La doctrine eurasiste, au contraire, part du fait métaphysique de l'unité essentielle de l'homme et de son groupe, et de leur unité ultime dans l'Absolu, parvenant ainsi à une synthèse originale de l'hégélianisme et du néoplatonisme.

Une autre source de la doctrine mérite d'être signalée, c'est son enracinement dans la tradition romantique et dans l'opposition de celle-ci à la philosophie du contrat social. L'attitude fondamentale du romantisme consiste à présenter les éléments irrationnels — traditions, coutumes, instincts, mythes — comme les éléments vraiment positifs et créateurs de l'histoire. L'individu est englobé dans un ensemble qui le dépasse infiniment et auquel il se sent relié par une communauté de vie et d'expérience. Il y est rattaché par des fibres innombrables, physiques et morales, qui plongent à la fois dans le passé et dans le milieu. Les eurasistes reprennent sans la nommer la conception romantique d'une évolution naturelle et inconsciente, qui s'oppose à toutes les interventions arbitraires, purement rationnelles ou intentionnelles (traités, constitutions politiques, combinaisons de diplomates) — lesquelles tendraient à violenter ce développement naturel, cette histoire originale, en lui imposant du dehors un mécanisme administratif ou un système politique étranger. Il s'agit de reconnaître dans chacun de ces ensembles une individualité vivante qui doit être comprise par le sol où elle a poussé, par le sang qui la vivifie et par ses propres lois de croissance.

Les années 1920-30 dans toute l'Europe voient se manifester une déception croissante envers cette forme ultime d'individualisme isolant et amorphe qu'est la démocratie parlementaire, qui ne reconnaît pas d'intermédiaire entre l'homme isolé et un État abstrait. Le communisme européen et, dans une certaine mesure, le fascisme, cherchent à tâtons un type de société plus organique et cohérent, dans lequel l'État ne serait pas la résultante abstraite, mathématique de volontés électorales dispersées, mais une union de groupes «symphoniques», organisés en une unité supérieure de foi commune.

Enfin il serait intéressant ici de comparer cette attitude avec la notion slavophile de *sobornost'* chez Kireevskij et Khomiakov, et il est paradoxal que des sociologues français qui connaissent suffisamment le monde culturel indien pour proposer une réflexion sur l'opposition entre Orient et Occident s'appuyant sur l'opposition entre individu et collectif ignorent totalement Troubetzkoy et la tradition slavophile russe (*cf.* L. Dumont, 1985).

Quant à l'opposition individuel / collectif telle qu'elle est présentée par Troubetzkoy, elle devrait faire réviser beaucoup d'idées reçues. L'idée du primat du social sur l'individuel n'est pas nécessairement une idée «de gauche». Un lecteur français de la fin du XXe siècle est peu habitué à voir une critique de la société bourgeoise venant d'ailleurs que du socialisme[11]. Il devrait pourtant y reconnaître tout un pan de la pensée française, celle du *traditionalisme contre-révolutionnaire* de J. de Maistre ou de L. de Bonald, introduit en Russie par Tchaadaiev. Les penseurs «ultras» vouaient aux gémonies l'anthropologie individualiste des Lumières. Pour eux, ainsi que le note Koyré (1971, p. 138), les erreurs des philosophes des Lumières «proviennent toutes d'une seule et même erreur fondamentale et première, à savoir celle de considérer l'homme comme pouvant exister en dehors de la société et antérieurement à la société. [...] C'est la société qui est la donnée première et, en dehors d'elle, l'homme en tant qu'homme est impossible et même inconcevable.» Cette origine méconnue mérite d'être rappelée, elle peut expliquer les ambiguïtés du «sociologisme» dans la linguistique soviétique des années vingt et trente, dont les convulsions sont peut-être à étudier dans cette optique.

Contre la démocratie : l'idéocratie

Troubetzkoy, comme les autres eurasistes, refusait de toutes ses forces la démocratie, principe abstrait, non «organique». Il militait pour un État «idéocratique», dirigé par un parti unique fait d'êtres moralement supérieurs, qui représenteraient l'«Idée» (la nécessité pour une société d'être soumise à une Idée était l'un des dogmes essentiels de l'eurasisme[12]). Ce parti unique eurasiste était destiné en Russie à remplacer le parti bolchevique. Le gouvernement devait être «démotique», c'est-à-dire totalement soutenu par la personnalité symphonique du peuple, agissant dans les intérêts du peuple, mais non démocratique, car la démocratie n'était que l'anarchie à peine voilée des volontés individuelles exprimées arithmétiquement et toujours changeantes. En particulier, des facteurs «incontrôlables» comme la liberté de la presse ou le capital privé devaient être totalement bannis (le libéralisme et la démocratie étant «les pires ennemis de l'idéocratie»). L'économie devait fonctionner dans une parfaite «autarcie» («*Sur l'idée-dirigeante...*», 1935). Là encore, pour eux, le communisme et le fascisme devaient être considérés comme des approximations grossières d'un État idéocratique parfait. L'insuffisance du fascisme repose dans la platitude extrême de son Idée maîtresse, qui a peu de contenu hormis la pure volonté organisatrice. L'insuffisance du communisme repose dans la contradiction entre une politique qui est idéocratique en pratique et sa philosophie matérialiste, qui nie la réalité des idées et réduit l'histoire à un processus de nécessité. Mais si Troubetzkoy jugeait sévèrement les «États idéocratiques» de son époque (l'URSS professait l'athéisme, l'Italie fasciste n'avait pas renoncé au colonialisme), il leur reconnaissait néanmoins l'avantage de préparer la voie pour l'avènement inévitable de la «vraie idéocratie». Bakhtine, lui, y aurait vu la «parole autoritaire»...

Il est encore un courant d'idées qui présente une extrême proximité avec l'eurasisme, c'est le mouvement dit de la «Révolution conservatrice» de l'Allemagne des années 20, qui compte parmi ses rangs des personnalités telles que Ernst Jünger et Oswald Spengler[13].

Les deux mouvements avaient un objectif, ou une illusion, en commun : infiltrer de l'intérieur un parti totalitaire pour lui faire réaliser leurs propres objectifs. Les deux doctrines avaient en commun leur caractère élitiste et leur foi en la toute puissance de l'idée. Ce ne sont pas des penseurs de la restauration, des nostalgiques du passé : ils voient dans les événements catastrophiques qui viennent de se dérouler (la défaite allemande de 1918, la révolution russe de 1917) un moyen de renouvellement radical de la société. Mais là encore, dans les deux cas, apparaît une tension insoutenable entre un déterminisme géo-historique et l'activisme de la «révolution des consciences».

Si l'on peut parler de totalitarisme à propos de la doctrine eurasiste, c'est dans la soumission de l'individu au pouvoir, l'inclusion de l'individu dans un système qui le transcende, une totalité, qu'il faut le voir. Le totalitarisme prétend contrôler l'homme tout entier dans ses hypostases physique, psychique et intellectuelle. Système fermé, recouvrant tout, autosuffisant, il repose sur l'autarcie.

La conscience et le sujet

Chez Troubetzkoy, le sujet collectif n'est pas un sujet inconscient, c'est plutôt un très grand groupe de sujets qui pensent de la même façon, doués d'une conscience collective, et non d'un inconscient collectif :

> Vers la fin de l'époque indo-européenne, [...] les Slaves durent faire un choix entre leurs orientations vers l'Est, le Sud et l'Ouest.
>
> («*Les sommets...*»)

> Il faut que chaque peuple de l'Eurasie soit conscient de lui-même avant tout comme membre de cette fraternité, occupant une place déterminée dans cette fraternité.
>
> («*Le nationalisme pan-eurasien*»)

Cet idéal de conscience pleine, dont la connaissance totale est un objectif réalisable, semble tout ignorer de Freud, alors que ce dernier et Troubetzkoy étaient des contemporains, qui vivaient dans la même ville. Quant à l'absence de réflexion critique sur la notion de sujet (individuel ou collectif), elle représente un aspect très daté de sa théorie, vision essentialiste des collectivités :

> Si l'on considère un peuple comme une totalité psychologique, comme une personnalité collective, il faut bien admettre qu'une certaine forme de connaissance de soi est pour ce peuple possible et nécessaire.
>
> («*Sur le vrai et faux nationalisme*»)

> Ce n'est qu'en comprenant sa propre nature, sa propre essence, clairement et complètement, que l'homme peut rester lui-même, sans tromper les autres ni lui-même. Et c'est seulement dans l'instauration de l'harmonie et de la plénitude de la personnalité, reposant sur une connaissance claire et complète de sa propre nature, que réside le plus grand bonheur pouvant être atteint ici-bas.
> (*Ib.*)

Mais cette conscience collective doit être l'objet d'un travail intense de rééducation :

> Il faut que la fraternité des peuples d'Eurasie devienne un fait conscient essentiel. Il faut que chaque peuple de l'Eurasie soit conscient de lui-même avant tout comme membre de cette fraternité, occupant une place déterminée dans cette fraternité. (*Ib.*)
> Pour que le nationalisme pan-eurasien puisse jouer efficacement son rôle de facteur unifiant l'État eurasien, il faut rééduquer la conscience des peuples de l'Eurasie. (*Ib.*)
> Pour qu'un État existe, il faut avant tout que les citoyens de cet État aient conscience de leur appartenance organique à une totalité unique, à une unité organique. (*Ib.*)

L'organicisme

Dans ces textes où il est très peu question de langue (mis à part *Pensées...*), et où le terme de structure n'est presque *jamais* employé, on trouvera en revanche abondamment représenté le vocabulaire de ce que J. Schlanger appelle les «totalités organiques». Ce thème mérite une étude approfondie, qui ne sera ici qu'esquissée[14].

Chez Troubetzkoy il n'y a pas de *citoyens*, il n'y a que des «représentants d'un peuple». Une collectivité, ou «type historico-culturel», «totalité socio-culturelle» («*La Tour de Babel...*») même si elle est fragmentée socialement entre «le sommet» et «la base» («*Les sommets...*»), est une monade, entité homogène et close, car c'est un corps organique.

C'est à partir de là que s'explique la dévalorisation de la démocratie, conçue comme atomisation de l'individu, et la revalorisation de l'idéocratie et du principe démotique, du sacrifice de l'individu en faveur du groupe, ou «totalité sociale». Or ce qui doit être souligné est que cette opposition entre individualisme et principe collectif, ou holiste, que L. Dumont fait passer dans le *temps*, entre le «type moderne de culture» et le «type non-moderne»[15], Troubetzkoy la fait passer dans *l'espace*, entre l'«Occident» et l'«Eurasie». Il ne s'agit pas là d'un nouvel avatar de l'opposition entre diachronie et synchronie, entre évolutionnisme et fixisme, mais entre une conception linéaire du temps et une conception relativiste extrême, dans laquelle coexistent synchroniquement des temps différents et incommensurables. On peut parler, à propos de la conception de Troubetzkoy, d'un véritable *solipsisme culturel*, où les valeurs d'une culture étrangère ne peuvent être empruntées avec succès qu'à condition d'être *organiquement assimilées*, et non *mécaniquement transplantées*. Ces métaphores organiques, jamais reconnues comme métaphores, servent de maîtres-mots et de justification suprême à l'argumentation de Troubetzkoy, une argumentation qui se revendique comme *démonstration*. Certes, Troubetzkoy emploie une autre métaphore, architecturale cette fois, où «les masses populaires sont le fondement naturel de tout l'édifice de la Russie» («*Nous et les autres*»). Mais c'est pour ajouter aussitôt : «Mais les poteaux se sont avérés vivants.»

Cette pensée organiciste, à connotations vitalistes, a une histoire, qui passe par le schellingianisme russe (Odoevskij et les *Ljubomudry*[16]) et, de façon plus générale, ce qu'I. Berlin appelle les «Anti-Lumières» (Anti-Enlightenment).

Ainsi, si, dans le structuralisme, c'est l'étude des relations entre les termes qui donne sens aux termes mis en relation, le monde de Troubetzkoy, en revanche, est fait d'une pluralité d'entité pleines, de totalités vivantes, dont il convient de découvrir «la véritable nature». Dans la culture eurasienne tout est lié : musique, broderie, mentalité, langue. On trouverait difficilement chez Saussure l'idée de lier la broderie à la langue... Le maître-mot est ici l'opposition entre *l'hybridation* (mécanique) et la *convergence* (organique), permettant d'opposer l'artificiel de ce qui vient d'Occident au naturel de ce qui vient de l'Orient russe. Il est important d'approfondir et d'expliciter ces systèmes d'évidences qui semblent s'imposer au raisonnement comme référent ultime.

On notera, de même, une démarche curieuse pour un structuraliste : dans «*Les sommets...*», Troubetzkoy cherche à reconstituer la «physionomie mentale» des anciens Slaves par l'étude des racines de leur langue, s'inscrivant ainsi dans la lignée d'Adolphe Pictet et de sa paléontologie linguistique (travail que mènera, d'ailleurs, N. Marr toute sa vie).

La langue et la personne

Si Troubetzkoy le linguiste parle de langue dans ses textes culturologiques et ethnosophiques, c'est en tant que la langue n'est qu'un des éléments reflétant l'âme du peuple, personne collective :

> Si le peuple russe est lié au monde touranien essentiellement par certains traits de son profil psychique, seule la langue le relie au monde slave. En effet, le monde «touranien» au sens où il est présenté dans le troisième article de ce recueil, n'est une unité ni raciale ni linguistique à strictement parler, mais une unité ethnopsychologique. Le monde slave, lui, n'est rien d'autre qu'une notion linguistique. C'est par l'intermédiaire de la langue que la personne dévoile son monde intérieur. la langue est le moyen fondamental de communication entre les individus, et c'est au cours du processus de communication que se créent les personnes collectives. Cela à soi tout seul indique déjà l'importance d'étudier la vie de la langue du point de vue de la personologie. L'histoire et les propriétés spécifiques de la langue russe normative sont extrêmement importantes pour caractériser la personne nationale russe, aussi importante est la position du russe parmi les autres langues.
>
> (présentation de «L'élément paléoslave dans la culture russe», dans le recueil *Sur le problème de la connaissance de la Russie par elle-même*, 1927, p. 8-9)

Pour Saussure, sans la langue, la parole serait une série d'énoncés isolés et dépourvus de sens, sans la parole la langue serait un système vide et abstrait. Il a été souvent remarqué que Troubetzkoy, dans l'introduction aux *Principes de phonologie*, utilise l'opposition langue / parole (en faisant référence à Saussure) pour fonder l'opposition phonologie / phonétique. Mais c'est le *seul* endroit où il utilise cette dichotomie. Nulle part ailleurs il ne la théorise, elle ne joue pour lui aucun rôle : la langue n'est pas un système de signes, mais le révélateur d'un type culturel.

c) A nouvelle idéologie, science nouvelle

Au début du XXe siècle commençaient à se faire jour les théories «holistes», ou «globalistes» dans les domaines les plus divers de la pensée.

Ainsi en sociologie Durkheim[17] affirmait s'occuper de faits qui sont propres à des collectivités, et ne peuvent être réduits à des ensembles de faits concernant des individus, même si l'action des individus est essentielle à la vie de la collectivité. La métaphore organiciste ne semble pas étrangère à l'émergence du holisme, dans la géographie et la biologie russe elle donnera plus tard le premiers élément de la future écologie. Mais on peut penser aussi aux idées de Spencer, qui, sous l'influence de Darwin pensait que les sociétés doivent être considérées comme des organismes, dont les parties ne peuvent fonctionner indépendamment du tout.

L'apport propre de Troubetzkoy à ce mouvement de pensée holiste semble être de mettre le holisme non seulement dans l'objet (c'est la formule synthétique selon laquelle «tout est lié à tout»), mais encore dans la méthode de connaissance de l'objet elle-même, fondant ainsi une science nouvelle, définie par un objet : une personne collective (symphonique) particulière, l'Eurasie.

De la même façon que Saussure subordonnait la linguistique à une vaste sémiologie, Troubetzkoy subordonne tout son système de disciplines scientifiques à la personologie, qui doit les «coordonner» («*Le problème de la connaissance de la Russie par elle-même*», Introduction). Apparaît ainsi un double système de sciences : à côté des sciences descriptives, des sciences interprétatives, en une double série : histoire / historiosophie, ethnographie / ethnosophie, géographie / géosophie (*Ib.*). Seules les sciences interprétatives permettent de *comprendre* le matériau factuel étudié. Ce n'est que sur la base de toutes ces sciences *prises ensemble* que peut naître une «théorie exhaustive de la personne».

Cette synthèse des sciences n'est réalisable que par le moyen d'une nouvelle discipline scientifique : la «personologie», seule capable d'accorder les sciences entre elles. Sans elle ne peut exister qu'une «encyclopédie» des sciences, conglomérat anarchique d'idées plus ou moins scientifiques. L'absence de cette «personologie» est le plus grave défaut de la pensée en Occident (*Ib.*).

Ce système de sciences s'inscrit parfaitement dans le relativisme culturel : l'Europe est incapable de concevoir un système symphonique de sciences, dont la phonologie n'est qu'une partie. Troubetzkoy fait part de ses réflexions amères à Jakobson, dans une lettre de mai 1934, au retour de Paris :

> En plus d'une antipathie personnelle à votre égard, on trouve là le fait que les Français sont repoussés par les formes de la culture eurasiste et danubienne dans lesquelles s'exprime la phonologie.
> (Letters and Notes, 1985, p. 300)

On peut ainsi douter de l'affirmation de J.C. Pariente (1969, p. 13) qui écrit, dans sa présentation du recueil où se trouve un texte de Troubetzkoy, que «la première certitude que partagent tous les auteurs est d'ordre négatif : elle porte sur l'autonomie de la science du langage et, corrélativement, sur l'irréductibilité de son objet à toute instance étrangère. [...] La connaissance des faits linguistiques ne doit pas être cherchée à l'extérieur de ces faits eux-mêmes : ainsi se voient tour à tour privées de toute valeur explicative la race et les sonorités naturelles, ou, sur le plan individuel, les données physiologiques et psychologique.» Chaque terme de cette affirmation semble mis en défaut par les textes présentés ici.

Pour Troubetzkoy, comme pour Jakobson dans ces années-là, la science du langage n'est pas et ne doit pas être indépendante des autres sciences de l'homme que sont la psychologie des peuples, la géographie, l'histoire, la culturologie, etc. P. Savickij y rajoutait l'autre pan des sciences sociales : l'économie, mais aussi les sciences appliquées telles que la climatologie, la pédologie, etc.

L'eurasisme en tant que discipline scientifique consiste donc à étudier l'ensemble des caractéristiques (matérielles et spirituelles) d'un certain objet censé préexister à toute investigation : l'Eurasie. On est ainsi bien loin de l'idée que «le point de vue crée l'objet», bien loin d'une épistémologie falsificationniste du type de celle de Popper : le présupposé fondamental est que l'Eurasie *est*. L'étude de l'objet n'a donc pas pour but de vérifier si l'Eurasie existe, mais d'en confirmer par tous les moyens la totalité harmonieuse et organique.

Certes, dans la science intégrée qu'est l'eurasisme, la science est définie par son objet, l'Eurasie, pourtant cet objet n'est pas un objet de science, mais un objet de discours présenté comme un objet du monde : son existence, que l'eurasisme a pour vocation de démontrer, est supposée précéder ontologiquement l'étude elle-même.

Proposant d'«élaborer un système entier à partir de cette idée...» («*L'Europe et l'humanité*»), Troubetzkoy en donne le programme le plus explicitement dans l'année 1927, dans deux textes : *Le nationalisme pan-eurasien* :

> Voilà un terrain vierge à explorer pour les philosophes, les essayistes, les poètes, les écrivains, les peintres, les musiciens et les scientifiques dans les domaines les plus divers. Il faut revoir un certain nombre de disciplines scientifiques du point de vue de l'unité de la nation eurasienne multiethnique, et construire de nouveaux systèmes scientifiques pour remplacer les anciens, devenus obsolètes.

et l'introduction au recueil «*Le problème de la connaissance de la Russie par elle-même*» :

> Pour les scientifiques qui adhèrent au mouvement eurasiste, l'objet principal de l'étude descriptive est la personne collective que les eurasistes appellent «Eurasie», et considérée comme formant un tout avec son environnement physique, son territoire. [...] Cette personne doit être au centre des préoccupations de chaque chercheur étudiant une partie ou un aspect de cette personne, et les travaux de tous les spécialistes doivent être coordonnés entre eux. Il faut donc que soit organisé de manière structurée le travail en commun des spécialistes des divers domaines. Le but de ce travail est de parvenir à une synthèse philosophique et scientifique, prenant forme à mesure de l'avancement de ce travail et grâce à lui.

Comme ses lointains précurseurs de la philosophie de la nature, Troubetzkoy cherche ainsi à fonder une *science totale*, subordonnée à la personologie, principe fédérateur de tout savoir. La tâche urgente à accomplir est alors la vérification empirique de la théorie symphonique eurasiste.

Stratégies argumentatives et type discursif des textes de Troubetzkoy : notes du traducteur

Il a fallu traduire ces textes non seulement en français, mais encore dans une terminologie et dans un système de pensée compréhensible pour des francophones, nourris à une autre tradition intellectuelle.

La plupart des problèmes liés à la terminologie employée par Troubetzkoy sont commentés en notes. Signalons néanmoins que *idéologie* a le sens de «système conscient d'idées», et non celui de fausse conscience qu'il a en français depuis l'époque d'Althusser; que «type psychique» et «type psychologique» sont employés par Troubetzkoy comme synonymes, et qu'ils se réfèrent aussi bien à la personne individuelle qu'à la personne collective. De même, *ličnost'* a été rendu systématiquement par «personne», et non «personnalité» ou «individualité».

On a pris la décision de garder fidèlement toutes les métaphores organicistes et vitalistes de l'original, au risque de renforcer l'impression d'étrangeté de ces textes. On a du également accepter de sacrifier parfois le style au profit de la fidélité au mode de pensée, d'exposition et d'argumentation. Un néologisme a été utilisé : celui de «porteur» (d'une culture, d'une langue) pour rendre *nositel'*, équivalent russe de l'allemand *Träger*, le mot français «représentant» ne le rendant qu'imparfaitement.

Troubetzkoy revendique très souvent «la logique», «l'impartialité», «l'objectivité», il propose une argumentation conceptuellement organisée (*cf.* l'introduction de *L'Europe et l'humanité*). Il propose de «parvenir scientifiquement et objectivement» au terme de sa démonstration (*Ib.*). Son écriture n'a rien de mystique ou d'intuitionniste. Pourtant il use abondamment du passif sans agent, pour critiquer un adversaire sans le nommer. Un tel niveau de généralisation ne donne pas prise à la réfutation, pas plus que son recours aux arguments d'évidence : «il est hors de doute que...» / «il est clair que» / «on ne peut nier ce fait absolument évident que...» / «il est impossible de nier que» / «il ne fait pas de doute que...». Enfin le raisonnement utilise la référence suprême qu'est la Nature, ou la Vie, qui se manifestent dans «les limites naturelles», «l'essence véritable»; «un processus naturel» : «la vie apportera ses corrections». Par certains aspects, Troubetzkoy est un homme du XIXe siècle.

Tous les textes présentés ici sont de type argumentatif (on trouve en abondance des connecteurs tels que *or, ainsi, donc, c'est pourquoi*), ils cherchent à prouver, à convaincre, en recourant le plus souvent possible à l'argument de la nécessité et du déterminisme : «ce n'est pas un hasard si la majorité des Turks sont musulmans» : cela correspond à leur «psychisme». Ces textes sont en même temps des exposés de principe, et enfin des séries d'injonctions à orientation pratique, construits sur le leitmotiv du *il faut / on doit*. Le *programme* : «rééduquer les consciences» repose sur des *moyens* : «construire de nouveaux systèmes scientifiques».

Enfin il faut garder à l'esprit que le destinataire de ces textes n'est autre que «les Russes», tout comme est russe leur énonciateur : «l'État russe que nous considérons comme notre Patrie» («*L'héritage de Genghis Khan*»), «nous les Russes» («*L'Europe et l'humanité*»), «nous ne sommes pas des Byzantins, mais des Russes» («*Les sommets...*»). Troubetzkoy parle aux Russes de la Russie. C'est pourtant là que *nous les Occidentaux* nous glanerons le plus d'informations sur un des pans les plus méconnus de la formation de la pensée structuraliste dans une période de l'histoire intellectuelle européenne qui gagne à être étudiée de près, tant elle présente de similitudes prémonitoires avec la situation de l'Europe à la fin du XXe siècle.

Note sur la translittération

Dans le but de faciliter la lecture on a adopté la translittération traditionnelle pour les noms propres (ex. : Genghis Khan et non Čingiz Xan), mais la transcription internationale pour tous les autres mots cités en russe.

RÉFÉRENCES BIBLIOGRAPHIQUES

BERDIAEV (BERDJAEV) N. (1925), «Evrazijcy», *Put'*, Paris, n° 1, p. 101-111 [Les Eurasistes].

DANILEVSKIJ N. Ja. (1869), *Rossija i Evropa* [La Russie et l'Europe], Sankt Peterburg.

DUMONT L. (1985), *Essais sur l'individualisme. Une perspective anthropologique sur l'idéologie moderne*, Paris, Seuil.

DURKHEIM Émile (1895), *Les règles de la méthode sociologique*, Paris.

FINKIELKRAUT Alain (1987), *La défaite de la pensée*, Paris, Gallimard.

HAFNER S. (1988), «Fürst N.S. Trubetzkoy in Wien», in N.S. Trubetzkoy : *Opera slavica minora linguistica*, Wien, Verlag der österreichischen Akademie der Wissenschaften, p. IX-XXXVII.

HAUNER M. (1992), *What is Asia to Us? (Russia's Asian Heartland Yesterday and Today)*, London-New York, Routledge.

HJELMSLEV L. (1939), «N.S. Trubetzkoy», *Archiv für vergleichende Phonetik*, n° 3, p. 55-60.

HOLENSTEIN E. (1984), «Die russische ideologische Tradition und die deutsche Romantik», in JAKOBSON R., GADAMER H.-G., HOLENSTEIN E. (ed.), *Das Erbe Hegels*, Frankfurt a/M, Suhrkamp, p. 21-135.

JAGODITSCH R. (1977), «Errinerungen an N.S. Trubetzkoy», *Wiener slavistisches Jahrbuch*, 23, p. 19-24.

JAKOBSON R. (1973), «N.S. Troubetzkoy», *Essais de linguistique générale*, t. 2, Paris, Ed. de Minuit, p. 298-311 (1re éd., 1939).

KOYRE A. (1971), «Louis de Bonald», *Études d'histoire de la pensée philosophique*, Paris, Gallimard, p. 127-145 [1re parution : 1946].

LIBERMAN A. (1991), «Postscript. N.S. Trubetzkoy and His Work on History and Politics», in N.S. Trubetzkoy : *The Legacy of Gengis Khan*, Ann Arbor : Michigan Slavic Publications, p. 295-389.

McMaster R.E. (1967), *Danilevsky. A Totalitarian Philosopher*, Cambridge (Mass.), Harvard University Press.

Mirsky D. (1927), «The Eurasian Movement», *The Slavonic Review*, 7, 17, p. 311-320.

Mounin G. (1972), «N.S. Troubetzkoy», in *La linguistique au XXe siècle*, Paris, P.U.F., p. 97-110.

Odoevskij V.F. (1844), *Russkie noči* [Les nuits russes], Moskva.

Pariente J.-C. (1969) (éd.), *Essais sur le langage*, Paris, Ed. de Minuit.

Polivanov E.D. (1931), «Revoljucija i literaturnye jazyki Sojuza SSR», in Polivanov E.D., *Za marksistskoe jazykoznanie*, Moskva [La Révolution et les langues normatives de l'URSS], repris dans : Polivanov E.D., *Stat'i po obščemu jazykoznaniju*, Moskva : Glavnaja redakcija vostočnoj literatury, 1968, p. 187-205.

Pomorska K. (1977), «N.S. Trubeckoj o perevode ego knigi "Evropa i čelovečestvo"», *Rossija/Russia*, n° 3, Torino, p. 230-237 [N.S. Troubetzkoy sur la traduction de son livre «L'Europe et l'humanité»].

Savickij P.N. (1923) : «Poddanstvo idei», *Evrazijskij vremennik*, n° 3, Berlin, p. 9-17 [La citoyenneté de l'idée].

Schlanger J. (1995), *Les métaphores de l'organisme*, Paris, L'Harmattan (1re éd., 1971).

Sériot P. (1984), «Pourquoi la langue russe est-elle grande?», *Essais sur le discours soviétique*, n° 4, Univ. de Grenoble-III, p. 57-92.

Simeonov B. (1977), «N.S. Trubeckoj v Bolgarii», *Balkansko ezikoznanie*, 20/4, p. 5-12 [N.S. Troubetzkoy en Bulgarie].

Sobolev A. (1991), «Knjaz' N.S. Troubetzkoy i evrazijstvo», *Literaturnaja učeba*, 6 [Le prince N.S. Troubetzkoy et l'eurasisme].

Spengler Oswald (1920-22), *Der Untergang des Abendlandes : Umrisse einer Morphologie der Weltgeschichte*, München : O. Beck, 2 vol. (trad. française : *Le déclin de l'Occident : esquisse d'une morphologie de l'histoire universelle*, Paris, Gallimard, 1978, 2 vol.).

Tschižewskij D. (1939) : «Knjaz' N.S. Trubeckoj», *Sovremennye zapiski*, n° 63, p. 464-468 [Le prince N.S. Troubetzkoy].

Tolstoj N.S. (1995), «N.S. Trubeckoj i evrazijstvo», dans N.S. Trubeckoj : *Istorija - Kul'tura -Jazyk*, Moskva, Progress-Univers, p. 5-30 [Troubetzkoy et l'eurasisme].

Toman J. (1987), «Trubetzkoy before Trubetzkoy», *Papers in the History of Linguistics*, Amsterdam, J. Benjamins, p. 627-638.

Toman J. (1995) : *The Magic of a Common Language. Jakobson, Mathesius, Troubetzkoy and the Prague Linguistic Circle*, Cambridge (Mass.), The MIT Press, 355 p.

Troubetzkoy N.S. (1985), *Letters and Notes*, R. Jakobson (ed.), Berlin-New York-Amsterdam, Mouton.

Troubetzkoy N.S. (1986), «Notes autobiographiques (communiquées par R. Jakobson)», in *Principes de phonologie*, Paris, Klincksieck, p. XV-XXIX.

Vinogradov V.V. (1945), *Velikij russkij jazyk* [La grande langue russe], Moscou.

Wittgenstein L. (1931), «Bemerkungen über Frazers *The Golden Bough*», éd. par R. Rhees, *Synthèse*, 17, 1967, p. 233-253; trad. fr. : «Remarques sur le Rameau d'or de Frazer», *Actes de la Recherche en Sciences Sociales*, n° 16, sept. 1977, p. 35-42.

NOTES

[1] Troubetzkoy, 1986.
[2] Mounin, 1972.
[3] «Troubetzkoy» est la transcription qu'il utilisait dans les articles qu'il publiait en français, et «Trubetzkoy» dans ceux qu'il publiait en allemand. Pour ne pas compliquer inutilement la lecture, on conservera ici l'orthographe entrée dans l'usage francophone.
[4] V.F. Miller (1848-1913), camarade d'études de F. Fortunatov, académicien en 1911, fut directeur du célèbre *Institut Lazarev des langues orientales* de 1897 à 1911, dont dépendait le gymnase (lycée) de grand prestige où R. Jakobson a fait ses études. Fondé en 1805, cet Institut, à l'origine établissement d'enseignement pour les Arméniens, devint un centre de formation de fonctionnaires de l'administration tsariste, connaissant bien les langues de l'Empire. Il était réputé pour l'excellence de sa formation linguistique. L'enseignement de V. Miller est une des sources possibles de l'intérêt de Troubetzkoy pour l'eurasisme.
[5] Il s'agit bien d'ethnographie et non d'ethnologie, en russe «narodovedenie», plus proche de *Volkskunde* que de *Völkerkunde*, mot fait sur le modèle de *Bodenkunde* = *Počvovedenie* (pédologie). La discussion sur l'opposition entre ethnographie et ethnologie a duré en URSS jusqu'en 1990, moment où l'Institut d'ethnographie de l'Académie des Sciences fut rebaptisé Institut d'ethnologie.
[6] Sur les années que Troubetzkoy a passées à Sofia, *cf.* Simeonov, 1977.
[7] On utilisera ici le terme d'«eurasistes» pour désigner les partisans de la doctrine, et d'«Eurasiens» pour désigner les habitants de l'Eurasie.
[8] *I.R.* signifie probablement nIkolaj tRubeckoj, mais une autre explication est «Iz Rossii» («De Russie»).
[9] La terminologie de Danilevskij : les «Romano-Germains» a été reprise en URSS à la fin de la guerre, par exemple chez Vinogradov (1945) dans une perspective néo-panslaviste, *cf.* Sériot, 1984. Sur N. Danilevskij, *cf.* McMaster, 1967.
[10] Il est intéressant de noter que le livre d'O. Spengler *Le déclin de l'Occident* (*Der Untergang des Abendlandes*, 1920) est traduit en russe par *Le déclin de l'Europe* (*Zakat Evropy*).
[11] On doit mentionner, cependant, Finkielkraut (1987).
[12] *Cf.* P. Savickij, 1923 : «Les peuples doivent être dirigés par des idées et non par des institutions. On ne peut vaincre le communisme qu'à l'aide d'une idée plus haute et plus englobante.»
[13] On sait que Troubetzkoy voulait faire préfacer la traduction allemande de son livre *L'Europe et l'humanité* par O. Spengler. *Cf.* K. Pomorska, 1977. Le livre de Troubetzkoy avait été traduit par Sergej O. Jakobson, le frère de Roman Jakobson.
[14] *Cf.* P. Sériot : *Structure et totalité : la genèse du structuralisme à l'Est de l'Europe* (en préparation).
[15] Louis Dumont : «La valeur chez les modernes et chez les autres», in *Essais sur l'individualisme*, Paris : Seuil, 1985, p. 254-299.
[16] *Cf.* V.F. Odoevskij : *Les nuits russes*, 1844.
[17] *Cf.* E. Durkheim : *Les règles de la méthode sociologique*, 1895.

R. Jakobson
Préface au livre de Troubetzkoy
L'Europe et l'humanité [a]

Le prince Sergej Troubetzkoy (1862-1905), philosophe éminent, représentant de la vie publique et recteur de l'Université de Moscou, considérait qu'il était plus profitable pour son fils Nicolas (1890-1938) de faire ses études à domicile avec des professeurs privés, en passant chaque année les examens du gymnase en externe, que de fréquenter l'école. Et en 1908 les épreuves du baccalauréat trouvèrent en le jeune Troubetzkoy un savant aux vastes connaissances et aux intérêts profonds, qui avait réussi depuis l'âge de quinze ans, c'est-à-dire entre 1905 et 1908, à publier dans *Etnografičeskoe Obozrenie* [Le panorama ethnographique] plusieurs travaux originaux de valeur sur l'ethnologie finno-ougrienne et caucasienne. Nikolaj Sergeevič commença ses études au département de philosophie et psychologie de la Faculté des Lettres de l'Université de Moscou, dans l'espoir de s'y consacrer principalement à la psychologie des peuples, à l'histoire de la philosophie et aux problèmes de méthodologie. Pourtant bien vite, comme l'écrit Troubetzkoy lui-même dans ses notes autobiographiques[1], il se rendit compte que ce département ne correspondait pas à ses centres d'intérêt, et au troisième semestre il passa à celui de linguistique. Mais bien que ni le contenu ni l'orientation des

---

[1] *Grundzüge der Phonologie*, Göttingen, 1962, p. 274-275 [trad. fr. *Principes de phonologie*, Paris, Klincksieck, 1986, p. XVI-XVII].

études de linguistique ne fussent satisfaisants pour le jeune chercheur, il choisit de travailler dans ce domaine, convaincu que «la linguistique était l'unique branche des sciences humaines qui possédât une méthode véritablement scientifique [b], tandis que toutes les autres branches (l'ethnographie, l'histoire des religions, l'histoire de la culture, etc.) ne sauraient passer de leur niveau "alchimique" à un niveau supérieur qu'en adoptant une méthode de travail analogue à celle de la linguistique». C'est précisément à cette époque, durant l'année 1909-1910, que l'étudiant Troubetzkoy conçut le projet du livre qui par la suite s'intitulera *L'Europe et l'humanité*, et qui avait à l'origine un titre plus abstrait : *De l'égocentrisme*. L'idée de ce travail est étroitement liée à la discussion que Troubetzkoy avait essayé en vain d'entamer avec les philosophes et les psychologues de l'Université de Moscou, portant sur les questions fondamentales de la psychologie des peuples, de l'historiosophie et de la méthodologie des sciences humaines. Les pensées du jeune linguiste, qui mûrissait à vue d'œil, étaient dominées par ce livre dans les années d'avant-guerre, qui étaient, selon son expression, des années d'une extraordinaire intensité, puis dans les années de guerre, et nous avions tous deux gardé profondément le souvenir de nos vives conversations sur les fondements théoriques du nationalisme, quand, à l'issue des réunions de la Commission du folklore littéraire ou de la Commission de dialectologie, nous nous raccompagnions chez nous à pied à tour de rôle. Et bien que, en 1921, nous eussions la tête pleine de recherches linguistiques, Troubetzkoy avait raison quand il me décrivait cette problématique comme «ce qui, apparemment, vous intéresse le plus, et qui est pour moi également la chose la plus importante.»

Dans les premières réflexions de Troubetzkoy, son livre *L'Europe et l'humanité* devait être la première partie d'une trilogie qui s'appellerait *Justification du nationalisme*. Il avait l'intention de dédier cette première partie à la mémoire de Copernic. La deuxième partie, comme me l'écrivit Troubetzkoy en mars 1921 dans une lettre qu'il m'envoyait de Sofia à Prague, devait s'intituler *Sur le vrai et le faux nationalisme*, dédié à Socrate; quant à la troisième, ayant pour titre *Sur l'élément russe*, l'auteur pensait la dédier à Sten'ka Razin et Emel'ka Pugačev [c]. Mais il décida d'omettre les dédicaces, pour ne pas encourir le reproche d'être prétentieux.

Au tout début de son livre *L'Europe et l'humanité*, publié à Sofia en 1920 par la Maison d'édition Russo-Bulgare, Troubetzkoy, qui était alors chargé de cours à l'Université de Sofia — il faisait une introduction à la linguistique comparée — tentait d'expliquer pourquoi paraissait si tardivement un livre dont il avait conçu le projet bien longtemps auparavant :

c'est que ses réflexions avaient jusque là rencontré une incompréhension totale, et qu'il avait jugé inopportun de les publier, attendant un moment plus propice. «Si je me décide maintenant à franchir ce pas, c'est parce que je rencontre de plus en plus souvent chez mes interlocuteurs non seulement de la compréhension, mais un accord avec mes positions fondamentales.» Les immenses bouleversements qu'avait connus le monde avec les dernières années de la guerre et les événements qui l'avaient suivie avaient montré à l'implacable critique de l'égocentrisme que bien des gens étaient parvenus aux mêmes conclusions que lui «de façon tout-à-fait indépendante», même si nombreuses encore étaient les critiques sévères faites à l'encontre de cette «tendance nocive» par des personnes jouissant d'une grande autorité.

Immédiatement après la publication de ce livre, l'auteur en définit l'intention comme purement négative : «Mon livre n'a pas pour ambition de proposer des principes positifs et directeurs concrets. Il ne doit servir qu'à renverser certaines idoles et, après avoir mis le lecteur devant des piédestaux vides, à le forcer à se remuer les méninges à la recherche d'une issue. Cette issue doit être indiquée dans les parties suivantes de la trilogie. Dans la première partie je ne veux que faire une allusion à la direction dans laquelle il faut chercher[2].»

A l'orientation négative de cette plate-forme, qui anticipe sur l'élaboration ultérieure de l'idéologie de Troubetzkoy, correspond son ardeur à réviser radicalement les fondements de la linguistique traditionnelle, sur lesquels il travaillait fébrilement depuis 1917, en dépit de tous les obstacles extérieurs.

Dans la mesure où les jugements exprimés par l'auteur lui-même après la parution de *L'Europe et l'humanité* sont sans nul doute la source d'information la plus riche, je les rapporte de façon exhaustive.

> «L'essentiel, dans mon livre, est la réfutation de l'égocentrisme et de l'"ex-centrisme", c'est-à-dire le fait de mettre le centre en dehors de soi-même, en l'occurrence : en Occident. Et l'exigence principale qui en découle, l'unique issue possible (ou plus exactement la direction à prendre pour trouver l'issue), je l'ai indiquée : c'est la révolution de la conscience, de la conception du monde de l'intelligentsia des peuples non romano-germaniques. Sans cette révolution, aucune issue n'est possible, et les événements actuels ne sont pas une issue, tant que la révolution dans les consciences ne s'est pas produite. L'essence de la révolution de la conscience consiste en un total dépassement de l'égocentrisme et de l'ex-centrisme, dans le passage de l'absolutisme au relativisme. C'est la seule défense sérieuse contre les tentatives expansionnistes de la

---

[2] *N.S. Trubetzkoy's Letters and Notes*, R. Jakobson ed., La Haye, Mouton, 1975, p. 12.

civilisation romano-germanique. Comprendre que ni "moi" ni personne d'autre n'est le nombril du monde, que tous les peuples et toutes les cultures sont équivalents, qu'il n'y a ni supérieurs ni inférieurs, voilà ce que mon livre exige du lecteur. Mais, comme je l'ai dit, il ne suffit pas de le comprendre, il faut encore le porter en soi. au plus profond de soi-même, s'en imprégner totalement. "L'injonction faite à l'élève d'apprendre auprès de son maître mais de le faire de façon critique", comme vous me l'écrivez, est, sans nul doute, le fruit d'une formulation malheureuse, et du fait que je suis entré dans des détails inutiles. En fait, je voulais seulement indiquer qu'aucune culture n'est possible sans emprunts à l'extérieur, mais que l'emprunt ne présuppose pas nécessairement l'ex-centrisme. Certes, on aurait pu se passer de le dire, et je regrette de l'avoir dit, car cela affaiblit l'idée principale, en donnant l'impression que, outre la révolution dans les consciences, j'indiquais encore quelques conséquences pratiques. De ce point de vue, je ne suis pas satisfait de la fin de mon livre, écrite à la va-vite, et, de plus, beaucoup plus tard que le livre lui-même. Je voulais que mon livre mette le lecteur devant un vide et le force à réfléchir à la façon de le combler. Or on a l'impression que j'essaie moi-même de combler ce vide avec quelque succédané fumeux. En fait, je me proposais de combler ce vide dans les parties suivantes de la trilogie, et cela n'est de toute façon possible qu'à condition que le lecteur se pénètre profondément de la réalité de ce vide, et que se réalise cette révolution de la conscience dont je parle. Comment, alors, remplir ce vide? Je dis dans mon livre que tout jugement de valeur repose sur l'égocentrisme, et que, pour cela, tout jugement de valeur doit être banni *de la science*. Mais dans la création culturelle, dans l'art, dans la politique, en général dans tout type d'*activité* (et non de *théorie*, ce qu'est la science), il n'est pas possible de se passer de jugements de valeur. Par conséquent, un certain égocentrisme est nécessaire. Mais ce doit être un égocentrisme ennobli, conscient, lié au relativisme. Je le trouve dans le principe socratique "connais-toi toi-même", ou, ce qui revient au même, "sois toi-même". Toute aspiration à être ce qu'on n'est pas en réalité, tout "désir d'être espagnol", comme dit Koz'ma Prutkov[3] est faux et funeste. "Connais-toi toi-même" est un principe universel, absolu, et en même temps relatif. Il faut suivre ce principe lorsqu'on fait un jugement de valeur, que ce jugement porte sur un individu particulier ou sur un peuple tout entier. Tout ce qui donne à un homme ou à un peuple la possibilité d'être lui-même est un bien, tout ce qui l'en empêche est un mal. Il en découle l'exigence d'une culture nationale originale. C'est cela qui, à son tour, détermine la différence entre le vrai et le faux nationalisme. Le nationalisme est bon lorsqu'il découle d'une culture originale et qu'il est orienté vers cette culture. Il est faux lorsqu'il ne découle pas d'une telle culture et qu'il veut qu'un petit peuple non européen (non romano-germanique) se prenne pour une grande puissance, dans laquelle tout est "comme chez les Maîtres". Il est faux, aussi, lorsqu'il empêche les autres peuples d'être eux-mêmes et qu'il veut les forcer à accepter une culture qui leur est étrangère. L'"auto-détermination nationale" telle que la comprennent l'ex-président Wilson et les différents séparatistes du genre des Géorgiens, des Estoniens, des Lettons, etc., est une forme typique de faux nationalisme du premier type. Le chauvinisme allemand ou l'expansionnisme culturel anglo-américain sont une forme de faux nationalisme du second type. Notre "nationalisme" russe d'avant la révolution est à la fois l'un et l'autre. Le vrai nationalisme est encore à créer. Voilà l'issue. La voie pour y parvenir est d'abord la révolution de la conscience dont il a déjà été question, puis le travail créatif de la connaissance de soi et de la culture

---

[3] Pseudonyme collectif par lequel un groupe d'écrivains russes du siècle dernier signaient leurs œuvres satiriques.

originale. Dans la pratique, cela s'entend, cette voie passe par la lutte physique, le soulèvement des "peuples qui gémissent", etc. Mais sans la révolution de la conscience et sans égocentrisme conscient et ennobli, bref, sans vrai nationalisme, tout cela ne mènera à rien.

Vous me demandez si ce qui se passe actuellement n'est pas un immense soulèvement de la Russie, entraînant derrière elle "les autres peuples qui gémissent sous le joug, indépendamment de la couleur de leur peau", contre les Romano-Germains. C'est, en effet, en cela que consiste l'essence instinctive, inconsciente du "bolchevisme" *populaire*. Comme je le dis dans ma préface à la traduction russe de *Russia in the Shadows* de H.G. Wells[4], chez nous en Russie et en Asie le bolchevisme *populaire* est un soulèvement non des riches contre les pauvres, mais des humiliés contre les humiliateurs. Pour le "peuple" russe, le mot "bourgeois" ne désigne pas un riche, mais un homme d'une autre culture, qui se croit supérieur par le simple fait d'appartenir à cette culture. Chez les Asiatiques, cela est encore plus accentué. Voilà la réalité. Mais un peuple qui se soulève est guidé par des chefs, par une intelligentsia. Or, c'est bien dans la conscience de ces membres de l'intelligentsia que n'a pas eu lieu la révolution que je considère indispensable. Ils continuent à être dominés par les préjugés européens, à s'appuyer sur la science évolutionniste, sur la notion de progrès et sur tout ce qui est produit par l'égocentrisme européen. Ce sont des socialistes, or le socialisme et le communisme sont les fils légitimes de la civilisation européenne : le fait que Marx ne soit pas un Romano-Germain d'origine ne contredit nullement cela. L'État communiste tel que le conçoivent et que veulent l'édifier nos Bolchéviks est la forme la plus accomplie et la plus "nue" du système étatique romano-germanique. Ces chefs du soulèvement des "peuples gémissants" non seulement ne laissent pas les individus et les peuples se connaître eux-mêmes et devenir eux-mêmes, mais, au contraire, les forcent à être ce qu'ils ne sont pas et ne font qu'embrumer leur conscience. Dans ces conditions, tout le sens authentique du mouvement populaire est dénaturé. Il n'en résulte aucune libération du joug moral de la civilisation romano-germanique. La libération de l'oppression physique est chose éphémère. Imaginez une minute que l'Armée rouge réussisse à faire irruption en Allemagne et qu'il y advienne un coup d'État communiste. Quels seraient les conséquences pratiques de cet événement? L'axe du monde se déplacerait immédiatement de Moscou à Berlin. Un authentique État communiste, en tant que produit de la civilisation romano-germanique, suppose certaines conditions culturelles, sociales, économiques, psychologiques, etc., existant en Allemagne, mais non en Russie. En s'appuyant sur ces avantages et sur les leçons négatives du bolchevisme russe, les Allemands créeraient un État socialiste exemplaire, et Berlin deviendrait la capitale d'une république fédérative soviétique pan-européenne, voire mondiale. Il y a toujours eu, il y a encore et il y aura des maîtres et des esclaves. Il y en a chez nous en Russie, sous le régime soviétique. Dans la république soviétique mondiale les maîtres seraient les Allemands, et, plus généralement, les Romano-Germains, et les esclaves, ce serait nous, c'est-à-dire tous les autres. Et le degré d'esclavage serait directement proportionnel au "niveau culturel", c'est-à-dire à l'éloignement par rapport au modèle romano-germanique. Cela concerne, disons, le niveau matériel. Or dans le domaine de la culture spirituelle la dépendance de la civilisation romano-germanique serait encore plus forte, car le socialisme ne peut admettre d'autres idéologies que celles qui ont été canonisées d'une façon bien déterminée. Ainsi, rien ne changerait.

Il faut garder à l'esprit que l'esprit de rapine et d'asservissement n'est pas le propre de

---

[4] H.G. Wells, *Rossija vo mgle*, Sofia, Rossijsko-Bolgarskoe izdatel'stvo, 1920, p. III-XV.

certaines classes de la société européenne, mais de toute la civilisation romano-germanique en tant que telle. J'ai essayé de développer ces idées dans le cinquième chapitre de mon livre. Dans ces conditions, le bolchevisme non seulement n'est pas un soulèvement contre les Romano-Germains, mais au contraire, c'est l'instrument le plus puissant de l'européanisation, y compris des peuples qui l'avaient jusqu'alors refusée. Vous parlez des masses populaires romano-germaniques. D'une part, ces masses resteront à l'étage inférieur de la culture, exactement comme chez nous en Russie : ce ne sont pas les ouvriers et les paysans qui gouvernent en fait. Et ceux qui, des classes inférieures, parviendront à se hisser au niveau supérieur deviendront en tous points semblables à ceux qui s'y trouvent actuellement. Mais même en substance, vous exagérez la différence psychologique entre les classes inférieures et les classes supérieures de la société romano-germanique. Il y a, bien sûr, une différence, mais elle est d'une toute autre nature que celle qui existe entre "l'Europe et l'humanité". Les peuples non romano-germaniques ont besoin d'une culture nouvelle, non romano-germanique. Les classes inférieures romano-germaniques, en revanche, n'ont besoin d'aucune culture radicalement nouvelle, elles veulent seulement échanger leur place avec celle des classes dirigeantes, dans le but de continuer tout ce qu'avaient fait jusqu'à présent ces classes dirigeantes : avoir à sa discrétion des fabriques et des armées de mercenaires "de couleur", opprimer les "noirs" et les "jaunes", les forcer à imiter les Européens, à acheter des marchandises européennes, et à fournir l'Europe en matières premières. Nous n'avons rien à faire avec elles. Si, à Dieu ne plaise, elles prennent le pouvoir, alors l'européanisation universelle sera inévitable. C'est le dernier enjeu, seulement il ne concerne pas "l'humanité", mais "l'Europe". C'est un terrible danger, qui concerne non pas "l'Europe", mais "l'humanité".

Voilà pourquoi je continue à insister sur le fait que le renversement de la conscience de l'intelligentsia des peuples non romano-germaniques est la seule issue. Sans cela, tout ce qui se passe actuellement ne pourra conduire qu'à une intensification du mal. Les dirigeants de la Russie soviétique sont-ils capables d'un tel renversement, j'en doute. C'est pourquoi je vois les choses avec pessimisme. Le pire qui puisse arriver est une insurrection prématurée des classes inférieures du monde romano-germanique, avec pour conséquence le déplacement de l'axe du monde à Berlin, et, plus généralement, en Occident. Après cela, il est plus que probable que le renversement de la conscience ne se fera point, et s'il se fait, il sera trop tard. Mais il est possible, bien sûr, que les classes inférieures romano-germaniques n'entreprendront rien, et alors la Russie, abandonnée longtemps à elle-même et à l'orientation asiatique, soit obligera ses chefs à opérer un tel renversement, soit les remplacera spontanément par d'autres, plus capables de le faire. Qu'en sera-t-il, il est difficile de le dire : je crains que ce ne soit le pire...

Si mes espoirs les plus chers se réalisent un jour, je m'imagine qu'il y aura au monde plusieurs grandes cultures avec des variantes, pour ainsi dire, "dialectales". Mais la différence avec l'idéal européen réside en ce que, premièrement, ces cultures seront plusieurs, et que, deuxièmement, ces variantes dialectales seront plus marquées et plus libres. L'important est que, avec le vrai nationalisme, qui repose sur la connaissance de soi, et en l'absence d'ex-centrisme, chaque peuple appartiendra à une certaine culture non pas par hasard, mais parce qu'elle est en harmonie avec son essence intérieure, et que c'est précisément dans cette culture que cette essence intérieure trouve son expression la plus accomplie et la plus claire.»

Dans la troisième partie de sa trilogie (*Sur l'élément russe*), Troubetzkoy se préparait à étudier «la façon dont doit différer de la civilisation européenne la culture à laquelle appartient la Russie, et quels peuples, en dehors des Russes, peuvent y prendre part». Il déplorait les lacunes des bibliothèques et les difficultés liées à l'édition, mais bientôt cependant parut à Sofia le recueil *Isxod k Vostoku* [Issue vers l'Orient] (Rossijsko-bolgarskoe izdatel'stvo, 1921) dans lequel Troubetzkoy publiait un bref exposé des deux dernières parties de sa trilogie : *Ob istinnom i ložnom nacionalizme* [Sur le vrai et le faux nationalisme], p. 71-85, et *Verxi i nizy russkoj kul'tury* [Le sommet et la base de la culture russe], p. 86-103, tout en regrettant, cependant, qu'il ait «fallu fortement écourter et escamoter la troisième partie, de caractère essentiellement ethnographique», à cause de l'impossibilité de trouver à Sofia la documentation nécessaire. Selon l'explication donnée alors par Troubetzkoy, lui-même et les autres participants au recueil (G.V. Florovskij, P.N. Savickij et P.P. Suvčinskij) «s'étaient réunis sur la base d'un certain état d'âme et d'une certaine façon de sentir les choses, quand bien même chacun avait son approche et ses propres convictions». Troubetzkoy voyait la nature essentielle du recueil comme une «tentative de sonder et de tracer les voies d'une nouvelle approche, qui se trouve dans l'air», et que, notait-il au nom de tout le groupe, «nous appelons du nom d'*eurasisme*, un terme peut-être pas très heureux, mais qui saute aux yeux, qui est provocant, et qui, de ce fait, convient bien à des fins de propagande[5]». La notion d'Eurasie, en tant que totalité géographique qui coïncide plus ou moins dans ses limites avec les frontières de la Russie et qui se distingue par de nombreuses caractéristiques extérieures et culturelles des deux aires voisines : l'Europe et l'Asie au sens propre de ce terme, se trouvait à la base de l'approche eurasiste. Lorsque ce mouvement, qui avait trouvé ses fondements dans les positions initiales de l'auteur de *L'Europe et l'humanité*, entra dans une crise profonde, au tournant des années 20 et des années 30, Troubetzkoy, touché au vif par les discordes survenues, perdit son intérêt pour la politique des eurasistes, bien qu'il revînt dans les pages de la *Evrazijskaja Xronika* [Chronique eurasiste] de 1935 (p. 29-37), pour y publier une brève note introductrice intitulée *Ob idee-pravitel'nice ideokratičeskogo gosudarstva* [Sur l'idée-dirigeante de l'État idéocratique]. Le thème de la future idéocratie lui tenait profondément à cœur, et dans les dernières années de sa vie, malgré ses ennuis de santé, il travailla continûment en même temps à un livre sur l'idéocratie et sur le volume des *Grundzüge der Phonologie*, qui dressait le bilan de toutes ses recherches sur les sons de la langue. La mort interrompit ce dernier ouvrage sur l'une des pages finales, et le manuscrit fut publié par le Cercle linguistique de Prague en 1939, alors que le volu-

---

[5] *Letters and Notes, op. cit.*, p. 21.

mineux manuscrit de *Istinnaja ideokratija kak edinstvenno želannaja i žiznesposobnaja forma pravlenija* [La vraie idéocratie comme unique forme souhaitable et viable de gouvernement], achevé par l'auteur peu de temps avant sa mort, est, quelle que soit la tristesse avec laquelle il faut le dire, irrémédiablement perdu.

Dans les dernières années de sa vie, Troubetzkoy savait que bien des diagnostics et pronostics qu'il avait faits sur les affaires nationales ou mondiales en 1920 avaient été démentis par l'histoire, mais en même temps ni l'auteur, avec son esprit critique, ni le lecteur débarrassé de tout préjugé ne pouvaient ignorer le noyau valide du livre, et au fil des ans et des décennies le lecteur comprenait de plus en plus clairement combien de fervente sagesse juvénile reposait dans l'implacable et pourtant extraordinairement humaine dénonciation de ce que Troubetzkoy appelait dans son livre «l'hypnose des mots», qui tient comme dans un étau de plus en plus impitoyablement notre existence et celle du monde entier. Une combinaison experte d'études anthropologiques convaincantes et d'une géniale intuition linguistique s'était déjà manifestée chez l'auteur de *L'Europe et l'humanité* avant la parution de ses premiers travaux linguistiques, et, même avec la distance de plus de soixante ans qui nous sépare de la modeste brochure parue à Sofia, elle ne peut laisser indifférent un lecteur capable de réfléchir.

NOTES DU TRADUCTEUR

[a] Écrit à Cambridge, Mass., février-mars 1982, comme préface à l'édition italienne du livre de Troubetzkoy *L'Europe et l'humanité* (Turin, Einaudi, 1982). La traduction a été faite d'après l'original russe, publié dans les *Selected Writings* de R. Jakobson, t. VII, Berlin, New York, Amsterdam : Mouton Publishers, 1985, p. 305-313, avec l'aimable autorisation de la Roman Jakobson and Krystyna Pomorska Jakobson Foundation Inc., New York.
[b] J. Cantineau traduit ici «méthode positive», ce qui est ennuyeux pour le critique du positivisme qu'était Troubetzkoy. L'original allemand est «eine wirklich wissenschaftliche Methode».
[c] Sten'ka Razin, Emel'ka (Emeljan) Pugačev : *cf. Les sommets et les bases...*, note [l].

L'Europe et l'humanité (1920) [a]

Ce n'est pas sans une certaine appréhension que je présente ce travail à l'attention du public. Les idées qui y sont exprimées ont pris forme dans ma conscience il y a plus de dix ans. Depuis lors, je les ai souvent exposées à différentes personnes, pour confronter mes opinions ou convaincre les autres. Beaucoup de ces discussions se sont avérées fort utiles pour moi, parce qu'elles m'ont forcé à reformuler et à approfondir mes idées et mes arguments. Mais mes positions de base sont restées inchangées.

Il est clair que je ne pouvais pas me contenter de discussions de rencontre, et que, pour vérifier la justesse de mes positions, il fallait les présenter devant un public plus large, c'est-à-dire les publier. Si je ne l'ai pas fait jusqu'à présent, c'est que, surtout au début, je retirais de mes nombreuses discussions l'impression que la plupart des gens que je rencontrais ne comprenaient tout simplement pas mes idées. Et ils ne me comprenaient pas non point parce que je m'exprimais de façon incompréhensible, mais parce que, pour la majorité des gens éduqués à l'européenne, ces idées sont presque organiquement inacceptables : elles contredisent certains principes psychologiques immuables qui sous-tendent la pensée européenne. On me considérait comme un amateur de paradoxes, et mes raisonnements comme des fantaisies d'excentrique. Dans ces conditions, la discussion perdait tout sens et toute utilité, car une discussion ne peut aboutir à quelque chose que si les deux parties s'entendent et parlent le même langage. Et comme je ne rencontrais presque que de l'incompréhension, je pensais que le moment n'était pas propice pour publier mes idées, et j'attendais un meilleur moment. Si je me décide maintenant à franchir ce pas, c'est parce que je rencontre de plus en plus souvent chez mes interlocuteurs non seulement de la compréhension, mais aussi un accord avec mes positions fondamentales. Beaucoup de gens sont arrivés aux mêmes conclusions que moi, de façon tout à fait indépendante. De toute évidence, il s'est passé un net renversement dans la pensée de beaucoup de personnes cultivées.

La Grande Guerre, et surtout la «paix» qui l'a suivie (et qu'il faut jusqu'à présent écrire entre guillemets) ont ébranlé la foi en «l'humanité civilisée», et ouvert les yeux à bien des gens. Nous, les Russes, nous nous trouvons dans une situation particulière. Nous avons été les témoins de l'effondrement soudain de ce que nous appelions la «culture russe». Beaucoup d'entre nous ont été frappés de la rapidité et de la facilité avec lesquelles tout cela s'est produit, et beaucoup se sont interrogés sur les raisons de cet effondrement. La présente brochure aidera peut-être quelques uns de mes compatriotes à mettre de l'ordre dans leurs propres réflexions sur ce sujet. Certaines de mes thèses auraient pu être abondamment illustrées avec des exemples tirés de l'histoire russe et de la vie russe. L'exposition en serait sans doute devenue plus intéressante et plus vivante, mais la clarté du plan général aurait souffert de ces digressions. Or, en proposant au lecteur des idées relativement nouvelles, le plus important pour moi était de les présenter de la façon la plus claire et la plus cohérente. En outre, mes réflexions concernent non seulement les Russes, mais encore tous les autres peuples qui ont, d'une façon ou d'une autre, adopté la culture européenne, bien que n'étant pas d'origine romane ou germanique. Et si je publie ce livre en russe, c'est simplement parce qu'on est plus à l'aise dans ses propres habits, et que j'attache une grande importance au fait que mes idées soient acceptées et assimilées par mes compatriotes.

En proposant mes réflexions à l'attention des lecteurs, je voudrais poser une question à laquelle chacun doit apporter une réponse pour lui-même. De deux choses l'une : soit mes idées sont fausses, mais alors il faut les réfuter logiquement, soit elles sont vraies, et dans ce cas il faut en tirer des conclusions pratiques.

En acceptant ces positions, chacun s'engagera dans un travail de fond. Il faudra développer ces positions en les appliquant à la réalité concrète, revoir de ce point de vue tout un ensemble de questions que la vie soulève. Beaucoup de gens sont engagés en ce moment, d'une façon ou d'une autre, dans une «réévaluation des valeurs». Pour ceux qui les adoptent, mes idées pourront servir à indiquer la direction dans laquelle doit se faire cette réorientation. Il ne fait pas de doute que le travail théorique et pratique qui découle de l'acceptation de ces thèses doit être un travail collectif. Lancer une idée, brandir un drapeau, cela, un individu isolé peut le faire. Mais élaborer un système entier à partir de cette idée, et l'appliquer à la réalité, cela ne doit être fait qu'à plusieurs. C'est à ce travail collectif que j'appelle tous ceux qui partagent mes convictions. Que ces personnes existent, je m'en suis convaincu grâce à quelques rencontres occasionnelles. Il ne leur reste plus qu'à s'unir pour un travail collectif. Et si cette brochure sert de coup d'envoi ou de moyen pour une telle collaboration, je considérerai que mon but aura été atteint.

[...]

I

Les positions que peut prendre tout Européen sur la question nationale sont nombreuses, mais elles se situent toutes entre deux termes extrêmes : le chauvinisme et le cosmopolitisme. Toute forme de nationalisme est une synthèse de chauvinisme et de cosmopolitisme, une tentative de concilier ces deux termes opposés.

Il ne fait pas de doute que l'Européen considère le chauvinisme et le cosmopolitisme comme des termes en stricte opposition, comme des points de vue radicalement inverses. Or on ne peut admettre cette formulation de la question. Il suffit de considérer attentivement le chauvinisme et le cosmopolitisme pour s'apercevoir qu'il n'y a aucune différence radicale entre les deux, que ce ne sont que deux degrés, deux aspects d'un seul et même phénomène.

Le chauvin part de la position *a priori* que le meilleur peuple du monde est précisément le sien. La culture créée par son peuple est meilleure que toutes les autres. Seul son peuple a le droit de tenir le premier rang et de dominer les autres, qui doivent se soumettre à lui, et adopter sa foi, sa langue et sa culture, et s'assimiler à lui. Tout ce qui fait obstacle au triomphe final de ce grand peuple doit être balayé de force. C'est ainsi que pense le chauvin, et en conséquence qu'il agit.

Le cosmopolite nie les différences nationales. Si de telles différences existent, elles doivent être éliminées. L'humanité civilisée doit être une entité unique, et avoir une culture unique. Les peuples non civilisés doivent adopter cette culture, s'y insérer, rejoindre la famille des peuples civilisés, et parcourir avec eux le chemin unique du progrès mondial. La civilisation est un bien suprême, au nom duquel doivent être sacrifiées les particularités nationales.

Formulés de cette façon, le chauvinisme et le cosmopolitisme semblent effectivement en opposition totale. Pour le premier, la suprématie appartient à la culture d'une individualité ethnographico-anthropologique unique, pour le second, à la culture de l'humanité, au delà de toute distinction ethnographique.

Examinons pourtant le sens que les cosmopolites européens attachent aux termes de «civilisation» et d'«humanité civilisée». Ils entendent par «civilisation» la culture élaborée conjointement par les peuples romans et germaniques de l'Europe, et par «peuples civilisés» précisément ces mêmes peuples, ainsi que ceux qui ont adopté la culture européenne.

Nous voyons ainsi que la culture qui doit, selon les cosmopolites, dominer le monde et éliminer toutes les autres, est bien celle de la même entité ethnographico-anthropologique que celle dont la suprématie est le but du chauvin. Il n'y a ici aucune différence de principe. En fait, l'unité nationale, ethnographico-anthropologique et linguistique de chaque peuple d'Europe est toute relative. Chacun d'eux est la réunion de différents groupes ethniques plus petits, possédant chacun ses caractéristiques dialectales, culturelles et anthropologiques, mais reliés par des liens de parenté et une histoire commune, qui a créé un bagage de biens culturels communs à tous. Par conséquent, le chauvin, qui proclame que son peuple est le couronnement de la création et l'unique dépositaire de toutes les perfections, est, en réalité, le combattant de tout un groupe d'entités ethniques. Mais ce n'est pas tout : le chauvin veut que les autres peuples se fondent dans le sien, et perdent leur propre physionomie nationale. Le chauvin considère comme siens les représentants des autres peuples qui ont agi de la sorte, c'est à dire qui ont perdu leur individualité nationale, et assimilé la langue, la foi et la culture de son peuple à lui; il fera l'éloge de leurs contributions à la culture de son peuple, mais, bien sûr, seulement s'ils ont fidèlement assimilé l'esprit qui lui est si cher, et s'ils ont réussi à se débarrasser complètement de leur ancienne psychologie nationale. Les chauvins sont toujours un peu soupçonneux à l'égard de ces allogènes qui se sont assimilés au peuple dominant, surtout s'il s'agit d'une assimilation récente, mais en principe ils ne les rejettent pas. On sait même que, parmi les chauvins européens, il y a bien des gens dont le nom et les traits anthropologiques indiquent clairement qu'ils n'appartiennent pas au peuple dont ils proclament la suprématie avec tant de ferveur.

Si nous prenons maintenant la position du cosmopolite européen, nous verrons qu'elle ne se distingue pas essentiellement de celle du chauvin. La «civilisation», la culture qu'il considère comme supérieures et devant lesquelles, à son avis, doivent s'effacer toutes les autres, représentent aussi un certain ensemble de biens culturels commun à plusieurs peuples reliés par des liens de parenté et d'histoire commune. Et, de même que le chauvin néglige les particularités individuelles des groupes ethniques qui entrent dans la composition de son peuple, de même le cosmopolite ignore les traits particuliers des cultures des différents peuples romano-germaniques, et ne prend en considération que les traits qui constituent leur bagage culturel commun. Il reconnaît également la valeur culturelle inhérente aux activités des peuples non romano-germaniques qui ont totalement assimilé la civilisation des Romano-Germains en rejetant tout ce qui contredit l'esprit de cette civilisation, et en échangeant leur physionomie nationale contre la physionomie romano-germanique commune. Exactement comme le chauvin qui considère comme «siens» les allogènes et les étrangers qui ont su s'assimiler totalement au peuple dominant! Même l'hostilité des cosmopolites envers les chauvins et envers les principes qui isolent les unes des autres les cultures des peuples romano-germaniques a un parallèle dans la vision chauvine du monde.

Ce sont justement les chauvins qui répondent avec hostilité à toute tentative de séparatisme de la part de certaines parties de leur peuple. Ils essaient d'effacer, d'estomper toutes les particularités locales qui peuvent porter atteinte à l'unité de leur peuple.

Il y a ainsi un parallélisme total entre les chauvins et les cosmopolites. Il s'agit, en fait, de la même attitude envers la culture de l'entité ethnographico-anthropologique à laquelle appartient l'individu en question. La différence est simplement que le chauvin prend en considération un groupe ethnique plus restreint que le cosmopolite; mais le groupe qu'envisage le chauvin n'est pas entièrement homogène, et le cosmopolite, de son côté, envisage bien, quand même, un groupe ethnique spécifique. Il s'agit donc d'une différence de degré, et non de principe.

Lorsqu'on émet un jugement sur le cosmopolitisme européen, il faut toujours garder en tête que des termes comme «humanité», «civilisation universelle», etc., sont extrêmement imprécis, et qu'ils masquent, en fait, des notions ethnographiques bien déterminées. La culture européenne n'est pas la culture de toute l'humanité. C'est le produit de l'histoire d'un groupe ethnique bien défini. Les tribus germaniques et celtes, exposées à des degrés divers à l'influence de la culture romaine, et fortement mélangées entre elles, ont créé un certain mode de vie à partir d'éléments de leur culture nationale et de la culture romaine. Vivant dans des conditions géographiques et ethnographiques communes, les Celtes et les Germains ont longtemps mené une existence identique; grâce à leurs contacts constants, les éléments communs de leurs mœurs et de leur histoire ont été si forts qu'un sentiment d'unité romano-germanique a toujours été présent inconsciemment chez eux. Le temps passant, comme chez tant d'autres peuples, est né en eux le désir de connaître les sources de leur propre culture. Leur découverte des monuments de la culture grecque et romaine a fait naître l'idée d'une civilisation mondiale, supranationale, une idée propre au monde gréco-romain, et qui repose aussi sur des considérations ethnographiques et géographiques. A Rome «le monde entier» ne signifiait rien d'autre que *orbis terrarum*, c'est à dire les peuples qui habitaient le bassin méditerranéen ou son orbite; grâce à des contacts constants, ils avaient élaboré un ensemble de valeurs culturelles communes, et avaient fini par fusionner, grâce à l'influence nivelante de la colonisation grecque et romaine et à la suprématie militaire romaine. Quoi qu'il en soit, les idées cosmopolites de l'Antiquité sont devenues en Europe la base de l'éducation. Sur un terrain rendu fertile par le sentiment inconscient de l'unité romano-germanique, elles ont donné naissance aux fondements théoriques du «cosmopolitisme» européen, qu'il serait plus correct d'appeler tout crûment le *chauvinisme pan-romano-germanique*.

Tels sont les fondements historiques réels des théories cosmopolites européennes. Quant au fondement psychologique du cosmopolitisme, il est le même que celui du chauvinisme. C'est une variante de ce préjugé inconscient, de cette psychologie particulière qu'il vaudrait mieux appeler l'*égocentrisme*. Un homme ayant une psychologie égocentrique très marquée se prend inconsciemment pour le centre de l'univers, pour le couronnement de la création, le meilleur, le plus parfait de tous les êtres. De deux autres êtres humains, celui qui est le plus proche de lui, qui lui ressemble le plus est le meilleur, celui qui en est le plus éloigné est le pire. C'est pourquoi il considère comme le plus parfait tout groupe naturel humain auquel il appartient. Sa famille, son groupe social, son peuple, sa tribu, sa race sont meilleurs que tous les groupes analogues. De même, son espèce, l'espèce humaine, est plus parfaite que toutes les autres espèces de mammifères, ceux-ci sont eux-mêmes plus parfaits que les autres vertébrés, les animaux, à leur tour, sont plus parfaits que les plantes, et le monde organique est plus parfait que le monde inorganique. A un degré ou à un autre, personne n'est immunisé contre cette psychologie. Même la science ne s'en est pas libérée complètement, et toute découverte scientifique qui favorise l'abandon des préjugés égocentriques suscite d'énormes difficultés. [...]

Quelle attitude envers le chauvinisme et le cosmopolitisme européen doivent avoir les non Romano-Germains, les représentants des peuples qui n'ont pris aucune part à la création de ce qu'on appelle la civilisation européenne? L'égocentrisme mérite d'être condamné non seulement du point de vue de la culture romano-germanique, mais encore de celui de toute culture, car c'est un principe antisocial, qui détruit toute forme de communication culturelle entre les êtres humains. S'il existe dans un peuple non romano-germanique des chauvins qui prêchent que leur peuple est un peuple élu, et que tous les autres peuples doivent se soumettre à sa culture, tous leurs compatriotes doivent lutter contre eux. Mais que faire s'il se trouve dans ce peuple des individus qui se mettent à faire la propagande de la domination non de leur propre peuple, mais d'un autre, d'un peuple étranger, et qui encouragent leurs compatriotes à se fondre dans ce «peuple mondial»? Nul égocentrisme dans un tel appel, au contraire, c'est d'ex-centrisme au plus haut degré qu'il faut parler. On ne peut donc le condamner comme on ferait du chauvinisme. Mais l'essence d'une doctrine n'est-elle pas plus importante que la personnalité de celui qui la profère? Si la domination du peuple A sur le peuple B est prônée par un représentant du peuple A, c'est du chauvinisme, une manifestation de psychologie égocentrique, et semblable propagande doit être rejetée, de façon tout à fait légitime, aussi bien chez B que chez A. Mais les choses sont-elles si différentes dès lors que la voix du représentant du peuple B vient se joindre à celle du représentant du peuple A? Certes non : le chauvinisme est toujours du chauvinisme. Le personnage principal de ce scénario hypothétique est, bien entendu, le représentant du peuple A. Par sa bouche parle la volonté d'asservissement, qui est le sens véritable des théories chauvines. La voix du représentant de B peut être plus forte, elle n'en aura pas plus d'importance. Le représentant de B n'a fait que prêter foi aux arguments du représentant de A, il a cru à la force du peuple A, il s'est laissé fasciner, ou peut-être, simplement, corrompre. Le représentant de A se bat pour lui-même, celui de B pour un autre : par la bouche de B, c'est finalement A qui parle, ce qui nous donne toujours le droit de considérer cette propagande comme un chauvinisme camouflé.

En fait, tous ces raisonnements sont inutiles; tout cela ne nécessite pas de longues démonstrations logiques. Chacun sait quelle serait son attitude envers un compatriote qui se mettrait à exhorter les siens à renoncer à leur foi, leur langue, leur culture, et à s'assimiler à un peuple voisin, appelons-le le peuple X. Tout le monde, bien sûr, le considérerait comme un fou, ou comme quelqu'un qui a été abusé par le peuple X et a perdu tout fierté nationale, ou bien encore comme un agent du peuple X, ayant pour mission de faire de la propagande, en échange d'une récompense adéquate. Dans tous les cas, on soupçonnerait de toute façon que derrière cet individu se tient un chauvin du peuple X, contrôlant ses paroles au niveau conscient ou inconscient. Notre attitude envers ce prosélytisme ne serait pas déterminée par le fait qu'il s'agit d'un compatriote, nous le considérerions évidemment comme émanant du peuple dont la suprématie est l'objet de cette propagande. Il ne peut y avoir de doute que notre attitude envers cette forme de prosélytisme ne saurait être que négative. Aucun peuple normal au monde, surtout s'il s'agit d'un peuple organisé en État, ne peut admettre volontairement la destruction de sa physionomie nationale au nom de l'assimilation, ne serait-ce qu'à un peuple plus parfait que le sien. Tout peuple qui se respecte répondrait aux provocations chauvines des étrangers comme Léonidas de Sparte : «Viens donc le prendre!», et défendrait son existence nationale les armes à la main, même si la défaite était inévitable.

Tout cela semble évident, et pourtant il y a beaucoup de faits qui le contredisent. Le cosmopolitisme européen, qui, nous l'avons vu, n'est rien d'autre qu'un chauvinisme romano-germanique, se répand chez les peuples non romano-germaniques avec une grande rapidité et une grande facilité. Il y a déjà beaucoup de ces cosmopolites chez les Slaves, les Arabes, les Turks, les Hindous, les Chinois et les Japonais. Une grande partie d'entre eux sont même beaucoup plus extrêmes que leurs confrères européens dans leur rejet des particularités nationales, leur mépris de toute culture non romano-germanique, etc.

Comment s'explique cette contradiction? Pourquoi le chauvinisme panromano-germanique a-t-il un succès si considérable chez les Slaves, alors qu'il suffit de la moindre allusion à la propagande germanophile pour les mettre sur leurs gardes? Pourquoi un membre de l'intelligentsia russe rejette-t-il avec indignation l'idée qu'il puisse être un instrument aux mains des Junkers nationalistes allemands, alors qu'il ne repousse pas la soumission aux chauvins romano-germaniques?

La clé de l'énigme se trouve, naturellement, dans l'hypnose des mots.

Les Romano-Germains ont toujours été si naïvement persuadés qu'ils étaient les seuls à être des humains, qu'ils se sont dénommés eux-mêmes «l'humanité», leur culture «la civilisation universelle», et enfin leur chauvinisme «le cosmopolitisme». Ils ont réussi, avec cette terminologie, à masquer le contenu ethnographique véritable de ces notions, devenues par là-même recevables pour les autres groupes ethniques. En transmettant aux peuples allogènes les œuvres de leur culture matérielle qu'on peut le plus facilement appeler universelles (les armements et les moyens mécaniques de locomotion), les Romano-Germains en profitent pour faire passer leurs idées «universelles», en les présentant sous une forme qui masque soigneusement leur nature ethnographique.

La diffusion de ce qu'il est convenu d'appeler le cosmopolitisme européen parmi les peuples non romano-germaniques repose ainsi sur un pur malentendu. Tous ceux qui se sont laissé influencer par la propagande chauvine des Romano-Germains ont été induits en erreur par des mots comme «humanité», «universel», «civilisation», «progrès mondial», etc. Tous ces mots ont été pris à la lettre, alors qu'ils recèlent en réalité des notions ethnographiques bien précises et fort étroites.

Les représentants de l'intelligentsia des peuples non romano-germaniques doivent comprendre leur erreur. Ils doivent comprendre que la culture qu'on leur a présentée comme la civilisation universelle n'est, en fait, que la culture d'un groupe ethnique particulier, celui des peuples romans et germaniques. Cette prise de conscience devrait, naturellement, changer de façon notable leur attitude envers la culture de leur propre peuple, et les faire se demander s'ils ont raison, au nom d'idéaux «universels» (et en réalité romano-germaniques, c'est à dire étrangers), d'imposer à leur peuple une culture étrangère, tout en en éradiquant les traits propres à leur spécificité nationale. Ils ne peuvent répondre à cette question qu'après une analyse pondérée et logique des prétentions des Romano-Germains au titre d'«humanité civilisée». Ils ne peuvent décider d'adopter ou non la culture romano-germanique qu'après avoir répondu à un certain nombre de questions :

1) Peut-on prouver objectivement que la culture des Romano-Germains est plus avancée que toutes les autres qui existent ou ont existé sur la Terre?

2) L'assimilation totale d'un peuple à une culture élaborée par un autre peuple est-elle possible sans mélange anthropologique des deux peuples?

3) L'assimilation à la culture européenne (si tant est qu'une telle assimilation soit possible) est-elle un bien ou un mal?

Quiconque reconnaît la nature du cosmopolitisme européen comme étant du chauvinisme romano-germanique doit poser ces questions et y apporter une réponse d'une façon ou d'une autre. Et ce n'est que si la réponse est affirmative que l'européanisation globale peut être nécessaire et souhaitable. Dans le cas contraire, cette européanisation doit être rejetée, et alors on doit poser deux nouvelles questions :

4) L'européanisation est-elle inévitable?

5) Comment peut-on combattre ses conséquences négatives?

Dans les pages qui suivent nous essaierons de répondre à toutes ces questions. Toutefois, si nous voulons que la réponse soit correcte et surtout efficace, nous devons inviter nos lecteurs à se débarrasser pour un temps de leurs préjugés égocentriques, des idoles de la «civilisation universelle» et, de façon plus générale, du mode de pensée caractéristique de la science romano-germanique. Cela n'est pas une tâche facile, car les préjugés en question sont profondément enracinés dans la conscience de toute personne éduquée à l'européenne. C'est pourtant la seule façon de parvenir à l'objectivité.

II

On a déjà noté que le fait de considérer la culture romano-germanique comme la plus accomplie de toutes celles qui ont jamais existé sur la Terre a ses racines dans la psychologie égocentrique. En Europe on pense avoir donné un fondement scientifique à l'idée de la perfection suprême de la civilisation européenne, mais cette scientificité n'est qu'illusoire. L'idée même d'évolution telle qu'elle est présentée dans l'ethnologie, l'anthropologie et l'histoire de la culture en Europe, est elle-même imprégnée d'égocentrisme. Des notions telles que «l'échelle de l'évolution», les «degrés du développement» sont profondément égocentriques. Elles reposent sur l'idée que l'évolution de l'espèce humaine a suivi et continue de suivre le chemin de ce qu'on appelle le progrès mondial, conçu comme une ligne droite. L'humanité est supposée avoir suivi cette ligne droite, mais certains peuples se seraient arrêtés à différents points et continueraient d'y piétiner sur place, alors que d'autres peuples ont réussi à avancer plus loin avant de s'arrêter à leur tour au point suivant et d'y piétiner sur place, etc. Par conséquent, si l'on considère le panorama offert par l'humanité actuelle, on peut voir l'évolution en entier, puisqu'à chaque étape du chemin parcouru par l'humanité se trouve un peuple qui est resté bloqué et piétine sur place. L'humanité actuelle représenterait ainsi en quelque sorte un cinématogramme de l'évolution, déplié et découpé en morceaux, et les cultures des différents peuples se distingueraient entre elles comme différentes étapes du chemin unique du progrès mondial.

Même si l'on admet que cette façon de représenter l'évolution est exacte, il faut reconnaître que cela ne permet pas d'en reconstituer le processus. En effet, pour déterminer quel degré de l'évolution représente chaque culture particulière, il faut savoir où se trouvent le début et la fin de la ligne droite du progrès mondial; ce n'est que dans ce cas qu'on pourra calculer la distance qui sépare une culture des deux extrémités de l'échelle, et donc déterminer sa place dans le schéma de l'évolution. Mais on ne peut connaître le début et la fin de l'évolution avant d'avoir reconstitué ce schéma dans sa totalité. On est ainsi en présence d'un cercle vicieux : pour reconstituer le schéma de l'évolution il faut en connaître le début et la fin, mais pour en connaître le début et la fin il faut reconstituer le schéma de l'évolution. Il est clair qu'on ne peut sortir de ce cercle qu'à condition de concevoir de façon suprascientifique et irrationnelle que telle ou telle culture est le début ou la fin de l'évolution. Il est impossible d'y parvenir scientifiquement et objectivement, car cette conception de l'évolution ne permet pas d'identifier dans les cultures quoi que ce soit qui puisse servir à indiquer leur position par rapport au début ou à la fin de l'évolution. On ne peut identifier objectivement dans les différentes cultures que les traits de plus ou moins grande ressemblance entre elles. On peut, sur la base de ces caractéristiques, répartir toutes les cultures du monde de telle façon que les cultures qui manifestent le plus grand degré de ressemblance se trouvent à côté les unes des autres, et que celles qui sont les plus dissemblables soient éloignées les unes des autres. Voilà tout ce qu'on peut faire si l'on veut rester sur une base objective. Mais même si l'on parvenait à le faire et qu'on obtienne une chaîne ininterrompue, on ne pourrait pas pour autant trouver le début et la fin de la chaîne de façon objective. [...]

Ainsi, si l'idée d'évolution, dominante dans la science européenne, est exacte, il est néanmoins impossible d'en reconstituer le schéma général. Pourtant, les Européens affirment l'avoir reconstitué. Comment expliquer cela? Est-il arrivé quelque miracle? Les savants européens ont-ils reçu d'une source mystérieuse une révélation surnaturelle leur permettant de découvrir le début et la fin de l'évolution?

Si l'on examine attentivement le travail des savants européens et le schéma de l'évolution qu'ils ont établi, on s'aperçoit immédiatement que la source de cette révélation surnaturelle n'est autre que la psychologie égocentrique. C'est elle qui a indiqué aux savants romano-germaniques, ethnologues et historiens de la culture, où trouver le début et la fin de l'évolution de l'humanité. Au lieu de rester objectifs et de reconnaître que leur position est une impasse, d'en chercher la cause dans leur conception erronée de l'évolution et de chercher à la corriger, les Européens ont tout simplement pris comme couronnement de l'évolution eux-mêmes et leur culture; et, croyant naïvement qu'ils avaient trouvé une extrémité de l'hypothétique chaîne de l'évolution, ils ont hâtivement refabriqué la chaîne entière. Et il n'est venu à l'idée de personne que considérer la culture romano-germanique comme le couronnement de l'évolution est une pure convention, une grotesque pétition de principe.

La psychologie égocentrique est si forte que personne n'a jamais douté de la justesse de cette conception, et elle a été adoptée sans réserve par tout le monde comme allant de soi.

Voilà comment est née «l'échelle de l'évolution de l'humanité». Au sommet se trouvent les Romano-Germains et les peuples qui ont entièrement adopté leur culture. Au degré inférieur on trouve les «peuples cultivés de l'Antiquité», c'est à dire les peuples dont la culture est la plus proche de celle des Européens. Puis viennent les peuples cultivés d'Asie : l'écriture, l'organisation de l'État et d'autres points de leur culture permettent d'y déceler une certaine ressemblance avec les Romano-Germains. Il en va de même pour les «anciennes cultures d'Amérique» (Mexique, Pérou). Celles-ci sont tout de même un peu moins semblables à la culture romano-germanique, on les place donc un peu plus bas sur l'échelle de l'évolution. Mais tous ces peuples ont tant de ressemblances superficielles avec les Romano-Germains qu'on leur accorde le qualificatif flatteur de «civilisés». Au degré d'en-dessous se trouvent les peuples de «culture inférieure», et enfin, tout en bas, on place les peuples «sans culture», les «sauvages». Il s'agit des représentants de la race humaine qui ont le moins de ressemblance avec les Romano-Germains. [...]

Si l'on examine les preuves apportées pour démontrer la supériorité de la civilisation romano-germanique, supposée être au sommet de «l'échelle de l'évolution», s'opposant ainsi à la culture des «sauvages», qui se trouvent «au plus bas degré de l'évolution», on s'aperçoit avec stupéfaction que toutes ces preuves reposent soit sur une pétition de principe de préjugés égocentriques, soit sur une illusion d'optique causée par cette même psychologie égocentrique. Les preuves scientifiques objectives sont totalement absentes.

La démonstration la plus simple et la plus largement répandue est que les Européens sont toujours vainqueurs devant les sauvages; qu'à chaque fois où les sauvages entrent en lutte contre les Européens, cette lutte se termine par la victoire des «blancs» et la défaite des «sauvages». La grossièreté et la naïveté de cette «preuve» devraient être claires pour toute personne qui pense objectivement. Cet argument montre clairement à quel point le culte de la force brute, qui était le trait essentiel du caractère national des tribus qui ont créé la civilisation européenne, est encore bien vivant dans la conscience des descendants des Gaulois et des Germains. Le «vae victis» des Gaulois et le vandalisme germain, systématisés et renforcés par les traditions de la soldatesque romaine, apparaissent ici dans toute leur splendeur, même si c'est sous le masque de l'objectivité scientifique. Et pourtant, on peut rencontrer cet argument chez les plus éclairés des «humanistes» européens. Il est de peu d'intérêt d'en analyser les incohérences logiques. Bien que les Européens tentent de le parer du manteau de la science en lui donnant pour base «la lutte pour l'existence» et «l'adaptation au milieu», ils ne parviennent pas à faire passer ce point de vue de façon cohérente dans l'histoire. Ils sont constamment obligés d'admettre que la victoire est bien souvent du côté des peuples de «culture inférieure» à celle des indigènes vaincus. L'histoire fournit de nombreux exemples de victoire de nomades sur des sédentaires (alors que les nomades, qui sont extrêmement différents des Romano-Germains dans leur mode de vie, sont toujours placés sur l'échelle de l'évolution plus bas que les sédentaires). C'est bien par des «barbares» qu'ont été détruites toutes les «grandes cultures de l'Antiquité» reconnues par la science européenne, et si l'on se défend souvent en disant que ces cultures avaient déjà atteint au moment de leur destruction un état de décadence et de dégénérescence, il est dans bien des cas impossible de le démontrer. Et comme la science européenne ne peut admettre que le peuple vainqueur soit toujours supérieur au peuple vaincu sur le plan culturel, on ne peut tirer aucune conclusion positive de la victoire des Européens sur les sauvages. Un autre argument, non moins répandu mais encore moins fondé, est que les «sauvages» seraient incapables de concevoir certains concepts européens, et devraient donc être considérés comme une «race inférieure». La psychologie égocentrique est particulièrement manifeste dans ce cas. Les Européens oublient complètement que, si les «sauvages» ne sont pas capables de saisir certains concepts de la civilisation européenne, la culture des sauvages n'est pas plus accessible aux Européens. On rapporte souvent l'histoire de ce Papou emmené en Angleterre et qui y reçut une éducation universitaire; il fut bientôt pris de nostalgie, s'enfuit dans son pays, où, après avoir abandonné ses vêtements européens, il redevint tout aussi «sauvage» qu'il était avant de partir pour l'Angleterre, si bien qu'il ne garda pas la moindre trace de sa culture européenne. Mais on oublie les nombreuses anecdotes sur les Européens qui, décidant de «mener une vie simple et fruste», se sont établis chez les sauvages; ils ont découvert assez rapidement qu'ils ne pouvaient supporter ces conditions de vie et sont rentrés en Europe pour reprendre leurs habitudes de vie européennes. On dit que comprendre la civilisation européenne est si difficile pour les «sauvages» que beaucoup de ceux qui ont essayé de «devenir des civilisés» ont perdu la raison ou ont sombré dans l'alcoolisme. Or dans les cas, rares il est vrai, où des Européens ont tenté en toute bonne foi de s'assimiler à la culture de quelque tribu sauvage, d'en adopter non seulement le mode de vie extérieur, mais aussi sa religion et ses croyances, ces «excentriques» ont connu le même sort malheureux. Il suffit de se rappeler Gauguin, peintre français plein de talent, qui avait essayé de devenir un vrai Tahitien, et qui paya cette tentative au prix de la folie et de l'alcoolisme, finissant d'une mort sans gloire dans une bagarre d'ivrognes. De toute évidence, le problème n'est pas que les «sauvages» soient moins évolués que les Européens, mais que l'évolution des Européens et celle des sauvages s'effectuent dans des directions différentes, et que les Européens et les «sauvages» sont fondamentalement différents par leur mode de vie et par la psychologie qui en découle. Et c'est bien parce que la psychologie et la culture des «sauvages» n'ont pratiquement rien à voir avec celles des Européens qu'une assimilation totale à cette vie matérielle et spirituelle étrangère est impossible pour les uns comme pour les autres. Et comme cette impossibilité est réciproque, et qu'il est aussi difficile à un Européen de devenir un sauvage qu'à un sauvage de devenir Européen, on ne peut tirer aucune conclusion pour décider qui est «plus haut» et qui est «plus bas» dans son évolution.

Les «arguments» que nous avons examinés jusqu'à présent sur la prétendue supériorité des Européens sur les «sauvages» se rencontrent parfois dans des travaux supposés savants, mais ce sont essentiellement des considérations bornées, naïves et superficielles. Ceux qu'on rencontre dans la littérature scientifique paraissent beaucoup plus sérieux et documentés. Pourtant, un examen attentif montre que ces arguments pseudo-scientifiques reposent, eux aussi, sur des préjugés égocentriques. Ainsi, on compare souvent dans les travaux scientifiques la psychologie des sauvages avec celle des enfants. Ce rapprochement s'impose de lui-même, parce que les sauvages donnent effectivement l'impression aux observateurs d'être des enfants adultes. On en tire alors la conclusion que les sauvages «se sont arrêtés dans leur développement», et que, par conséquent, ils sont plus bas sur l'échelle que les Européens, qui sont, eux, de véritables adultes. Or, là encore, les Européens font preuve d'un manque d'objectivité manifeste. Ils négligent totalement le fait que l'impression d'«enfants adultes» est *réciproque*, et que les sauvages considèrent aussi les Européens comme des enfants adultes. C'est un fait très intéressant du point de vue psychologique, et dont on doit chercher l'explication dans ce que les Européens entendent par le terme de «sauvage». On a observé plus haut que la science européenne désigne par ce mot les peuples qui sont les plus éloignés des Romano-Germains actuels par leur culture et leur psychologie, et c'est là qu'il convient de chercher l'explication de cette énigme psychologique. Il faut garder en tête les points suivants :

1) Le psychisme de chaque être humain est fait d'éléments innés et d'éléments acquis.

2) Parmi les traits psychiques hérités, il faut distinguer les traits propres à l'individu, à la famille, à l'ethnie, à la race, à l'humanité toute entière, aux mammifères et aux animaux en général.

3) Les traits acquis dépendent du milieu dans lequel se trouve un individu, des traditions de sa famille et de son groupe social, ainsi que de la culture de son peuple.

4) Dans la prime enfance, le psychisme est fait uniquement de traits innés; mais avec le temps viennent s'ajouter de manière progressive des traits acquis, au point que certains traits innés en viennent à s'estomper ou à disparaître complètement.

5) Nous ne pouvons comprendre et interpréter dans la psychologie d'un être humain que les traits que nous avons en commun avec lui.

Il découle de ces éléments que, si une rencontre a lieu entre deux personnes appartenant au même milieu et ayant été éduquées dans les mêmes traditions culturelles, chacune comprend presque tous les traits psychiques de l'autre, puisque ces traits, à l'exception de certains traits individuels innés, sont communs aux deux. Mais quand se rencontrent deux personnes qui appartiennent à des cultures totalement dissemblables, chacune d'elles ne remarquera et ne comprendra chez l'autre que quelques traits innés, sans comprendre les traits acquis, ni sans doute même les remarquer, puisque dans ce domaine elles n'ont rien en commun. Plus la culture de l'observateur diffère de celle de l'observé, et moins le premier sera capable de percevoir chez le second de traits acquis, plus la psychologie de l'observé apparaîtra à l'observateur comme étant faite de traits innés. Mais un psychisme dans lequel les traits innés dominent sur les traits acquis donne toujours l'impression d'être élémentaire. Le psychisme de tout être humain peut être représenté par une fraction dont le numérateur est la somme des traits innés accessibles à notre perception, et le dénominateur la somme des traits acquis. Le psychisme paraîtra d'autant plus élémentaire que la fraction est plus petite (c'est à dire plus grand est le rapport du dénominateur au numérateur). Il découle des conditions 3) et 5) que la fraction sera d'autant plus petite que la culture et le milieu social de l'observé seront différents de ceux de l'observateur. [...]

Bien que l'idée que se font les Européens de la psychologie des sauvages soit le fruit d'une illusion d'optique, cette idée joue un rôle déterminant dans toutes les constructions pseudo-scientifiques de l'ethnologie, de l'anthropologie et de l'histoire de la culture dans la science européenne. La principale conséquence qu'a eue cette idée pour la méthodologie de ces sciences est qu'elle a permis aux savants romano-germaniques de réunir dans un même groupe les peuples les plus divers sous la dénomination commune de «sauvages», «peuples arriérés» ou «primitifs». On a déjà vu qu'il fallait comprendre sous ces dénominations les peuples dont la culture diffère le plus de celle des Romano-Germains actuels. Ce trait subjectif, et par conséquent négatif, est le seul que ces peuples aient en commun. Comme il est la source de l'illusion d'optique qui a donné naissance à l'évaluation de la psychologie de tous ces peuples par les Européens, ces derniers en sont venus à prendre leur évaluation pour objective et positive, et ont rassemblé tous ces peuples, qui sont tous également distants culturellement des Romano-Germains, en un groupe indifférencié de «primitifs». Que se retrouvent dans un même groupe des peuples qui n'ont rien de commun entre eux (par exemple les Esquimaux et les Cafres), les savants européens n'en tiennent aucun compte, car les différences entre les «peuples primitifs», fondées sur les particularités de leurs cultures également éloignées de la culture européenne, sont pour l'Européen également étrangères et incompréhensibles. Elles sont donc négligées par les savants comme étant d'importance secondaire. Et la science européenne manie cette notion de «peuples primitifs», fondée sur une caractéristique subjective et négative, sans hésiter un instant, comme s'il s'agissait d'une entité parfaitement réelle et homogène. Telle est la force de la psychologie égocentriste dans la science de l'évolution en Europe. C'est sur la même illusion d'optique et sur l'habitude qui lui est liée de classer les peuples selon leur degré de ressemblance avec les Romano-Germains contemporains que repose un autre argument en faveur de la supériorité de la civilisation romano-germanique sur toutes les autres cultures de la Terre. Cet argument, qu'on peut appeler «historique», est considéré en Europe comme celui qui a le plus de poids, et les historiens de la culture s'y réfèrent le plus volontiers. Il consiste à dire que les ancêtres des Européens actuels ont aussi été autrefois des sauvages, et qu'ainsi les sauvages actuels se trouvent encore à un stade de développement que les Européens ont depuis longtemps dépassé. Cet argument est confirmé par les découvertes archéologiques et par les témoignages des historiens antiques, supposés montrer que la vie quotidienne des lointains ancêtres des actuels Romano-Germains avait toutes les caractéristiques de celle des sauvages d'aujourd'hui.

Le caractère fallacieux de cet argument devient patent dès lors qu'on se souvient à quel point sont artificielles des notions comme «sauvages» ou «peuples primitifs», notions qui permettent de rassembler les ethnies les plus diverses de la planète sur le seul critère de leur éloignement maximal par rapport aux Romano-Germains d'aujourd'hui.

Comme toute culture, la culture européenne a subi des changements constants, et n'est arrivée à son état actuel que progressivement, au terme d'une longue évolution. A chaque époque cette culture a été quelque peu différente, et il est naturel qu'elle ait été plus proche de l'état actuel à des époques récentes qu'à des époques éloignées. A l'époque la plus reculée la culture des peuples de l'Europe était la plus distincte de la «civilisation» actuelle; à cette époque la culture des ancêtres des Européens présentait une distance *maximale* par rapport à celle de maintenant. Or toutes les cultures se trouvant à une distance maximale de la civilisation européenne contemporaine sont immanquablement mises dans le groupe commun des «primitifs» par les savants européens. Il est donc naturel que la culture des lointains ancêtres des Romano-Germains d'aujourd'hui tombe dans la même catégorie. Mais on ne peut en tirer aucune conclusion vérifiable empiriquement. En effet, en vertu du caractère négatif de la notion de «culture primitive», le fait que l'épithète «primitif» soit appliquée par les savants européens aussi bien à la culture des plus lointains ancêtres des Romano-Germains qu'à celle des Esquimaux et Cafres contemporains n'est pas encore la preuve que ces cultures soient *identiques* entre elles; il prouve seulement qu'elles sont au même point *différentes* de la civilisation européenne actuelle.

Nous pensons opportun d'aborder maintenant un autre détail de la théorie de la science européenne qui traite des sauvages, un détail qui est directement relié à l'«argument historique» dont il vient d'être question. Dans les cas, bien rares il est vrai, où les Européens parviennent à pénétrer l'histoire d'une tribu «sauvage», il s'avère invariablement qu'au cours de son histoire la culture de cette tribu n'a connu aucun changement, ou bien qu'elle a «fait machine arrière», auquel cas les «sauvages» de maintenant sont le résultat d'une régression, de l'ensauvagement graduel d'un peuple qui était auparavant à un «plus haut degré de développement». Cela est le produit, une fois encore, de la même illusion d'optique et des préjugés égocentriques.

Cette façon de voir l'histoire des sauvages se prête le mieux à une représentation graphique.

Imaginons un cercle au centre duquel (au point *A*) se trouve la culture européenne contemporaine. Le rayon de ce cercle représente la distance culturelle maximale par rapport aux Romano-Germains. La culture de toute tribu «sauvage» peut ainsi être représentée par un point *B* sur la circonférence du cercle. Mais ce n'est qu'au moment présent que la culture de cette tribu est localisée au point *B*. Autrefois cette culture se présentait sous un autre aspect, et la forme historique plus ancienne de cette culture doit être représentée par le point C, qui ne coïncide pas avec B. Mais où ce point peut-il se situer? Il y a trois cas possibles.

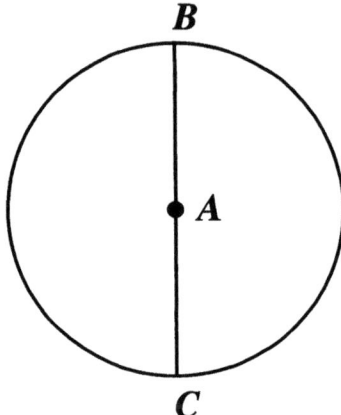

D'abord, C peut être situé sur un quelconque autre point de la même circonférence. Dans ce cas la distance AC sera égale à la distance AB. En d'autres termes, la culture de ce «sauvage» était à l'époque précédente à une distante maximale de la culture européenne actuelle. Or, comme la science européenne applique la même dénomination de «primitives» à toutes les cultures qui se distinguent de la civilisation européenne de façon maximale, le savant européen ne reconnaîtra ici aucun progrès, mais n'y verra qu'immobilité et stagnation, quelle que soit la longueur de l'arc CB qui représente le chemin parcouru par la culture du «sauvage» depuis l'époque passée jusqu'à présent.

Deuxième cas : C est situé à l'intérieur du cercle.

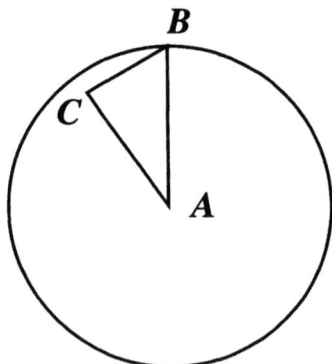

Dans ce cas, la distance entre A et C est inférieure à celle qui sépare A et B; autrement dit, la culture de ce sauvage est allée en s'éloignant du point représentant la culture des Européens d'aujourd'hui. Il est clair que le savant européen, qui considère sa civilisation comme le sommet de la perfection atteinte sur la Terre, ne peut appeler ce mouvement que «régression», «déclin» ou «ensauvagement».

Enfin, troisième cas : C est situé à l'extérieur du cercle.

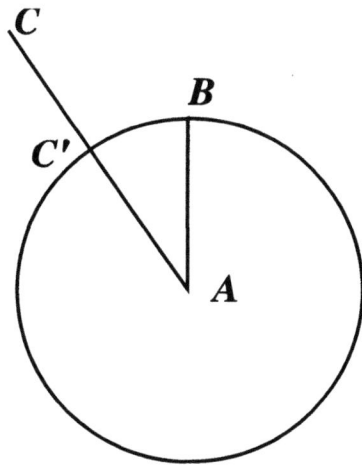

Ici AC est supérieur au rayon AB, c'est à dire supérieur à la distance maximale par rapport à la culture des Romano-Germains d'aujourd'hui. Mais des grandeurs supérieures aux grandeurs maximales sont hors de portée de notre esprit et de notre perception. L'horizon de l'Européen, qui se trouve au point A, est limité par la circonférence du cercle, et tout ce qui se trouve en dehors de celui-ci lui est inaccessible. L'Européen devra donc projeter le point C sur la circonférence, au point C', et le troisième cas sera ramené au premier, c'est à dire à l'idée d'immobilité ou de stagnation.

L'Européen évalue l'histoire des peuples dont la culture diffère en quelque degré de celle des Romano-Germains d'aujourd'hui exactement comme il le fait pour celle des sauvages. A strictement parler, ce n'est que dans l'histoire des Romano-Germains que l'Européen voit un véritable «progrès», puisqu'on y observe, naturellement, un mouvement continu et graduel vers l'état actuel de la culture, qui est arbitrairement déclaré le sommet de la perfection. En ce qui concerne l'histoire des peuples non romano-germaniques, à moins qu'elle ne se termine par l'assimilation de la culture européenne, toutes les phases ultimes de cette histoire, celles qui sont les plus proches de notre époque, sont inévitablement considérées par les savants européens comme une époque de stagnation et de déclin. Ce n'est que lorsqu'un peuple non romano-germanique a rejeté sa culture nationale et s'adonne à une imitation aveugle des Européens que les savants romano-germaniques notent avec satisfaction que ce peuple «s'est engagé sur la voie du progrès universel».

Ainsi, l'«argument historique», le plus solide et le plus convaincant aux yeux des Européens, s'est révélé à l'épreuve des faits aussi peu concluant que tous les autres arguments en faveur de la supériorité des Romano-Germains sur les sauvages. Il peut sembler à bien des gens que tout cela n'est que pure sophistique et jonglerie avec des principes généraux. Ils diront que, pour logiques que soient nos arguments, la supériorité de l'Européen sur le sauvage reste hors de doute, que c'est une vérité objective et évidente qu'il est, précisément pour cette raison, impossible de démontrer : les axiomes sont indémontrables, tout comme les faits de notre perception immédiate, par exemple le fait que le papier sur lequel j'écris est blanc. Mais l'évidence ne peut se passer de preuves que lorsqu'elle est objective. Subjectivement, il peut être évident pour moi que je suis meilleur et plus intelligent que N sur tous les points; mais comme ce fait n'est évident ni pour N lui-même ni pour nos connaissances communes, je ne peux pas le considérer comme objectif. Or la question de la supériorité des Européens sur les sauvages est exactement la même chose : n'oublions pas que ceux qui veulent y apporter une réponse sont les Européens eux-mêmes ou des gens qui, bien que n'appartenant pas à leur race, sont hypnotisés par leur prestige et se trouvent entièrement sous leur influence. Et même si la supériorité des Romano-Germains est évidente pour ces juges, il ne s'agit que d'une évidence subjective, qui demande encore des preuves objectives. Mais de telles preuves n'existent pas, la discussion qui précède l'a amplement démontré.

On nous dit : comparez le bagage intellectuel d'un Européen cultivé à celui d'un Bushman, d'un Botocudo ou d'un Veddah : la supériorité du premier sur les autres n'est-elle pas évidente? Nous affirmons que cette évidence n'est que subjective. Il suffit de se donner la peine d'aller au fond des choses consciencieusement et sans préjugé pour que cette évidence s'effondre. Le sauvage, s'il est un bon chasseur possédant toutes les qualités qui sont appréciées dans sa tribu (et seul un tel sauvage peut être comparé à un Européen cultivé) détient dans son esprit une réserve énorme de notions et d'informations les plus variées. Il a étudié à la perfection la vie de la nature qui l'environne, il connaît toutes les habitudes des animaux et les subtilités de leur vie qui échappent au regard averti des naturalistes européens les plus observateurs. Toutes ces connaissances sont rangées dans sa tête dans un ordre qui n'a rien de chaotique. Elles sont systématisées, mais selon d'autres rubriques que celles qu'utiliserait un savant européen, et qui répondent mieux aux objectifs pratiques de la vie d'un chasseur. En plus de ces connaissances scientifiques qui découlent de l'expérience pratique, l'esprit du sauvage contient la mythologie de sa tribu, qui est souvent d'une grande complexité, son code moral, les règles et les prescriptions d'étiquette (souvent aussi fort complexes), et enfin un corpus plus ou moins important de la littérature orale de son peuple. Bref, la tête du sauvage est «bien pleine», en dépit du fait que le matériau qui la «remplit» est totalement différent de celui qui remplit la tête d'un Européen. Par conséquent le bagage intellectuel du sauvage et celui de l'Européen sont incomparables et sans commune mesure, et la question de la supériorité de l'un sur l'autre doit être considérée comme sans réponse.

[...]

Les Européens négligent l'argument historique dans les cas où son application logique ne serait pas en faveur de la civilisation européenne. Bien des choses qui sont considérées dans l'Europe d'aujourd'hui comme le dernier cri de la civilisation ou le sommet du progrès se trouvent également chez les sauvages, mais on les considère alors comme des signes du plus extrême primitivisme. Les tableaux futuristes faits par les Européens sont considérés comme le plus haut raffinement du goût esthétique, mais les œuvres des sauvages, qui leur sont entièrement semblables, sont considérées comme des tentatives naïves, comme les premiers balbutiements d'un art primitif. Le socialisme, le communisme et l'anarchisme sont les «brillants idéaux du progrès supérieur à venir», mais uniquement quand c'est l'Européen moderne qui les professe. Lorsque ces mêmes «idéaux» s'avèrent réalisés dans le mode de vie des sauvages, ils sont immédiatement interprétés comme des manifestations d'arriération primitive.

Il n'y a pas et il ne peut y avoir de preuves de la supériorité de l'Européen sur les sauvages parce que, en comparant différentes cultures entre elles, l'Européen ne connaît qu'un critère : ce qui nous ressemble est mieux et meilleur que ce qui est différent de nous.

Mais s'il en est ainsi, si les Européens ne sont pas au-dessus des sauvages, l'échelle de l'évolution perd toute raison d'être. Si son sommet n'est pas plus haut que sa base, il est bien évident qu'il ne peut pas être plus haut que les autres degrés intermédiaires. En lieu et place d'une échelle on obtient un espace horizontal. Au lieu d'une classification des peuples et des cultures selon des degrés de perfectionnement, on a un nouveau principe, celui de l'égale valeur et de l'incommensurabilité qualitative de toutes les cultures et de tous les peuples de la Terre. L'élément d'évaluation doit être banni une fois pour toutes de l'ethnologie et de l'histoire de la culture comme de toutes les sciences de l'évolution, car tout jugement de valeur est toujours fondé sur l'égocentrisme. Il n'y a ni supérieurs ni inférieurs, il n'y a que des semblables et des différents. Déclarer supérieurs ceux qui nous ressemblent et inférieurs ceux qui sont différents est arbitraire, antiscientifique, naïf, et, finalement, tout simplement stupide. Ce n'est qu'après s'être totalement débarrassé de ce préjugé égocentrique, si profondément enraciné, et avoir éliminé ses conséquences dans leurs méthodes et leurs conclusions que les sciences européennes de l'évolution, en particulier l'ethnologie, l'anthropologie et l'histoire de la culture deviendront des disciplines véritablement scientifiques. Jusqu'à présent elles sont, dans le meilleur des cas, un moyen de mystification, permettant de justifier aux yeux des Romano-Germains et de leurs acolytes la politique coloniale impérialiste et l'esprit vandale de *Kulturträger* des «grandes puissances» d'Europe et d'Amérique.

Ainsi, à la première question que nous avons posée, à savoir «peut-on prouver objectivement que la culture des Romano-Germains contemporains est meilleure que toutes les autres cultures existant ou ayant existé sur le Terre?» il faut apporter une réponse négative.

III

Nous allons maintenant essayer de répondre à la question suivante : est-il possible à un peuple d'assimiler totalement la culture d'un autre peuple? Par assimilation complète nous entendons une appropriation de la culture d'un autre peuple de façon telle que la culture empruntée devient «sa propre culture» pour le peuple qui l'emprunte, et qu'elle y continue son développement de façon parfaitement parallèle à celui qui est le sien chez le peuple à qui elle a été empruntée, au point que le créateur de la culture et son emprunteur se fondent en une culture unique.

Pour pouvoir répondre à une telle question, il faut connaître les lois qui gouvernent la vie et l'évolution des cultures. Or la science européenne dans ce domaine ne connaît quasiment rien, puisque, en raison des préjugés égocentriques exposés plus haut, la sociologie suit la même voie erronée que toutes les autres sciences de l'évolution en Europe. Elle n'a pas réussi à élaborer de méthodes scientifiques objectives ou de conclusions dignes de foi, et en reste au stade de l'alchimie. On trouve parfois chez quelques sociologues européens des points de vue justes sur la méthode qui devrait être suivie en sociologie et sur la mécanique ou la dynamique des phénomènes sociaux; mais ces sociologues ne maintiennent jamais jusqu'au bout leurs principes méthodologiques, et tombent immanquablement dans des généralisations sur l'évolution de l'«humanité», fondées sur l'égocentrisme. Cet engouement pour les généralisations hâtives, toujours incorrectes à cause de la fausseté des notions fondamentales d'«humanité», de «progrès», de «primitivité», etc., existe chez tous les sociologues, rendant leurs conclusions particulièrement difficiles à utiliser.

L'un des plus grands sociologues européens du siècle passé, malheureusement peu connu et insuffisamment apprécié en Europe, le Français Gabriel Tarde [b], est arrivé plus près de la vérité que les autres, semble-t-il, dans ses vues générales sur la nature des processus sociaux et sur les méthodes de la sociologie. Mais la manie des généralisations et le désir de décrire l'évolution entière de l'«humanité» immédiatement après avoir défini les éléments de la vie sociale ont gâché le travail de ce chercheur perspicace. Il était, de plus, imbu comme tous les Européens de préjugés égocentriques, et ne pouvait donc pas accepter l'idée de l'égalité et de l'incommensurabilité qualitative des peuples et des cultures; il ne pouvait penser l'«humanité» autrement que comme un tout indivisible, dont les différentes parties sont disposées sur une échelle évolutive; et il ne put jamais se défaire de notions telles que le «progrès universel» ou «mondial». Par conséquent, même si nous adhérons à bon nombre de positions de la théorie sociologique de Tarde, nous aurons à apporter des modifications substantielles à cette théorie. Mais c'est à partir de ce système sociologique que nous aborderons la question posée plus haut.

La vie et l'évolution de toute culture consiste en l'émergence ininterrompue de nouveaux biens culturels. Par «bien culturel» nous entendons toute création humaine faite dans un but déterminé, et devenue bien commun de ses compatriotes. Ce peut être une norme juridique, une œuvre d'art, une institution, un dispositif technique, une thèse scientifique ou philosophique, du moment qu'ils répondent à des besoins physiques ou spirituels, ou qu'ils sont acceptés par tous ou par une partie des représentants d'un peuple pour la satisfaction de ces besoins. L'émergence de chaque nouveau bien culturel peut être appelée une «invention» (terme de Tarde). Toute invention est une combinaison de deux ou plus de deux biens culturels déjà existants ou de leurs différents composants. Cependant, une nouvelle invention ne peut pas être entièrement décomposée en ses parties constitutives, et comprend toujours un élément supplémentaire : la méthode de combinaison elle-même et la marque de la personnalité de son créateur. Une fois apparue, l'invention se répand parmi les autres personnes par voie d'«imitation» (également un terme de Tarde). On doit comprendre ce terme dans son sens le plus large, depuis la reproduction du bien culturel lui-même ou la reproduction du moyen de satisfaire un besoin à l'aide de ce bien culturel, jusqu'à l'«imitation sympathique», c'est à dire la soumission à la norme qui vient d'être créée, l'acceptation d'une idée comme vraie, ou l'admiration de la valeur d'une œuvre particulière. Au cours du processus d'imitation, une nouvelle invention peut se heurter à une autre ou à une plus ancienne, et se trouver avec elle en contradiction; dans ce cas elles entrent en lutte pour la suprématie (il s'agit d'un «duel logique» selon Tarde), à la suite de quoi un bien culturel est éliminé par un autre.

Une invention ne devient un fait de la vie sociale, un élément de la culture, qu'après avoir dépassé tous ces obstacles et s'être répandue dans la totalité sociale entière par imitation. La culture d'un peuple représente à tout moment la somme des inventions qui ont été acceptées par les générations présentes et passées. La vie et l'évolution d'une culture se ramènent ainsi à deux processus élémentaires : l'«invention» et la «propagation», à quoi vient s'ajouter un facteur non indispensable, mais presque inévitable : la «lutte pour la reconnaissance» («duel logique» chez Tarde). Il n'est pas difficile de voir que ces deux processus fondamentaux ont beaucoup en commun : dans la mesure où toute invention est toujours inspirée par des inventions précédentes, ou, plus exactement, par des biens culturels déjà existants, on peut la considérer comme une imitation combinée, ou, pour reprendre les termes de Tarde, comme le choc dans la conscience individuelle de deux ou plusieurs «ondes imitatives». La différence est que, lors de l'invention, il n'y a pas de lutte entre des biens en conflit (duel logique) dans le sens restreint du mot; aucun bien culturel n'en remplace un autre, au contraire ils sont synthétisés et se fondent en un tout, alors que dans le processus de diffusion le choc des biens culturels n'en crée pas un nouveau, mais ne fait qu'éliminer une des parties en conflit.

L'invention et la diffusion peuvent être considérées comme deux aspects d'un même processus d'*imitation*. La théorie de Tarde a ceci de spécifique qu'elle ne reconnaît comme principe de la vie sociale que le processus psychique élémentaire de l'imitation, qui se passe toujours dans le cerveau d'un individu, mais qu'en même temps elle établit un lien entre cet individu et les autres personnes; il s'agit donc non pas d'une psychologie purement individuelle, mais «interindividuelle», que Tarde appelle *interpsychologie*.

Nous allons maintenant tenter de formuler les conditions nécessaires à l'apparition incessante des inventions, autrement dit, à l'évolution de la culture. Ce développement nécessite avant tout l'existence, dans la conscience d'un milieu culturel donné, du bagage complet des biens culturels déjà créés et passés par le stade de la lutte. Comme on l'a déjà dit, toute invention nouvelle est faite d'éléments de biens culturels déjà existants, selon le principe *ex nihilo nihil fit*. Toute invention nouvelle, ayant pour but de répondre à un besoin, en suscite de nouveaux ou en modifie de plus anciens, rendant nécessaire la recherche de nouvelles façons de satisfaire ces besoins nouveaux. Tout cela indique la nécessité absolue de faire le lien entre les inventions nouvelles et l'ensemble déjà existant des biens culturels.

Pour se développer fructueusement, ce bagage commun de biens culturels, autrement dit, l'inventaire culturel, doit être transmis par la tradition : c'est par l'imitation des anciens que chaque génération nouvelle doit assimiler la culture dans laquelle a grandi la génération précédente, après l'avoir elle-même reçue de ses prédécesseurs. La culture reçue ainsi par la voie de la tradition est pour chaque génération le point de départ pour des inventions nouvelles; cela est une condition indispensable à un développement continu et organique de la culture. Enfin, l'hérédité joue un rôle de premier plan dans le développement de la culture (ce facteur a été sous-estimé par Tarde). L'hérédité vient compléter la tradition, et c'est grâce à elle que se transmettent les goûts, les prédispositions et les tempéraments de ceux qui ont créé des biens culturels dans le passé; cela aussi facilite le développement organique de la culture.

Les conditions nécessaires à l'apparition des inventions sont aussi à la base de leur *propagation*, cet autre aspect fondamental du développement d'une culture. La présence d'un bagage commun de biens culturels est nécessaire en ce qu'il détermine les besoins qui doivent être satisfaits par une invention; et l'invention ne peut prendre racine que si le besoin qui l'a suscitée est présent sous une forme identique chez l'inventeur et dans la société. De plus, la garantie d'une bonne diffusion de l'invention est que la société soit prête à la recevoir, ce qui suppose que les éléments dont est faite l'invention existent déjà dans la conscience de la société. On sait que les éléments de chaque invention nouvelle sont puisés dans le bagage commun des biens culturels; par conséquent, ce bagage commun, identique chez l'inventeur et ses imitateurs, constitue une condition nécessaire à la propagation de l'invention. Mais ce n'est pas une condition suffisante. Il est important en outre que tous ces biens culturels et leurs éléments constituants soient disposés dans la conscience de l'inventeur et dans celle de la société de façon plus ou moins identique, et que leurs interrelations soient les mêmes dans les deux formes de conscience. Et cela n'est possible qu'à condition qu'il y ait une tradition commune. Enfin, pour qu'une invention soit acceptée par tous ou par une majorité, il faut que les goûts, les prédispositions et le tempérament de son créateur ne contredisent pas la formation psychique de la société, et pour cela il faut une hérédité commune.

Après ces remarques préliminaires de sociologie générale, nous pouvons passer à la question de savoir si un peuple peut totalement assimiler une culture étrangère. Imaginons deux peuples, disons A et B, ayant chacun sa propre culture (car sans culture, au sens où nous l'avons définie, aucun peuple n'est pensable), ces deux cultures étant différentes. Supposons maintenant que le peuple A emprunte la culture de B. Cette culture peut-elle se développer sur le sol de A dans la même direction, dans le même esprit et au même rythme que sur le sol de B? Nous savons que, pour que cela soit possible, après l'emprunt A doit recevoir le même bagage de biens culturels, la même tradition et la même hérédité que le peuple B. Mais rien de cela n'est possible. Même si le peuple A emprunte d'un coup à B la totalité de l'inventaire de sa culture, les bagages communs de biens culturels seront de toute façon différents, surtout au début, puisque chez A viendra s'ajouter au bagage B tout l'héritage de l'ancienne culture A, absente chez B. Même si on prend grand soin d'éradiquer les restes de l'ancienne culture nationale, ils continueront de vivre après l'emprunt, ne serait-ce que dans la mémoire du peuple A [c]. Enfin, l'hérédité ne peut être empruntée sans une fusion anthropologique de A et B, mais, même dans ce cas, l'hérédité résultant de l'hybridation de A et B sera différente de celle de B tout seul. Ainsi, dans les premiers temps qui suivent l'emprunt, les conditions qui affectent la vie de la culture du peuple B sur le sol du peuple A seront totalement différentes de celles qui sont les siennes sur son propre sol.

Les premiers pas d'une culture transplantée sur un sol nouveau sont décisifs pour la poursuite de son développement. Le facteur le plus critique est ici l'absence d'une tradition organique. Un grand nombre d'éléments de la culture B sont appris et assimilés dès l'enfance dans le peuple B. Mais ces mêmes éléments seront assimilés à l'âge adulte chez le peuple A. Chez le peuple B, le canal naturel de transmission de la tradition est la famille. Dans le peuple A, au début, ce n'est pas la famille qui peut transmettre la culture dans sa forme pure aux jeunes générations, elle doit être inculquée par l'école ou par l'intermédiaire de collectivités plus ou moins artificielles : l'armée, les usines, les ateliers, etc. Or, tout en recevant par ces sources les traditions d'une culture nouvelle, empruntée, les jeunes générations conservent néanmoins les traditions de leur ancienne culture nationale, qui leur ont été transmises par la famille et qui ont été renforcées par son autorité pendant un temps très long. Ces jeunes générations vont tout naturellement combiner les deux traditions, et créer un mélange de notions issues de deux cultures distinctes. Ce mélange se crée dans chaque conscience individuelle, l'imitation des autres y jouant aussi un rôle. En fait, les mélanges varient, et ils sont tous différents en fonction des conditions de l'expérience de vie de chaque sujet individuel; bien sûr, chez des gens ayant des histoires semblables, les différences seront faibles.

Quoi qu'il en soit, lorsque les jeunes générations cessent d'être les réceptrices de la culture pour en devenir transmettrices, ce n'est pas la pure tradition de la culture B qu'elle feront passer à la génération suivante, mais une tradition qui est un hybride de A et B. La génération suivante, qui reçoit la culture B sous une forme plus ou mois pure par l'école et autres institutions similaires, recevra de la famille et de la libre communication sociale avec les aînés le mélange de A et B; elle produira à son tour un nouveau mélange de ces éléments et transmettra la tradition de ce nouveau mélange à la génération suivante, et ainsi de suite. La culture du peuple A sera ainsi toujours un mélange des cultures A et B; et, à chaque moment, l'élément de la culture A sera toujours plus fort dans la génération ancienne que dans la nouvelle, et la famille sera plus proche de A que les autres collectivités. Du reste, avec le temps, certains éléments de la culture A pénétreront dans la tradition qui est transmise par l'école aux jeunes générations, si bien que cette tradition sera également un mélange. Finalement, toute la culture du peuple A reposera sur un amalgame de deux cultures, alors que celle du peuple B restera homogène. Une identité complète entre les peuples A et B au sens culturel sera ainsi de toute façon impossible.

Puisque toute invention est faite d'éléments de biens culturels déjà existants, la somme totale des inventions possibles à un moment donné dépend du nombre total de biens culturels disponibles chez un peuple. Or, comme il ne peut y avoir pleine identité entre les peuples A et B, le nombre total d'inventions possibles ne sera jamais identique chez les deux peuples. Autrement dit, la culture du peuple B (le créateur) et celle du peuple A (l'emprunteur) continueront à évoluer, mais dans des directions différentes. On doit ajouter à cela des différences dans les goûts, les prédispositions et les tempéraments, conditionnées par une hérédité différente. Finalement, tout cela est encore compliqué par des différences de conditions géographiques (par exemple en ce qui concerne le costume), et de types anthropologiques.

On doit donc admettre qu'il est impossible pour un peuple d'assimiler totalement la culture d'un autre peuple. [...]

IV

La troisième question est la suivante : l'assimilation à la culture européenne (si tant est qu'une telle assimilation soit possible) est-elle un bien ou un mal? Les réponses apportées aux questions précédentes permettent de mieux cerner cette question. Nous savons désormais que la culture romano-germanique n'est, objectivement, ni plus haute ni meilleure que toute autre culture, et qu'une assimilation complète à la culture d'un autre peuple n'est possible qu'à la condition d'un croisement anthropologique avec ce peuple. Il semblerait en découler que notre question n'est pertinente que pour les peuples qui se sont mélangés anthropologiquement avec les Romano-Germains. Or, si l'on y regarde de près, cette question, pour ce qui concerne ces peuples, est totalement vide de sens. En effet, à partir du moment où il s'est mélangé anthropologiquement, le peuple dont il est question cesse d'être complètement non-romano-germanique. La culture romano-germanique devient ainsi pour lui, dans une certaine mesure, autant la sienne propre que celle qu'il avait avant de se mélanger avec les Romano-Germains, et il lui faut choisir entre ces deux cultures.

Nous savons que la culture romano-germanique n'est en rien meilleure que les autres, mais elle n'est pas non plus pire que les autres. Il est donc indifférent à un peuple donné de l'adopter ou non. Certes, en l'adoptant, il différera néanmoins des purs Romano-Germains par son hérédité. Mais en adoptant l'autre culture, il aura tout autant une hérédité qui ne correspond pas entièrement à cette culture, puisque dans ses veines coule en partie du sang romano-germanique. Par conséquent, la question de savoir s'il est opportun de s'européaniser pour les peuples qui se sont mélangés anthropologiquement avec les Romano-Germains est totalement dépourvue de sens. Quant aux peuples qui ne se sont pas mélangés anthropologiquement avec les Romano-Germains, il est clair, au vu de ce qui précède, qu'ils ne peuvent s'européaniser complètement, c'est-à-dire assimiler entièrement la culture romano-germanique.

Pourtant on sait que, en dépit de cette impossibilité, nombre de ces peuples aspirent de toutes leurs forces à une telle assimilation. C'est eux que concerne notre question : il nous faut examiner les conséquences qui découlent de ce désir d'européanisation et déterminer si elles sont bénéfiques du point de vue du peuple en question.

En démontrant plus haut qu'il était impossible pour un peuple d'assimiler totalement la culture d'un autre peuple, nous avons esquissé dans les grandes lignes ce que peut être l'évolution de la culture d'un hypothétique peuple A ayant emprunté la culture d'un peuple B. Nous devons maintenant remplacer B par les Romano-Germains et A par un peuple non-romano-germanique européanisé, et relever les conséquences de cette substitution. La plus importante provient de ce trait de la culture romano-germanique que nous avons appelé l'égocentrisme. Le Romano-Germain se considère lui-même et tout ce qui lui ressemble comme supérieur, et tout ce qui est différent de lui comme inférieur.

Dans le domaine de la culture, il ne valorise que ce qui est un élément de sa propre culture ou qui peut l'être; tout le reste n'a aucune valeur à ses yeux, ou n'est évalué que selon son degré de ressemblance aux éléments analogues de sa propre culture. Un peuple européanisé, ou aspirant à l'être, est infecté par ce trait du psychisme romano-germanique, mais, n'ayant pas conscience de son fondement égocentrique, il ne prend pas le point de vue de l'Européen, mais au contraire évalue toute chose, y compris lui-même, son peuple et sa culture du point de vue du Romano-Germain. C'est en cela que réside la spécificité de l'européanisation par rapport au cas général d'un peuple A empruntant la culture d'un peuple B.

Nous avons dit plus haut que la culture du peuple A représentera toujours un mélange d'éléments de l'ancienne culture nationale (appelons-les α) et d'éléments de la culture empruntée à B (que nous désignerons par β). Au contraire, la culture du peuple B sera constituée exclusivement d'éléments homogènes (β). La première thèse qui en découle est que la culture A (celle d'un peuple non-romano-germanique européanisé) contient un nombre plus important de biens culturels que la culture B (celle d'un peuple romano-germanique). On sait d'autre part que la somme totale des biens culturels détermine le nombre des inventions possibles : la quantité des inventions possibles est plus grande chez un peuple européanisé que chez un peuple romano-germanique. Il pourrait sembler à première vue que cet état de choses est avantageux pour un peuple européanisé. Mais en fait il n'en est rien. Il faut bien se rendre compte du fait que le nombre des inventions *possibles* est loin d'être égal à celui des inventions effectivement réalisées. La plupart des inventions sont condamnées à périr dans les conflits qui les opposent mutuellement ou qui les opposent aux anciennes valeurs culturelles avec lesquelles elles entrent en contradiction; et cette lutte pour être reconnues (le *duel logique* dans la terminologie de Tarde) sera d'autant plus longue et acharnée que sera important le nombre des inventions possibles. Il apparaît ainsi que le travail culturel d'un peuple européanisé se déroule dans des conditions infiniment moins favorables que celui d'un peuple romano-germanique de souche. Le premier doit chercher dans plusieurs directions, dépenser son énergie à faire s'accorder les éléments de deux cultures différentes, ce qui, la plupart du temps, débouche sur des résultats stériles; il doit rechercher des éléments adaptés l'un à l'autre dans l'amas de valeurs des deux cultures, tandis que le Romano-Germain de souche marche sur des voies sûres et bien tracées, sans se disperser, et en concentrant ses efforts sur la coordination d'éléments appartenant à une même culture, éléments homogènes portant la marque unique du caractère national qui lui est familier.

A cela viennent s'ajouter les conséquences logiques spécifiques de l'européanisation par rapport au cas général de l'emprunt culturel dont nous avons parlé. Comme la culture d'un peuple européanisé consiste en biens culturels α (purement nationaux) et β (empruntés aux Romano-Germains), et que toute invention est faite d'éléments tirés de biens culturels existants, les inventions produites par un peuple européanisé appartiendront théoriquement à l'un des trois types suivants : $\alpha+\alpha$, $\alpha+\beta$, $\beta+\beta$. Du point de vue du Romano-Germain, les inventions du type $\alpha+\alpha$ sont totalement dépourvues de valeur, puisqu'elles ne contiennent aucun élément de la culture romano-germanique. De nombreuses inventions du type $\alpha+\beta$ doivent sembler au Romano-Germain une corruption de la culture européenne, puisqu'elles contiennent, à côté de β, un élément α, qui les éloigne de l'élément correspondant de la culture romano-germanique contemporaine. Le Romano-Germain n'acceptera sans restriction que les inventions de type $\beta+\beta$ qui reflètent les goûts, les prédispositions et le tempérament propres à l'hérédité romano-germanique. Et comme un peuple européanisé a une autre hérédité, il est clair qu'une partie importante de ses inventions du type $\beta+\beta$ ne répondront pas à cette exigence, et seront rejetées par les Romano-Germains. Non seulement le travail culturel d'un peuple européanisé, par rapport à celui d'un peuple romano-germanique, est extrêmement pénible et hérissé de difficultés, mais encore il est profondément ingrat. Du point de vue d'un Européen de souche, une bonne moitié de ce travail est improductive et inutile. Et comme un peuple européanisé emprunte également aux Romano-Germains leur évaluation de la culture, il doit rejeter celles de ses inventions qui ne peuvent être reconnues en Europe, et une part considérable de son travail devient alors effectivement un travail de Sisyphe.

Les conséquences ne sont pas difficiles à comprendre. Dans un laps de temps donné, un peuple européanisé n'arrive à créer qu'une quantité tout à fait négligeable de biens culturels recevables pour les autres peuples de culture européenne, alors que les Romano-Germains de souche en produiront un grand nombre. Comme tous ces biens culturels seront ajoutés au bagage commun de la culture romano-germanique, acquérant par là-même une autorité indiscutable, la peuple européanisé devra aussi les accepter. Ce peuple recevra toujours plus qu'il ne donnera; ses importations culturelles dépasseront toujours ses exportations culturelles, ce qui le place automatiquement dans une situation de dépendance vis-à-vis des Romano-Germains originels.

Il faut ajouter que la prépondérance des importations sur les importations et la différence d'hérédité psychologique entre un peuple romano-germanique et un peuple européanisé créent pour ce dernier des conditions très difficiles pour l'assimilation et la diffusion de nouvelles inventions. Les Romano-Germains authentiques n'assimilent, essentiellement, que les inventions qui portent la marque de la psychologie nationale romano-germanique, transmise par l'hérédité et la tradition; tout ce qui contredit cette psychologie peut être purement et simplement rejeté, affublé de l'épithète infamante de «barbare». Un peuple européanisé se trouve dans une situation différente : il doit se laisser guider par une psychologie nationale étrangère, romano-germanique, et accepter sans broncher tout ce que les Romano-Germains de souche créent et considèrent comme ayant de la valeur, quand bien même cela contredirait sa psychologie nationale et ne prendrait que difficilement place dans sa conscience. Tout cela complique bien sûr l'assimilation et la diffusion des inventions importées, alors qu'on sait que chez un peuple européanisé ces dernières sont toujours plus nombreuses que les inventions indigènes. Il va sans dire que les constantes difficultés rencontrées dans l'assimilation des inventions importées ont une incidence extrêmement néfaste sur l'énergie nationale du peuple européanisé, qui doit déjà dépenser des efforts considérables pour le travail improductif consistant à coordonner deux cultures différentes (les inventions du type $\alpha+\beta$) et à développer les restes de sa propre culture nationale (les inventions de type $\alpha+\alpha$). [...]

V

Mais si la civilisation européenne n'est en rien supérieure à toute autre, si l'assimilation complète à une culture étrangère est impossible, et si l'aspiration à une européanisation totale promet à tous les peuples non-romano-germaniques un destin misérable et tragique, il est bien évident que ces peuples doivent lutter de toutes leurs forces contre l'européanisation. Et c'est là que surgit une terrible question : cette lutte serait-elle impossible, l'européanisation universelle serait-elle une loi universelle inévitable?

A première vue, tout semble confirmer qu'il en est bien ainsi. Quand les Européens rencontrent un peuple non-romano-germanique, ils lui apportent leurs marchandises et leurs canons. Si ce peuple ne leur oppose pas de résistance, les Européens le conquièrent, en font leur colonie et le soumettent à une européanisation forcée. Si, au contraire, il vient à ce peuple l'idée de résister, il doit, pour être en mesure de lutter contre les Européens, acquérir des canons et toutes les innovations de la technique européenne. Mais, pour cela, il faut avoir des fabriques et des usines, et maîtriser les sciences appliquées européennes. Or les usines ne sont pas pensables en dehors du système socio-politique de l'Europe, et les sciences appliquées sont inconcevables sans les sciences fondamentales. Par conséquent, pour lutter contre l'Europe, un peuple doit assimiler pas à pas toute la civilisation romano-germanique, et se soumettre volontairement à l'européanisation. Dans un cas comme dans l'autre, l'européanisation semble inéluctable.

Tout ce qui vient d'être dit peut donner l'impression que l'européanisation est la conséquence inévitable de la technologie militaire et de la production industrielle de l'Europe. Mais la technologie militaire est la conséquence du militarisme, et la production industrielle une conséquence du capitalisme. Or ni l'un ni l'autre ne sont éternels. Ils sont tous les deux apparus historiquement, et, comme le prédisent les socialistes européens, doivent bientôt disparaître, laissant la place à un nouvel ordre socialiste. Il s'ensuit que les opposants à une européanisation universelle doivent rêver à l'instauration d'un ordre socialiste dans les pays européens. Mais ce n'est là rien qu'un paradoxe. Les socialistes, plus que tous les autres Européens, mettent en avant l'internationalisme et le cosmopolitisme militant, dont nous avons montré la vraie nature au début de ce travail. Ce n'est pas un hasard. Le socialisme n'est possible qu'au prix d'une européanisation universelle, du nivellement de toutes les nationalités de la terre et de leur soumission à une culture uniforme et à un mode de vie commun. Si l'ordre socialiste s'établissait en Europe, les États socialistes européens auraient pour premier souci d'imposer par le fer et par le feu cet ordre au monde entier, pour ensuite veiller attentivement à ce qu'aucun peuple ne le transgresse. Autrement, tout petit coin du monde qui serait resté non touché par le socialisme se transformerait en un nouveau foyer du capitalisme. Mais, pour protéger l'ordre socialiste, les Européens devraient maintenir leur technologie militaire au même niveau qu'avant, et rester armés jusqu'aux dents. Et comme la militarisation d'une partie de «l'humanité» est toujours une menace pour les autres parties, qui, en dépit de leurs protestations, se sentiront toujours mal à l'aise de vivre avec des voisins fortement armés, l'état de paix armée deviendra bientôt le lot commun de tous les peuples de la planète.

Dans la mesure où tous les peuples romano-germains ont depuis longtemps l'habitude d'utiliser, pour leur culture matérielle et pour satisfaire à leurs besoins vitaux, des produits d'origine extra-européenne, le commerce international et surtout le commerce «colonial» continueront d'exister sous le socialisme, avec, bien entendu, des caractéristiques propres à l'économie socialiste. Les principaux articles d'exportation des pays romano-germaniques resteront les marchandises de production industrielle. Ainsi, les deux stimuli qui sont à la base de l'européanisation actuelle, la technologie militaire et la production industrielle, ne disparaîtront pas avec le socialisme. D'autres stimuli viendront seulement s'y ajouter, tels que l'exigence d'un mode de vie socialiste unique dans tous les pays, exigence inévitable puisqu'un État socialiste ne peut commercer qu'avec d'autres États socialistes.

Quant aux conséquences négatives de l'européanisation, dont nous avons déjà parlé, elles resteront les mêmes sous le socialisme. Elles seront même intensifiées, parce que l'uniformité sociale et politique exigée de tous les peuples, sans laquelle le socialisme est impensable, forcera encore plus les peuples européanisés à imiter les Européens de souche. Une seule des conséquences négatives de l'européanisation, le démembrement culturel du corps national d'un peuple européanisé, doit disparaître sous le socialisme, par suite de l'absence de division en classes et couches sociales. Mais cela n'est que théorique; en réalité, la division du travail amènera immanquablement à une stratification par professions, et cette stratification sera toujours plus prononcée chez les peuples européanisés que chez les Romano-Germains de souche, pour les raisons susmentionnées. Remarquons au passage que la nécessité de conserver un niveau commun de «civilisation» pour tous les peuples sous le socialisme forcera les Romano-Germains à stimuler et aiguillonner les peuples «attardés». Et comme les «préjugés nationaux» auront alors laissé la place au cosmopolitisme triomphant, il est évident que dans tous les États européanisés, sous le socialisme, on trouvera aux postes de premier plan, en tant qu'instructeurs ou, en partie, de dirigeants, les représentants des peuples purement romano-germains ou des peuples qui ont le mieux assimilé la culture romano-germanique. Et finalement, dans la «famille des peuples socialistes» les Romano-Germains conserveront leur statut privilégié d'aristocrates, et les «peuples attardés» deviendront peu à peu leurs esclaves.

Ainsi, le système socio-politique des États romano-germaniques ne joue aucun rôle quant au caractère inévitable de l'européanisation et de ses conséquences négatives. Que ces États soient capitalistes ou socialistes, ce caractère inévitable demeure. Il ne dépend ni du militarisme ni du capitalisme, mais de l'avidité insatiable, propre à la nature même des prédateurs internationaux, les Romano-Germains, et de l'égocentrisme dont est pénétrée toute leur fameuse «civilisation».

VI

Comment lutter contre ce cauchemar d'une européanisation inéluctable? Il semble à première vue que la seule possibilité soit un soulèvement général contre les Romano-Germains. Si l'humanité, non pas celle dont aiment parler les Romano-Germains, mais la véritable humanité, constituée en majorité de Slaves, de Chinois, d'Hindous, d'Arabes, de Noirs et d'autres peuples, qui tous, quelle que soit leur couleur de peau, gémissent sous le dur joug que leur imposent les Romano-Germains et dépensent leur énergie nationale à extraire les matière premières nécessaires aux usines européennes, si toute cette humanité pouvait s'unir dans une lutte commune contre ses oppresseurs, elle réussirait tôt ou tard à renverser le joug tant haï et à radier de la surface de la terre ces prédateurs et toute leur culture. Mais comment organiser pareil soulèvement? N'est-ce pas un rêve irréalisable? Plus on examine ce plan avec attention, plus il devient clair qu'il est irréalisable et que, si c'est le seul moyen pour résister à l'européanisation universelle, cette lutte est tout simplement impossible.

Mais la situation n'est pas désespérée. Nous avons dit que l'une des conditions qui rendent inévitable l'européanisation universelle est l'égocentrisme, qui imprègne toute la culture romano-germanique. Il est inutile d'attendre que les Romano-Germains corrigent eux-mêmes ce défaut fatal de leur culture. Mais les peuples non-romano-germaniques européanisés peuvent très bien purger la culture européenne de son égocentrisme en l'assimilant. S'ils y réussissent, l'emprunt de certains éléments de la culture romano-germanique n'aura plus les effets néfastes que nous avons évoqués, et ne fera qu'enrichir leur culture nationale. En effet, si, dans leur rencontre avec la culture européenne, ces peuples restent libres des préjugés qui leur font voir dans tous les éléments de cette culture quelque chose de supérieur et de parfait, ils n'auront pas de raison d'emprunter cette culture dans sa totalité, ni d'essayer d'éradiquer leur culture indigène au profit de la culture européenne, ou de se considérer comme des membres attardés de l'espèce humaine, arrêtés dans leur évolution.

Considérant la culture romano-germanique comme seulement une des cultures possibles, ils n'en prendront que les éléments qui leur conviennent et qui font sens pour eux; plus tard, ils pourront modifier ces éléments en fonction de leurs goûts et de leurs besoins, sans tenir aucun compte de la façon dont les Romano-Germains évalueront ces modifications, de leur point de vue égocentrique.

Il ne fait pas de doute que semblable situation est parfaitement possible et pensable. Il ne sert à rien de chercher des exemples historiques pour prouver le contraire. Effectivement, l'histoire nous apprend qu'aucun peuple n'a été jusqu'à présent capable de maintenir cette attitude sobre envers la culture romano-germanique. Bien des peuples avaient originellement l'intention de ne lui emprunter que le strict nécessaire, mais, le temps passant, ils ont peu à peu succombé à l'hypnose de l'égocentrisme romano-germain, oubliant leurs intentions originelles; ils se sont mis à emprunter sans discernement, se donnant comme idéal l'assimilation totale de la civilisation européenne. A l'origine, Pierre le Grand voulait n'emprunter aux «Allemands» que leur technologie navale et militaire, mais lui aussi s'est laissé peu à peu fasciner par ce processus de l'emprunt et s'est approprié tout un tas de choses inutiles, sans rapport direct avec le but qu'il s'était fixé. Toutefois, il a toujours eu conscience que tôt ou tard la Russie, après avoir pris à l'Europe ce dont elle avait besoin, devait lui tourner le dos et continuer à développer sa culture librement, sans s'aligner constamment sur l'Occident. Mais il est mort sans avoir formé de successeurs dignes de lui.

Le dix-huitième siècle tout entier fut, pour la Russie, une singerie superficielle et indécente de l'Europe. Vers la fin du siècle, les esprits des classes supérieures de la société russe étaient déjà remplis de préjugés romano-germains; le dix-neuvième et le début du vingtième siècle furent entièrement tournés vers l'européanisation de tous les aspects de la vie russe, et la Russie assimila les processus de l'«évolution galopante» dont nous avons parlé plus haut. Le même processus est prêt à se répéter sous nos yeux au Japon, qui voulait à l'origine n'emprunter aux Romano-Germains que leur technologie militaire et navale, mais qui graduellement, dans son aspiration imitative, est allé beaucoup plus loin, au point qu'une partie significative de la société «cultivée» y a assimilé les modes de pensée romano-germaniques. Il est vrai, que jusqu'à présent, l'européanisation au Japon a été tempérée par un sain instinct de fierté nationale et d'attachement aux traditions nationales, mais qui peut savoir combien de temps les Japonais resteront sur cette position?

Or, même si la solution que nous proposons n'a pas de précédent historique, cela ne veut pas dire qu'elle soit impossible. Le problème est que la vraie nature du cosmopolitisme européen et des autres théories européennes fondées sur les préjugés égocentriques est restée incomprise jusqu'à présent. L'intelligentsia des peuples européanisés, c'est-à-dire la partie de ces peuples qui est la plus réceptive à la culture spirituelle des Romano-Germains, parce qu'elle ne se rendait pas compte de l'inconsistance de la psychologie égocentrique des Romano-Germains, n'a pas su combattre les conséquences de cet aspect de la culture européenne, et a suivi avec confiance les idéologues romano-germaniques, sans sentir les embûches qui se trouvaient sur le chemin. Tout ce tableau se modifiera radicalement dès que cette intelligentsia commencera à prendre conscience du problème, et à regarder la civilisation européenne de manière objective et critique.

Ainsi, le cœur du problème est maintenant la psychologie de l'intelligentsia des peuples européanisés. Cette psychologie doit subir une transformation radicale. L'intelligentsia des peuples européanisés doit arracher de ses yeux le bandeau placé par les Romano-Germains, et se libérer de l'emprise de l'idéologie romano-germanique. Elle doit comprendre de façon claire, ferme et irrévocable :

— *qu'elle a été trompée jusqu'à présent;*

— que la culture européenne n'est pas quelque chose d'absolu, n'est pas la culture de l'humanité entière, mais seulement la création d'un groupe ethnique ou ethnographique restreint et défini de peuples ayant une histoire commune;

— que la culture européenne n'a un caractère impératif que pour le groupe de peuples qui l'ont créée;

— qu'elle n'est en rien meilleure et plus «haute» que toute autre culture créée par un autre groupe ethnographique, car il n'y a pas de cultures «supérieures» ou «inférieures», il n'y a que des cultures et des peuples qui se ressemblent plus ou moins;

— que l'assimilation de la culture romano-germanique par un peuple qui n'a pas participé à sa création n'est ni un bien absolu ni un impératif moral;

— que l'assimilation organique et complète de la culture romano-germanique (ou de toute culture étrangère), c'est à dire une assimilation qui rend possible un niveau de création égal à celui des peuples fondateurs de cette culture, n'est possible que dans le cas d'un mélange anthropologique avec les Romano-Germains, ou, plus exactement, d'un engloutissement anthropologique d'un peuple par les Romano-Germains;

— que sans ce mélange anthropologique n'est possible qu'un ersatz d'assimilation, dans lequel c'est la partie «statique» et non la partie «dynamique» de la culture qui est assimilée, c'est à dire qu'un peuple qui a assimilé l'état contemporain de la culture européenne perdra toute capacité de développer cette culture plus avant, et devra emprunter à nouveau chaque nouvel élément de cette culture ;

— que, dans ces conditions, ce peuple devra renoncer à toute création culturelle autonome, vivra dans la lumière diffusée par l'Europe en singeant les Romano-Germains;

— que, par conséquent, ce peuple sera toujours «à la traîne» des Romano-Germains, c'est à dire qu'il assimilera et reproduira toujours les différentes étapes de leur développement culturel avec un certain retard et se trouvera, par rapport aux Romano-Germains de souche, dans une position inconfortable, subordonnée, dans un état de dépendance matérielle et spirituelle;

— que l'européanisation est donc un *mal absolu* pour tout peuple non romano-germanique;

— et qu'il est possible et nécessaire de combattre ce mal de toutes ses forces.

Tout cela doit être compris non pas superficiellement, mais viscéralement; non seulement compris, mais ressenti, expérimenté, vécu. Il faut que la vérité apparaisse dans toute sa nudité, sans fioritures, sans traces de l'énorme duperie qui l'obère. Il faut que devienne claire et évidente l'impossibilité de quelque compromis que ce soit : la lutte, c'est la lutte.

Tout cela suppose, comme nous l'avons dit, un renversement total, une révolution dans la psychologie de l'intelligentsia des peuples non romano-germaniques. Cette révolution repose sur la conscience de la relativité de ce qui autrefois semblait absolu : les bienfaits de la «civilisation» européenne. Cette ancienne approche doit être rejetée radicalement et sans pitié. Cela est extrêmement difficile à réaliser, mais *est absolument indispensable*.

Une révolution dans la conscience de l'intelligentsia des peuples non romano-germaniques portera nécessairement un coup fatal à l'européanisation universelle. En effet, jusqu'à présent, c'est précisément cette intelligentsia qui a été le vecteur de l'européanisation, c'est elle qui, ayant cru au cosmopolitisme et aux «bienfaits de la civilisation» et regrettant l'«arriération» et la «stagnation» de son peuple, a tout fait pour que celui-ci assimile la culture européenne, détruisant par là-même avec violence les fondements millénaires de sa propre culture. Les membres de l'intelligentsia des peuples européanisés ont continué dans cette direction, en poussant non seulement leur propre peuple vers la culture européenne, mais encore leurs voisins. C'est ainsi qu'ils ont été les meilleurs agents des Romano-Germains. S'ils prennent maintenant profondément conscience que l'européanisation est un mal absolu, et que le cosmopolitisme est une tromperie éhontée, ils cesseront d'aider les Romano-Germains, et la marche triomphale de la «civilisation» s'arrêtera. Sans l'aide des peuples européanisés, les Romano-Germains ne seront plus capables de continuer à asservir tous les peuples du monde. Ayant compris son erreur, l'intelligentsia des peuples européanisés non seulement cessera d'aider les Romano-Germains, mais encore cherchera à leur faire obstacle, ouvrant les yeux aux autres peuples sur la véritable nature des «bienfaits de la civilisation».

Face à cette grande et difficile tâche destinée à libérer les peuples du monde de l'hypnose des «bienfaits de la civilisation» et de l'asservissement spirituel, les intelligentsias de tous les peuples non romano-germaniques déjà engagés dans la voie de l'européanisation ou ayant l'intention de le faire doivent agir toutes ensembles dans un esprit de coopération. Il ne faut pas perdre de vue un seul instant l'essence même du problème. Il ne faut pas se laisser détourner par un nationalisme particulier ou par des solutions partielles telles que le panslavisme ou tout autre «panisme». Ces particularismes ne font qu'obscurcir le problème. Il faut toujours garder à l'esprit qu'opposer les Slaves aux Germains ou les Touraniens aux Aryens ne résoud en rien le problème, et que la seule opposition pertinente est celle qui sépare les Romano-Germains et tous les autres peuples du monde, *l'Europe et l'humanité*.

NOTES DU TRADUCTEUR

[a] *Evropa i čelovečestvo*, Sofia, Rossijsko-bolgarskoe knigoizdatel'stvo, 1920, 82 p. Les passages les plus répétitifs ont été coupés et sont signalés par [...].
[b] Gabriel Tarde (1843-1904), sociologue engagé dans une polémique contre Durkheim, était connu en Russie par la traduction de son livre *Les lois de l'imitation* (1890), traduit en russe dès 1892 (G. Tard, *Zakony podražanija*, Sankt-Peterburg).
[c] Ce passage est un exemple de déclaration générale de Troubetzkoy qui ne prend tout son sens que si on le lit comme une allusion aux réformes de Pierre le Grand et à la fracture sociale qui s'en est suivie en Russie dans le domaine culturel, entre une minorité cultivée et européanisée et la masse du peuple, inculte, mais gardienne des valeurs nationales traditionnelles. De même, dans les chapitres III et IV, A doit être lu comme «la Russie», et B comme «les Européens».

Sur le vrai et le faux nationalisme
(1921) [a]

Les individus ont des attitudes fort diverses envers la culture de leur peuple. Chez les Romano-Germains, cette attitude se caractérise par une psychologie particulière, qu'on peut appeler égocentrique. «Une personne ayant une psychologie égocentrique nettement affirmée se prend inconsciemment pour le centre de l'univers, le couronnement de la création, le meilleur et le plus accompli de tous les êtres. Entre deux autres êtres humains, c'est toujours celui qui lui est le plus proche et le plus semblable, qui est pour elle le meilleur, alors que le plus éloigné est le plus mauvais. C'est pourquoi cette personne considère comme le sommet de la perfection le groupe humain naturel auquel elle appartient. Sa famille, son statut social, son peuple, sa race sont meilleurs que tous les autres groupes correspondants[1].»

Les Romano-Germains sont totalement imprégnés de cette psychologie, et c'est sur elle que repose leur évaluation de toutes les autres cultures. Ils ne peuvent, par conséquent, avoir que deux attitudes possibles envers la culture : soit la culture à laquelle appartient le sujet «évaluant» (allemand, français, etc.) est la plus haute et la meilleure au monde, soit le summum de la perfection n'est pas seulement cette variante culturelle singulière, mais également la somme totale des cultures qui lui sont

---

[1] *Cf.* mon livre *L'Europe et l'humanité* (Sofia, 1920, p. 6) [p. 50 de ce vol.]).

étroitement apparentées, et créées par les efforts collectifs de tous les peuples romano-germains. Le premier type porte en Europe le nom de chauvinisme étroit (chauvinisme allemand, français, etc.), et le meilleur terme pour désigner le second pourrait être «chauvinisme pan-romano-germanique». Mais «les Romano-Germains ont toujours été si profondément convaincus qu'ils sont les seuls à être des hommes, qu'ils se sont désignés eux-mêmes comme "l'humanité", ont appelé leur culture "civilisation universelle" et leur chauvinisme "cosmopolitisme"[2].»

Il est courant que les peuples non-romano-germaniques qui ont assimilé la culture «européenne» aient accepté en même temps le jugement de valeur romano-germanique sur cette culture; ils se laissent abuser par les termes trompeurs de «civilisation universelle» et de «cosmopolitisme», qui masquent le contenu étroitement ethnographique des notions qu'ils véhiculent. La conséquence en est que ces peuples jugent la culture d'un point de vue qui n'est déjà plus égocentrique, mais en quelque sorte «ex-centrique», ou plus exactement «européocentrique». Nous avons parlé ailleurs des conséquences inévitablement désastreuses de l'européocentrisme pour les peuples non-romano-germaniques européanisés[3]. L'intelligentsia de ces peuples ne peut éviter ces conséquences désastreuses qu'à condition d'effectuer un renversement radical de sa perception des choses, de sa façon d'évaluer la culture, en se rendant clairement compte que la civilisation européenne n'est pas la «culture humaine universelle», mais la culture d'une entité ethnographique particulière, les Romano-Germains, pour lesquels seuls cette culture a un caractère impératif. Un tel renversement devrait modifier fondamentalement l'attitude des peuples non-romano-germaniques européanisés envers tous les problèmes de la culture, et leurs jugements européocentriques anachroniques devraient céder la place à d'autres, qui reposent sur des fondements tout à fait différents.

Le premier devoir de tout peuple non-romano-germanique est de surmonter son propre égocentrisme, et, en second lieu, de ne pas tomber dans le piège que représente la «civilisation universelle» et de résister à l'aspiration d'être à tout prix de «vrais Européens». Ce devoir peut être exprimé à l'aide de deux aphorismes : «connais-toi toi-même» et «sois toi-même».

La lutte contre son propre égocentrisme n'est possible qu'à condition

---

[2] *Ib.*, p. 13 [p. 52 de ce vol.].
[3] *L'Europe et l'humanité*, chap. IV.

de se connaître soi-même. Une authentique connaissance de soi indiquera à l'homme (ou au peuple) sa vraie place dans le monde, lui montrera qu'il n'est pas le centre de l'univers, ni le nombril du monde. Mais cette connaissance de soi lui fera comprendre également la nature des êtres humains (et des peuples) en général, et le fait que non seulement le sujet connaissant, mais encore aucun de ses semblables, n'est un centre ou un sommet. C'est grâce à la compréhension de sa propre nature et à l'approfondissement de la connaissance qu'il a de lui-même qu'un individu ou un peuple en vient à reconnaître l'égale valeur de tous les hommes et de tous les peuples. Le corollaire de cette nouvelle forme de compréhension est l'affirmation de sa propre spécificité et l'aspiration à être soi-même. Non seulement l'aspiration, mais encore la capacité. Car celui qui n'a pas appris à se connaître ne peut être lui-même.

Ce n'est qu'en comprenant sa propre nature, sa propre essence, clairement et complètement, que l'homme peut rester lui-même sans entrer un instant en contradiction avec lui-même, sans tromper ni les autres ni lui-même. Et c'est seulement dans l'instauration de l'harmonie et de la plénitude de la personnalité, reposant sur une connaissance claire et complète de sa propre nature, que réside le plus grand bonheur pouvant être atteint ici-bas. C'est en cela, également, que consiste l'essence de la morale, car lorsqu'on a atteint une véritable connaissance de soi-même, on entend avec une exceptionnelle clarté la voix de sa conscience; quiconque vit de façon à n'entrer jamais en contradiction avec soi et à être toujours sincère envers soi sera nécessairement un être moral. Il connaîtra ainsi la plus haute beauté spirituelle accessible à l'homme, car la duperie de soi-même et la contradiction intérieure, qui sont inévitables dès lors que manque une véritable auto-connaissance, rendent toujours l'homme spirituellement laid. C'est dans la connaissance de soi que réside la plus haute sagesse accessible à l'homme, sagesse aussi bien pratique que théorique, car tout autre savoir est illusoire et vain. Enfin, ce n'est qu'en étant parvenu à sa pleine spécificité, fondée sur la connaissance de soi, qu'un individu (ou un peuple) peut être certain d'avoir réalisé ce à quoi il était destiné sur la Terre, et d'être réellement ce pour quoi il a été créé. La connaissance de soi est ainsi le but unique, le but le plus élevé de l'homme sur cette Terre. C'est un but, mais c'est aussi un moyen.

Cette idée n'est pas neuve, elle a été énoncée par Socrate il y a vingt-trois siècles. Le γνωσι σαυτον, du reste, n'a pas été inventé par Socrate, mais lu par lui sur une inscription du temple de Delphes. Mais il fut le premier à formuler cette idée clairement, le premier à comprendre que la connaissance de soi est une question à la fois éthique et logique, qui implique de penser correctement et de vivre moralement. Cette règle de vie : «connais-toi toi-même», assigne à tous les hommes une tâche identique, mais qui est en fait différente pour chacun, grâce à la synthèse qu'elle opère entre le relatif et le subjectif d'une part, et l'absolu et le général de l'autre. Elle est un principe applicable de la même façon pour tous, indépendamment de l'appartenance nationale ou de l'époque historique, car ce principe n'a de limites ni dans le temps ni dans l'espace. Ce principe reste valable de nos jours, et pour tous les peuples. Il serait aisé de démontrer qu'aucune des religions existant sur la Terre ne rejette ni n'exclut la règle de vie de Socrate, et que certaines religions l'affirment même, et l'approfondissent. On pourrait montrer que la majorité des conceptions a-religieuses sont parfaitement compatibles avec ce principe[4]. Mais cela nous entraînerait trop loin du but immédiat de notre réflexion.

Les résultats concrets de la connaissance de soi peuvent être divers, en fonction des individualités engagées dans ce processus, mais aussi des formes et des degrés de la connaissance elle-même. L'activité d'un ascète chrétien, consistant à résister à la tentation et à aspirer à être tel que Dieu a créé l'homme, est fondamentalement une connaissance de soi, effectuée sous la conduite de la Grâce et au moyen d'une prière constante. Elle amène l'ascète non seulement à une haute perfection morale, mais aussi à la pénétration mystique du sens de l'être et de l'univers. L'auto-connaissance socratique, qui était dénuée de contenu métaphysique précis, a apporté l'harmonie psychologique, la sagesse du comportement, et même une certaine perspicacité dans les questions pratiques, alliées à un total agnosticisme en matière de métaphysique. Chez les uns, la connaissance

---

[4] La règle du «connais-toi toi-même» repose sur un certain optimisme philosophique, sur la croyance que la vraie nature de l'homme (et de toute la création) est bonne, raisonnable et belle, et que tout ce qui est mauvais dans la vie (le mal, la laideur, l'absurdité et la souffrance) est le fruit d'une déviation qui s'éloigne de la nature, d'une conscience inadéquate que l'homme a de sa nature. C'est pourquoi la règle socratique n'est totalement inacceptable que pour les tenants d'un pessimisme philosophique extrême. Par exemple, un bouddhiste cohérent avec lui-même, qui considère toute chose existante comme radicalement mauvaise, dépourvue de sens, laide et inséparable de la souffrance, doit réfuter *a priori* le principe socratique. Pour ce bouddhiste, la seule issue est le suicide, mais non le suicide physique, qui est inutile, en vertu de la doctrine de la réincarnation des âmes, mais le suicide spirituel, l'annihilation de sa propre individualité spirituelle (nâmarûpa), c'est à dire, dans la terminologie bouddhiste, le «nirvana», ou «dépassement total de la naissance et de la mort». Toutefois, la majorité des bouddhistes ne sont pas si cohérents, et se limitent à l'acceptation théorique de certains principes de base énoncés par Bouddha. En pratique ils s'avèrent des adeptes d'un polythéisme moralement indifférent, et, en tant que tels, peuvent accepter la règle socratique dans une certaine limite.

de soi est dominée par la réflexion logique, chez les autres, c'est l'intuition irrationnelle qui joue un rôle décisif. Les formes de la connaissance de soi sont extrêmement variées. L'important est qu'on obtienne une idée claire et plus ou moins complète de soi-même, de sa propre nature et du poids spécifique de chacun de ses éléments, ainsi que des manifestations de cette nature dans leurs relations mutuelles.

Tout ce qui vient d'être dit s'applique non seulement à la connaissance de soi individuelle, mais aussi à la connaissance de soi collective. Si l'on considère un peuple comme une totalité psychologique, comme une personnalité collective, il faut bien admettre qu'une certaine forme de connaissance de soi est pour ce peuple possible et nécessaire. La connaissance de soi a un lien logique avec la notion de personne; là où il y a personne, il peut et doit y avoir connaissance de soi. Et si, dans la vie de l'individu, la connaissance de soi est une fin universelle, qui représente à elle seule tout le bonheur accessible à l'homme, toute la morale, la beauté spirituelle et la sagesse à laquelle il peut atteindre, le même principe universel est à l'œuvre lorsqu'il s'agit de la personne collective d'un peuple. La spécificité de cette personne collective est que le peuple vit pendant des siècles, et qu'au cours de ces siècles il change constamment, si bien que les produits qu'un peuple retire de la connaissance de soi à une époque donnée s'avèrent non valides à l'époque suivante. Ils forment toutefois une base, un point de départ pour toute nouvelle activité tendant à réaliser la connaissance de soi.

«Connais-toi toi-même» et «sois toi-même» sont deux aspects d'un même précepte. De façon externe, la véritable connaissance de soi s'exprime dans l'harmonie et dans l'originalité de la vie et de l'activité d'un individu. L'équivalent pour un peuple est une culture nationale originale et unique. Un peuple est parvenu à se connaître soi-même si sa nature spirituelle et son caractère individuel trouvent leur expression pleine et entière dans sa culture nationale originale et unique, et si cette culture est totalement harmonieuse, c'est-à-dire que ses diverses composantes ne sont pas contradictoires entre elles. La création d'une culture de ce type est le but véritable de chaque peuple, de la même façon que le but de tout homme appartenant à ce peuple est de parvenir à un mode de vie qui incarne pleinement, brillamment et harmonieusement sa nature spirituelle originale et unique. Ces deux tâches, celles du peuple et celle de chaque individu qui en fait partie, sont intimement liées, elles se complètent et se conditionnent réciproquement.

Dans le processus individuel de connaissance de soi, chaque homme apprend à se connaître également en tant que membre de son peuple. La vie intérieure de chaque homme comporte toujours certains éléments du psychisme national, et la constitution spirituelle de chaque représentant du peuple contient nécessairement des traits du caractère national, qui se combinent de différentes façons, à la fois entre eux et avec des traits plus particuliers, qui sont fonction de l'individu, de sa famille et de son origine sociale. La connaissance de soi permet à ces traits nationaux, dans leur mise en rapport avec le caractère d'un individu, de s'affirmer et de s'ennoblir. Et puisqu'un homme, dès lors qu'il apprend à se connaître lui-même, commence à «être soi-même», il devient inévitablement un représentant éminent de son peuple. Sa vie, étant l'expression totale et harmonieuse de son individualité originale et unique consciemment perçue, incarne nécessairement des traits nationaux. Si cet individu est engagé dans une activité culturellement créatrice, son œuvre, portant la marque de sa personnalité, aura nécessairement la tonalité du caractère national, et, en tout cas, ne sera pas en contradiction avec ce dernier. Mais même si l'individu en question ne participe pas activement à la création culturelle, et ne fait qu'assimiler passivement les produits de cette création, ou que participer en tant qu'exécutant à tel domaine de la vie culturelle de son peuple, même en ce cas, le fait que sa vie et son activité incarnent de façon pleine et intense certains traits du caractère national (il s'agit avant tout des goûts et des prédispositions) va immanquablement souligner et renforcer la tonalité nationale de la vie quotidienne du peuple. Et le quotidien est ce qui inspire le créateur des valeurs nationales, qui lui assigne des tâches et lui fournit des matériaux pour sa création. C'est ainsi que la connaissance de soi individuelle contribue à l'originalité de la culture nationale qui, comme nous l'avons montré, est le corrélat de la connaissance qu'une nation a d'elle-même.

Mais à l'inverse, une culture nationale originale et unique favorise la connaissance de soi de chaque représentant du peuple. Elle lui permet de connaître et de comprendre les traits de sa nature psychique individuelle, qui sont des manifestations du caractère national commun à tous. En effet, tous ces traits prennent un relief particulier dans une véritable culture nationale, ce qui permet à tout individu de les déceler facilement en lui-même, d'apprendre à les connaître (à travers la culture) sous leur aspect authentique et de les évaluer correctement dans le contexte de la vie quotidienne collective. Une culture nationale harmonieuse et originale permet à tout membre d'une totalité nationale d'être et de rester soi-même, tout en se trouvant en contact permanent avec ses compatriotes. C'est à ces conditions que l'homme peut prendre part avec une pleine sincérité à la vie culturelle de son peuple, sans aucunement agir contre sa propre conscience, et sans prétendre devant les autres et devant lui-même être ce qu'il n'a jamais été et ne sera jamais.

Il découle de tout ce qui précède qu'entre la connaissance de soi individuelle et la connaissance de soi nationale existe un lien interne extrêmement fort et une constante interaction. Plus il y a dans un peuple de gens qui «se connaissent eux-mêmes» et qui «sont devenus eux-mêmes», et plus fructueux sont les efforts pour arriver à la connaissance de soi nationale et créer une culture nationale originale, qui, à son tour, sera la garantie qu'une profonde connaissance de soi individuelle peut être réalisée. Ce n'est qu'en présence d'une telle interaction entre la connaissance de soi individuelle et la connaissance de soi nationale qu'est possible une évolution heureuse de la culture nationale. Sinon, cette dernière peut s'arrêter en un certain point, tandis que le caractère national, qui est composé des caractères individuels singuliers, va se modifier. En ce cas, c'est tout le sens de la culture nationale originale qui va disparaître. La culture va cesser de susciter des échos vivants parmi ses membres, d'être l'incarnation de l'âme nationale et tombera dans la fausseté et l'hypocrisie traditionnelles, qui ne peuvent que faire obstacle à la connaissance de soi et à l'originalité individuelles, au lieu de les faciliter.

Si l'on admet que l'idéal terrestre le plus élevé pour l'homme est une pleine et parfaite connaissance de soi, il faut admettre alors que seule est authentique la culture qui permet d'atteindre une telle connaissance. Pour favoriser la connaissance de soi individuelle, la culture doit incarner les éléments de psychologie qui sont communs à tous les membres, ou à la majorité des personnes participantes de cette culture, c'est-à-dire l'ensemble des éléments de la psychologie nationale. De surcroît, la culture doit manifester ces éléments de façon frappante et saillante, car plus ces éléments seront vifs, plus il sera facile à chaque individu de les reconnaître en lui-même *à travers la culture*. En d'autres termes, seule est authentique une culture nationale totalement originale, elle seule peut répondre aux exigences éthiques, esthétiques, voire utilitaires qui se posent à toute culture. Si l'homme ne peut être reconnu véritablement sage, vertueux, beau et heureux que lorsqu'il est parvenu à se connaître lui-même et à «devenir lui-même», il en va de même pour un peuple. Or «être soi-même» lorsqu'il s'agit d'un peuple signifie «avoir une culture nationale originale». Et cela n'est en rien changé si l'on exige d'une culture qu'elle donne «le bonheur maximal à la majorité des gens». En effet le véritable bonheur ne réside pas dans le confort ni dans la satisfaction de besoins personnels, mais dans l'équilibre, dans l'harmonie de tous les éléments de la vie intérieure (dont font partie ces «besoins»). En soi, aucune culture ne peut apporter un tel bonheur aux hommes : le bonheur ne réside pas en dehors de l'homme, mais en lui-même, et seule l'auto-connaissance peut y conduire. La culture ne peut qu'aider l'homme à devenir heureux, et lui faciliter l'accès à la connaissance de soi. Or elle ne peut le faire qu'en étant telle que nous l'avons définie plus haut : totalement et fortement originale.

Ainsi, la culture doit être différente pour chaque peuple. A l'intérieur de sa culture nationale chaque peuple doit manifester clairement toute son individualité et faire en sorte que tous les éléments de cette culture soient en relation harmonieuse et empreints d'une tonalité nationale commune. Les différences entre les cultures nationales doivent être d'autant plus grandes que sont fortes les différences entre les psychologies nationales des peuples. Des peuples proches par leur caractère national auront des cultures semblables. Mais une culture universelle, identique pour tous les peuples, est impossible. Étant donnée la multiplicité hétérogène des caractères nationaux et des types psychiques, une telle «culture universelle» soit se réduirait à la satisfaction de besoins purement matériels au détriment des besoins spirituels, soit imposerait à tous les peuples des formes de vie qui découleraient du caractère national d'une certaine entité ethnographique. Dans un cas comme dans l'autre, cette culture «universelle» ne répondrait pas aux exigences qui incombent à toute culture authentique. Elle n'apporterait le vrai bonheur à personne.

C'est ainsi qu'il convient de rejeter l'aspiration à une culture universelle. En revanche, l'aspiration de chaque peuple à créer sa propre culture nationale trouve une pleine justification morale, alors que tout cosmopolitisme culturel, tout internationalisme culturel méritent d'être condamnés sans équivoque. Cependant, tous les nationalismes ne sont pas justifiés logiquement et moralement. Il existe différents types de nationalisme, certains faux et d'autres authentiques, et seul le nationalisme authentique s'avère être le principe absolu et positif de la conduite d'un peuple.

Il s'ensuit que la seule sorte de nationalisme qui puisse être reconnue comme véritable, moralement et logiquement justifiée, est un nationalisme qui ait sa source dans une culture nationale originale, ou s'oriente vers une telle culture. L'idée de cette culture doit guider toutes les actions d'un nationaliste authentique. Il la défend et lutte pour elle. Il doit soutenir tout ce qui peut favoriser la culture nationale originale, et doit éliminer tout ce qui peut lui faire obstacle.

Or, si nous appliquons ce critère aux formes existantes du nationalisme, nous serons rapidement convaincus que dans la majorité des cas le nationalisme n'est pas authentique.

La plupart du temps, on rencontre des nationalistes à qui l'originalité de la culture nationale de leur peuple est totalement indifférente. Tous leurs efforts ne tendent qu'à obtenir pour leur peuple une indépendance au niveau étatique; ils veulent que leur peuple soit reconnu par les «grands» peuples, par les «grandes» puissances comme un membre à part entière de la «famille des peuples souverains» et qu'il ressemble en toutes choses à ces «grands peuples». Ce type de nationalisme se rencontre chez tous les peuples, mais tout particulièrement chez les «petits peuples», non romano-germaniques, chez lesquels il prend des formes hideuses, presque caricaturales. Dans un tel nationalisme la connaissance de soi ne joue aucun rôle, car ses partisans ne souhaitent nullement être «eux-mêmes», au contraire, ils veulent précisément être «comme les autres», «comme les grands», «comme les maîtres», alors qu'ils ne sont souvent ni des grands ni des maîtres. Lorsque les conditions historiques font qu'un peuple tombe sous le pouvoir ou la domination économique d'un autre peuple qui lui est totalement étranger spirituellement, et qu'il ne peut créer une culture nationale originale sans se libérer de cette domination politique ou économique étrangère, l'aspiration à l'émancipation, à l'indépendance nationale est parfaitement fondée, logiquement et moralement justifiée. Cependant, il faut toujours garder en mémoire que cette aspiration n'est légitime que lorsqu'elle se manifeste au nom de la culture nationale originale, car l'indépendance n'a pas de sens si elle est une fin en soi. Or les nationalistes dont il est question considèrent justement l'indépendance nationale et le statut de grande puissance comme une fin en soi. Qui plus est, ils sont prêts à sacrifier leur culture nationale originale en vue de cette fin. Pour que leur peuple soit en tout point semblable aux «vrais Européens», ils tentent de lui imposer non seulement des formes étatiques, juridiques et économiques propres au monde romano-germanique, qui lui sont totalement étrangères spirituellement, mais encore l'idéologie, l'art et la vie matérielle des Romano-Germains. L'européanisation, l'aspiration à reproduire fidèlement les modèles romano-germaniques dans tous les domaines de la vie ont pour résultat en fin de compte la perte totale de toute originalité nationale, et un peuple guidé par de semblables nationalistes finit par n'avoir plus en propre que sa fameuse «langue maternelle». Mais même cette dernière, devenue «langue d'État» et adaptée à des notions et des formes de vie nouvelles et étrangères, est grandement défigurée, car elle absorbe une énorme quantité de néologismes maladroits et de romano-germanismes. En fin de compte, la langue officielle devient quasiment incompréhensible pour les masses populaires authentiques dans les «petits» États qui ont opté pour ce type de nationalisme, tout particulièrement ceux qui n'ont pas encore eu le temps de se dénationaliser et de se dépersonnaliser au point d'arriver à la «démocratie en général».

Il est clair qu'un nationalisme qui n'aspire pas à l'originalité nationale et à l'auto-réalisation nationale, mais seulement à ressembler aux «grandes puissances», ne peut en aucun cas être considéré comme authentique. Il ne repose pas sur une véritable connaissance de soi, mais sur une plate vanité, qui est l'antipode du véritable nationalisme. Le terme «autodétermination nationale» qu'aiment à utiliser les représentants de ce type de nationalisme, surtout lorsqu'ils appartiennent à un «petit peuple», ne peut qu'induire en erreur. En réalité il n'y a rien de «national», et pas la moindre «autodétermination» dans cette revendication, c'est pourquoi il n'y a rien d'étonnant à ce que le «séparatisme» soit si souvent associé au socialisme, qui comporte toujours des éléments de cosmopolitisme et d'internationalisme. [b]

Une autre forme de faux nationalisme se rencontre dans le chauvinisme militant, qui n'est que l'aspiration à répandre la langue et la culture de son peuple parmi le plus grand nombre possible d'étrangers après avoir détruit chez ces derniers toute originalité nationale. La fausseté de ce type de nationalisme est évidente et se passe d'explications. L'originalité d'une culture nationale n'a de valeur que dans la mesure où elle est en harmonie avec la psychologie de ses créateurs et de ceux qui en sont les porteurs. Dès qu'une culture est transplantée chez un peuple ayant une autre psychologie, tout le sens de son originalité disparaît, et la valeur même de cette culture se modifie. L'erreur fondamentale du chauvinisme agressif est d'ignorer cette corrélation entre toute forme de culture et son sujet ethnique. Ce chauvinisme repose sur l'arrogance et sur l'auto-exaltation égocentrique, qui est la négation du fait que toutes les cultures et tous les peuples sont égaux. Il est inconcevable dans le cas d'une authentique connaissance nationale. Ainsi, il est également à l'opposé du vrai nationalisme.

On doit considérer aussi comme une forme particulière de faux nationalisme le conservatisme culturel, qui identifie artificiellement l'originalité nationale avec certaines valeurs culturelles ou certaines formes de vie qui ont été créées dans le passé, et qui n'admet pas qu'elles puissent changer, même lorsqu'elles n'incarnent plus le psychisme national de façon satisfaisante. Dans ce cas, comme dans celui du chauvinisme agressif, on ignore le lien vivant, de chaque moment, entre la culture et le psychisme de ses représentants, et on attribue à la culture une valeur absolue, indépendante de sa relation au peuple : «non pas une culture pour le peuple, mais un peuple pour la culture». C'est ainsi qu'est détruit une fois encore le sens moral et logique de l'originalité, corrélat du processus continu et incessant de la connaissance de soi nationale.

Il n'est pas difficile de voir que tous les types susmentionnés de faux nationalisme ont des conséquences pratiques désastreuses pour la culture nationale. Le premier type entraîne une perte d'identité nationale, une dénationalisation de la culture; le deuxième mène à la perte de la pureté raciale des porteurs de la culture en question; le troisième à la stagnation, état précurseur de la mort.

Il est bien évident que ces différentes formes de faux nationalisme peuvent se combiner en types mixtes. Mais ils ont tous ceci en commun que, fondamentalement, ils ne s'appuient pas sur la connaissance de soi nationale, au sens qui a été défini plus haut. Or, même les variantes du nationalisme qui semblent émaner de la connaissance de soi nationale et qui veulent fonder sur elle une culture nationale originale ne sont pas toujours authentiques. Le problème est que, bien souvent, la connaissance de soi est elle-même comprise de façon trop étroite, et s'effectue de façon incorrecte. Une véritable connaissance de soi est souvent entravée par une sorte d'étiquette qu'un peuple, pour une raison ou une autre, s'est attachée à lui-même, et à laquelle il ne veut pas renoncer. Ainsi l'orientation culturelle des Roumains est fortement conditionnée par le fait qu'ils se considèrent comme un «peuple roman», et cela parce que, parmi les éléments dont s'est constituée la nationalité roumaine, il y eut, dans des temps très éloignés, un petit détachement de soldats romains. De la même façon, le nationalisme grec actuel, type mixte de faux nationalisme, aggrave sa fausseté par la conception unilatérale que les Grecs se font de leur propre origine : alors qu'ils sont en fait un mélange de plusieurs origines ethniques qui ont accompli en même temps que les autres peuples «balkaniques» toute la série des étapes communes de l'évolution culturelle, ils se considèrent exclusivement comme les descendants des anciens Grecs. De telles aberrations proviennent uniquement du fait que la connaissance de soi, dans tous ces cas, ne s'accomplit pas organiquement, qu'elle n'est pas la source de ce nationalisme, mais seulement une tentative pour lui procurer le fondement historique de ses tendances séparatistes et chauvines.

Par contraste, l'observation des différents types de faux nationalisme met en relief ce que doit être le vrai nationalisme. En tant que produit de la connaissance de soi nationale, ce dernier affirme la nécessité d'une culture nationale spécifique; il pose cette culture comme sa tâche suprême et unique, et il estime chaque aspect de la politique étrangère et intérieure, chaque moment historique de la vie du peuple du point de vue de cette tâche. La connaissance de soi lui confère un caractère d'autosuffisance qui l'empêche d'imposer par la force sa culture nationale originale aux autres peuples ou d'imiter servilement un autre peuple, étranger par l'esprit mais qui, pour quelque raison, jouit d'un certain prestige dans une zone anthropo-géographique déterminée. Dans ses relations aux autres peuples, le véritable nationaliste ne montre aucune arrogance ou ambition nationale. Sa conception du monde reposant sur une connaissance de soi autosuffisante, il sera toujours, par principe, pacifique et tolérant envers toute expression étrangère d'originalité. Il sera également opposé à toute manifestation d'isolationnisme national artificiel. Comprenant clairement et pleinement le psychisme spécifique de son peuple, il sera particulièrement sensible aux caractéristiques des autres peuples qui sont semblables aux siennes. Et si un autre peuple a réussi à conférer à une de ces caractéristiques une expression heureuse sous la forme d'un certain bien culturel, le vrai nationaliste n'hésitera pas à l'emprunter, en l'adaptant à l'inventaire de sa propre culture originale. Deux peuples proches par leur caractère national, vivant en contact, guidés par des vrais nationalistes, auront inévitablement des cultures très semblables, grâce à un échange libre de valeurs culturelles recevables par les deux parties. Mais cette unité culturelle est fondamentalement différente de l'unité artificielle qui résulte des tendances dominatrices d'un des peuples vivant en voisinage.

Si nous examinons, à la lumière de ces considérations, les types de nationalisme russe qui ont existé jusqu'à présent, nous devons admettre qu'il n'y a pas encore eu un vrai nationalisme dans la Russie d'après Pierre le Grand. La majorité des Russes cultivés n'avaient aucune envie d'«être eux-mêmes», ils voulaient être des «vrais Européens». Et du fait que la Russie, malgré tout son désir, ne pouvait en aucune façon devenir un véritable État européen, beaucoup d'entre nous en sont venus à mépriser leur patrie «attardée». C'est pourquoi la plus grande partie de l'intelligentsia russe a jusqu'à tout récemment fui toute forme de nationalisme. D'autres se sont dénommés nationalistes, mais en fait ils comprenaient le nationalisme comme l'aspiration à devenir une grande puissance, à acquérir la force militaire et économique et à obtenir une brillante position internationale pour la Russie. Pour parvenir à ces fins, ils considéraient nécessaire que la culture russe se rapprochât le plus possible du modèle européen occidental. L'exigence de «russification», propre à certains «nationalistes» russes, reflétait la même attitude servile envers les modèles occidentaux. Cela consistait à encourager la conversion à l'orthodoxie, à introduire de force la langue russe et à remplacer les dénominations géographiques allogènes par des noms russes plus ou moins maladroits. Et tout cela parce que, comme l'on disait, c'est ainsi que faisaient les Allemands, et que «les Allemands sont un peuple cultivé». Parfois cette aspiration à être nationalistes parce que les Allemands l'étaient prenait des formes plus systématiquement et profondément élaborées. Puisque les Allemands fondent leur morgue nationaliste sur les mérites de la race germanique dans la création de la culture, nos nationalistes essayaient aussi d'identifier une culture russe spécifique du XXe siècle [c], exagérant dans des proportions quasiment cosmiques l'importance de toute création de la part d'un Russe ou d'un sujet russe, pour peu qu'elle s'écarte tant soit peu du modèle européen de l'Ouest, et déclarant que cette œuvre est «une précieuse contribution du génie russe au trésor de la civilisation mondiale». Pour accentuer encore le parallèle, comme pendant au pangermanisme on créa le «panslavisme», et la Russie se vit attribuer la mission de réunir tous les peuples slaves qui «marchaient dans la voie du progrès mondial» (c'est-à-dire, en réalité, qui échangeaient leur originalité contre les modèles romano-germaniques) de façon à ce que le monde slave (comme notion linguistique) puisse occuper une place «convenable», ou même la «première place» dans la «famille des peuples civilisés». Cette tendance du slavophilisme occidentalisant est devenue à la mode en Russie dans les derniers temps qui ont précédé la Révolution, même dans les milieux où le mot «nationalisme» était auparavant considéré comme indécent.

Cependant, on ne peut pas davantage considérer le slavophilisme plus ancien comme une forme pure de vrai nationalisme. Il n'est pas difficile d'y relever les trois formes de faux nationalisme que nous avons envisagées, le troisième type dominant au début, pour être remplacé ensuite par le premier et le deuxième. Il y a toujours eu une tendance à édifier le nationalisme russe selon le modèle romano-germanique. C'est à cause de ces propriétés que l'ancien slavophilisme devait inévitablement dégénérer, en dépit du fait que son point de départ ait été le sentiment d'originalité et le principe de la connaissance de soi nationale. De toute évidence, ces éléments n'ont pas été compris et formulés avec suffisamment de clarté.

Ainsi, le vrai nationalisme, qui repose entièrement sur la connaissance de soi et qui exige, au nom de cette connaissance, la reconstruction de la culture russe dans sa singularité originale, n'a été jusqu'à présent l'apanage que de quelques individus isolés (par exemple de certains des «premiers» slavophiles [d]). Le vrai nationalisme n'a jamais existé en tant que courant social. Il est encore à créer. Et c'est précisément pour cela qu'est nécessaire ce renversement dans la prise de conscience de l'intelligentsia russe dont il a été question au début de cet article.

Sofia, 2 avril 1921.

NOTES DU TRADUCTEUR

[a] «Ob istinnom i ložnom nacionalizme», in *Isxod k Vostoku*, Sofia, Rossijsko-bolgarskoe knigoizdatel'stvo, 1921, p. 71-85, repris dans le recueil *K probleme russkogo samopoznanija*, Paris, 1927, p. 10-20.
Dans la présentation de ce texte qu'il donne dans l'introduction à «K probleme russkogo samopoznanija» (1927, p. 7), Troubetzkoy indique que l'enjeu essentiel de cet article est la notion de *connaissance de soi* (samopoznanie), en tant que devoir moral de toute personne, et son lien à la vie pratique de toute personne (aussi bien individuelle que collective). Cette connaissance de soi ne doit pas être seulement d'ordre rationnel, elle doit inclure aussi l'expérience spirituelle et tous les aspects de la *création* de la personne (dans le domaine artistique, organisationnel ou technique).
[b] A cette époque (début des années 1920) en URSS les revendications nationales des peuples non russes étaient officiellement considérées comme révélatrices de revendications sociales. Ce n'est que plus tard, à partir du milieu des années trente, qu'elles ont été à leur tour assimilées à du «séparatisme».
[c] L'édition originale donne «XIX[e] siècle», la réimpression de 1927 indique «XX[e] siècle».
[d] Ce passage entre parenthèse a été supprimé de l'édition de 1927.

Le sommet et la base de la culture russe (Les fondements ethniques de la culture russe) (1921) [a]

Toute culture différenciée comporte nécessairement deux composantes, qu'on peut appeler de façon imagée le «sommet» et la «base» de l'édifice de cette culture. Nous entendons par «base» la réserve de biens culturels qui satisfont aux besoins des plus larges couches de la totalité formée par la nation, ce qu'on désigne sous le nom de «masses populaires». Dans la mesure où ces biens culturels sont créés au sein même des masses populaires, ils sont relativement élémentaires, et ne portent pas la marque tangible d'une création individuelle. Quand certains de ces biens pénètrent dans la «base» en provenance du «sommet», ils subissent nécessairement, en vertu de cette migration, une certaine dépersonnalisation et une simplification, en s'adaptant au contexte général des autres biens dont l'origine est exclusivement à la «base».

Le «sommet» de l'édifice culturel a un caractère quelque peu différent. Les biens culturels des couches inférieures sont loin de pouvoir satisfaire chaque représentant d'un peuple donné. Certains, qui ne se satisfont pas de la forme communément admise de tel ou tel bien culturel, s'efforcent de le perfectionner, en l'adaptant à leurs goûts personnels. Il peut se faire que, sous cet aspect modifié, ce bien s'avère inaccessible aux plus larges couches de la population, mais soit du goût des parties de la totalité nationale qui, dans un domaine ou dans un autre, occupent dans cette totalité une position dominante. En ce cas, ce bien entre dans le patrimoine du «sommet» de la culture. Ainsi, les biens culturels du «patrimoine supérieur» sont créés soit par les parties dominantes de la totalité nationale, soit pour ces parties, et ils répondent toujours à des besoins plus raffinés, à des goûts plus exigeants. Cette situation a pour conséquence que ces biens sont relativement plus complexes et moins élémentaires que ceux du patrimoine inférieur. Et puisque, d'un côté, la création d'un bien culturel du patrimoine supérieur peut avoir comme origine un bien du patrimoine inférieur, et que, de l'autre, les masses populaires elles-mêmes introduisent constamment dans leur vie quotidienne des biens empruntés, sous une forme simplifiée, au patrimoine supérieur, on peut dire qu'il existe toujours, dans une culture normale, un certain degré d'échange et d'interaction entre le sommet et la base. Cet échange est intensifié par le fait que la partie dominante de la totalité nationale n'est une grandeur ni constante ni immuable. Elle n'est «dominante» que tant qu'elle jouit d'un certain «prestige», c'est à dire de la capacité de susciter l'imitation, aussi bien au sens propre qu'à celui d'«imitation sympathique» (c'est à dire de respect et d'obédience). Mais, avec le temps, le «prestige» peut se perdre et passer à un autre groupe social, qui appartenait auparavant à la «base», et alors cette nouvelle aristocratie emportera avec elle vers le haut de l'édifice culturel de nombreux biens provenant du patrimoine inférieur.

Outre cette interaction culturelle interne entre le haut et le bas, chacune des parties d'une totalité culturelle donnée se nourrit d'emprunts extérieurs, faits à des cultures étrangères. Il peut, du reste, se produire que la source étrangère à laquelle le sommet puise ses biens culturels ne coïncide pas avec la source étrangère qui abreuve la base correspondante. Si les biens culturels empruntés ne contredisent pas le psychisme commun de la totalité nationale, et qu'ils sont élaborés organiquement, en vertu d'une interaction interne naturelle, il se rétablit entre le sommet et la base de la culture un certain équilibre. Mais semblable équilibre peut tout aussi bien ne pas s'établir, auquel cas il se forme entre la base et le sommet de la culture un divorce culturel, et l'unité nationale est détruite. Cela témoigne toujours du fait que l'influence extérieure est trop étrangère au psychisme national emprunteur.

Lorsqu'on réfléchit à la culture russe, il faut avant tout se faire une représentation exacte de son sommet et de sa base, et du lien de ses parties avec les cultures étrangères.

L'élément qui a joué un rôle déterminant dans la formation de la nation russe fut, cela ne fait aucun doute, l'élément slave. Seules les données de la langue nous permettent de nous faire une certaine idée des caractéristiques de nos ancêtres slaves. On sait que le «slave commun», auquel remontent toutes les langues slaves, est l'un des descendants de la protolangue indo-européenne, reconstituée scientifiquement grâce à l'étude comparée de tous ses descendants. On a depuis longtemps abandonné l'idée que l'indo-européen ait été quelque chose de totalement homogène. Tous les linguistes s'accordent sur le fait que dans cette protolangue il existait déjà des différences dialectales, et que ces différences, augmentant au cours du temps, ont amené à la dislocation définitive de la protolangue et ont transformé ses différents dialectes en des langues indépendantes. Dire que le slave commun provient de l'indo-européen revient à affirmer qu'il existait dans ce dernier un dialecte «proto-slave» particulier, qui est devenu au fil du temps une langue autonome à part entière. Les particularités de ce dialecte proto-slave, qui le différenciaient ou le rapprochaient des autres dialectes de l'indo-européen, peuvent être scientifiquement reconstituées; ce sont là les données les plus anciennes que nous pouvons recueillir sur les ancêtres des Slaves. Tout ce que nous savons sur les dialectes de l'indo-européen nous permet d'affirmer que le dialecte proto-slave, tout comme les dialectes baltes[1], qui en étaient très proches, occupait une position médiane. Au Sud, il avoisinait les dialectes proto-illyriens et proto-thraces, sur lesquels nous ne savons que peu de choses. A l'Est, le dialecte proto-slave jouxtait le groupe très homogène des dialectes proto-iraniens, qu'unissaient toute une série de faits phonétiques, grammaticaux et lexicaux. Enfin, à l'Ouest, les Slaves côtoyaient le groupe des dialectes indo-européens occidentaux (proto-germanique, proto-italique[2] et proto-celte), qui constituaient un ensemble beaucoup moins homogène que les dialectes proto-indo-iraniens, mais qui étaient néanmoins unis par de nombreux traits communs de prononciation, de grammaire et de lexique.

Grâce à leur position centrale, les dialectes proto-slaves avaient certains traits communs avec les dialectes proto-indo-iraniens, d'autres avec les dialectes indo-européens occidentaux, jouant parfois un rôle d'intermédiaire entre ces deux groupes. En ce qui concerne la prononciation, les dialectes proto-slaves partageaient avec les dialectes proto-indo-iraniens certains changements consonantiques, alors qu'ils n'avaient en commun avec les dialectes indo-européens occidentaux que quelques nuances de prononciation de certaines voyelles. Et puisque les consonnes

---

[1] On appelle langues «baltes» le lituanien, le letton et le vieux-prussien (éteint au XVIIe siècle). Ces langues sont prochement apparentées.
[2] On regroupe sous le nom de langues «italiques», en plus du latin, un certain nombre d'autres langues de la péninsule des Apennins, proches du latin. Les principales sont l'osque et l'ombrien.

frappent plus l'oreille que les voyelles, il est permis de penser que l'impression générale que donnait l'indo-européen prononcé par les locuteurs du dialecte proto-slave devait plutôt rappeler le parler oriental (proto-indo-iranien) que le parler occidental. Pour ce qui est de la grammaire, on n'a pas pu observer de similitudes particulières entre le proto-slave et le proto-indo-iranien. Mais même les relations entre les dialectes proto-slaves et le groupe européen occidental se marquaient plus par la perte commune de certaines catégories grammaticales anciennes ou la fusion de formes initialement distinctes que par la création de formes nouvelles. En fait, les dialectes proto-slaves et les dialectes baltes, qui leur étaient étroitement apparentés, constituent un type grammatical tout à fait distinct et original.

Pour déterminer les relations entre langues ou dialectes voisins, l'étude du lexique revêt une importance primordiale. Malheureusement, pour les époques les plus anciennes, nous n'avons pas de méthodes objectives pour distinguer les mots empruntés de ceux qui étaient apparentés dès l'origine. Dans certains cas, toutefois, l'emprunt semble moins vraisemblable que la parenté. Si l'on observe la liste des mots et racines communs aux Slaves et aux Indo-Iraniens mais inconnus des autres langues indo-européennes (à l'exception, en partie, des langues baltes), nous trouvons des prépositions telles que le slave *kŭ* «vers», *radi* «pour», *bezŭ* «sans», *sŭ* «avec» (à la fois comme prépositions et préfixes verbaux), les pronoms *ovŭ* «celui-ci», *onŭ* «celui-là», *vĭsĭ* «tout», la conjonction *a* «mais», la particule négative *ni* (*cf.* en particulier *ničto* «rien», avestique *naecit*), l'adverbe *javě* «clairement», la particule *bo* «car», qui, de toute évidence, font partie du stock de mots apparentés, et non empruntés. Les dialectes proto-slaves et baltes ne présentent avec aucun autre groupe indo-européen une aussi grande similarité de détails dans le domaine des «petits mots» non autonomes, si importants et caractéristiques de chaque langue. Cela nous permet de supposer un lien particulièrement étroit entre les dialectes proto-slaves et proto-indo-iraniens. Parmi les autres éléments lexicaux communs à ces deux groupes de dialectes, on trouve de nombreux mots qui, de par leur sens, pourraient avoir été empruntés facilement par un dialecte à un autre. Il s'agit de mots très caractéristiques.

Un groupe important de ces mots renvoie à la terminologie religieuse. On cite habituellement (à la suite du linguiste français A. Meillet [b]) les mots slaves *bogŭ* «dieu», *svjatŭ* «saint» (où *ja* en russe provient du *ę* nasalisé du vieux-slave), et *slovo* «parole», qu'on peut comparer aux mots de l'iranien ancien *baga, spenta* et *sravah*. Il est significatif que cette correspondance n'existe qu'entre le slave et l'iranien (l'indien n'est pas concerné, et seul le second de ces trois mots est attesté dans les langues baltes). Il est opportun de rappeler ici que le mot indo-européen *deiwos*, qui signifie «dieu» dans toutes les autres langues (latin *deus*, ancien-indien *devas*, ancien-islandais *tyr*, pluriel *tiwar*, etc.) dénote dans les langues slaves et iraniennes un être mythologique maléfique : avestique *daevo*, persan moderne *dev* (*cf. Asmodev*), vieux-russe *divŭ* (dans la *Geste du Prince Igor*), slave du Sud *diva* «sorcière», *samodiva*, également *divij*, *divŭ* «sauvage, barbare». Dans le domaine iranien, ce changement de signification s'explique habituellement par la réforme de Zarathustra (Zoroastre), qui reconnut Ahura Mazdah (Ormazd) comme seul vrai dieu et déclara que tous les autres dieux étaient des démons. En conséquence le terme *daevo* reçut le sens de «démon», alors que «dieu» fut désigné par d'autres mots (parmi lesquels on trouve *baga*). On doit penser que les ancêtres des Slaves participèrent d'une façon ou d'une autre à l'évolution des conceptions religieuses qui aboutit finalement à la réforme de Zarathustra chez leurs voisins orientaux, les anciens Iraniens.

Dans ces circonstances, on doit reconnaître comme très vraisemblable l'hypothèse d'A. Meillet sur l'identité entre le verbe slave *věriti* et l'avestique *varayaiti*, qui signifie également «croire» mais qui, originellement, avait le sens de «choisir»; en effet, selon la doctrine de Zarathustra, le vrai croyant est celui qui a fait le «choix» juste entre le dieu du Bien (Ormazd) et le dieu du Mal (Ariman). Ces similitudes dans la terminologie religieuse des dialectes proto-slaves et proto-indo-iraniens projettent une lumière particulière sur plusieurs autres correspondances lexicales entre ces deux groupes. Il apparaît ainsi que le slave *zovetŭ* «il appelle», *zŭvati* «appeler» n'a de parallèle, en dehors des langues baltes, qu'en indo-iranien, où le verbe correspondant a un emploi technique particulier dans le sens d'«invoquer dieu». Le slave *sŭdravŭ* «en bonne santé» a un parallèle plus ou moins exact seulement en vieux-persan : on se souvient que la santé est le plus fréquent objet de la prière. Le slave *bojati sja* «avoir peur» ne se rencontre, hormis en lituanien, qu'en vieil indien; ce mot prend aisément sa place dans le contexte général de la terminologie religieuse. Le fait que le slave *šuj* «gauche» n'ait de parallèle que dans les langues indo-iraniennes amène à d'intéressantes considérations : l'attitude superstitieuse envers le côté gauche est bien connue, de même que l'habitude de désigner par des mots spéciaux quelque chose de «terrible» (ce qu'on appelle les «tabous lexicaux»). De façon générale, on peut dire que les termes associés d'une manière ou d'une autre à l'expérience religieuse constituent un pourcentage important des correspondances lexicales entre le proto-slave et le proto-indo-iranien.

Les correspondances spécifiques entre le proto-slave et les langues indo-européennes occidentales sont d'une toute autre nature. Ces correspondances sont peut-être plus nombreuses qu'avec le proto-indo-iranien, mais on ne trouve pas parmi elles de ces petits mots intimes, tels que les conjonctions, les prépositions, etc., qui jouent un rôle si important dans la vie du langage quotidien. Les mots apparentés les plus nombreux sont ici ceux qui possèdent un sens technique, qui sont en rapport avec l'activité économique. Parmi les substantifs : *sĕmja* «semence», *zrŭno* «grain», *brašĭno* «nourriture», *lĕxa* «sillon», *jablŭko* «pomme», *prasja* «porcelet», *bobŭ* «fève», *sekyra* «hache», *šylo* «alêne», *trudŭ* «travail»; parmi les verbes : *sĕjati* «semer», *kovati* «forger», *plesti* «tisser», *sĕšti* «tailler, graver» n'ont de parallèles exacts, hormis les langues baltes, que dans les langues celtes, italiques et germaniques. L'adjectif *dobrŭ* «bon» (allemand *tapfer*, latin *faber*, de l'indo-européen *dhabros*) était à l'origine dépourvu de son sens éthique, et dénotait une «vertu» purement technique, l'habileté et l'adaptation à un certain travail. On trouve un écho des mœurs anciennes dans les mots *gostĭ* «hôte» (all. *Gast*, lat. *hostis*), *mĕna* «échange», *dlŭgŭ* «devoir», qui ne sont connus que chez les Slaves, les Italiques et les Germains, peut-être aussi dans le mot *dĕlŭ* «part» (cf. en russe *delit'* «partager», *udel* «destin», *nadel* «lot»), qui n'a d'exact parallèle qu'en terrain germanique (all. *Teil*).

Les autres mots qui ne se rencontrent que chez les Slaves et les Indo-européens de l'Ouest sont moins caractéristiques, dans la mesure où ils désignent des objets de l'environnement naturel, et où leur commun usage s'explique par une identité de conditions géographiques (*more* «mer», *mŭxŭ* «mousse», *drozdŭ* «merle», *osa* «guêpe», *sršenĭ* «frelon», *elĭxa* «aulne», *iva* «saule», *sĕverŭ* «Nord»); ou bien encore ils désignent des parties du corps : *ljadveja* «hanche», *brada* «barbe»). Du reste, ces deux catégories sont représentées également dans le domaine des correspondances entre langues slaves et indo-iraniennes (slave *gora* «montagne» — avest. *gairi*, vieil indien *giri*; slave *griva* «crinière», *usta* «bouche», *vlasŭ* «cheveu» — vieil indien *griva* «cou», *oshtha* «bouche», avest. *varesa* «cheveu»).

Il est fort vraisemblable que les dialectes proto-slaves, outre leurs liens avec l'Est et l'Ouest, entretenaient également des relations particulières avec le Sud, avec le proto-thrace et le proto-illyrien, en tout cas avec le dialecte à partir duquel s'est développé plus tard l'albanais. Ce dernier, malheureusement, sous la forme dans laquelle il nous est parvenu, est une langue fortement mélangée : les éléments lexicaux d'origine étrangère (provenant des langues romanes, du grec, du turc, des langues slaves modernes) sont nettement plus nombreux que les éléments autochtones, dont il ne subsiste qu'un nombre très limité. La langue des anciens Thraces et des anciens Illyriens nous est presque totalement inconnue. Nous ne savons, par conséquent, rien de défini sur les liens des dialectes proto-slaves avec leurs voisins méridionaux.

Vers la fin de l'époque indo-européenne, c'est à dire au moment où le dialecte proto-slave devint une langue autonome, les Slaves durent faire un choix entre leurs orientations vers l'Est, le Sud et l'Ouest. Nous avons vu que les Slaves se sentaient attirés vers les Indo-Iraniens «par l'âme», alors que «par le corps», en vertu des conditions géographiques, économiques et matérielles, ils étaient attirés vers les Indo-Européens de l'Ouest. Pendant les premiers temps qui suivirent la séparation définitive du proto-slave et des autres branches de la famille indo-européenne, les ancêtres des Slaves continuèrent à être fortement influencés par les Indo-Européens occidentaux, qui s'étaient alors définitivement divisés en trois entités linguistiques : Germains, Celtes et Italiques (qui devinrent plus tard les Romans). Les plus anciens éléments germaniques et romans en proto-slave appartenaient aux mêmes catégories sémantiques que les éléments lexicaux qui étaient déjà auparavant communs aux dialectes proto-slaves et proto-indo-européens occidentaux. Il s'agit essentiellement de termes se rapportant à la vie économique, au commerce, au gouvernement, et enfin à l'armement. Plus tard ce seront des termes de la religion chrétienne, parvenus aux Slaves par voie indirecte, depuis les Grecs et les Romains par l'intermédiaire des Germains (*crĭky* «église», *postŭ* «jeûne») ou de locuteurs de langues romanes (*križĭ* «croix», *krĭstŭ* «croix», *kumŭ* «parent»), puis, plus tard, directement des Grecs.

Finalement, à la fin de cette époque d'unité, les Slaves se divisèrent en trois groupes plus petits : groupes occidental, méridional et oriental, chacun d'entre eux incarnant, en quelque sorte, une «orientation» particulière.

La physionomie culturelle des Slaves était ainsi prédéterminée dès le début, alors que les ancêtres des Slaves ne formaient encore qu'une partie de la masse générale des Indo-Européens et parlaient encore un dialecte du proto-indo-européen commun. Dès cette époque, la position médiane qu'occupaient ces tribus suscitait chez elles des tendances à se lier à l'Est, à l'Ouest et au Sud. Plus tard ces tendances se sont différenciées en fonction de la division du monde slave lui-même, si bien que chacune de ces trois branches slaves a conservé *une de ces tendances*.

Les Slaves occidentaux ont rejoint le monde romano-germanique. A vrai dire, ce monde ne les considérait guère comme des membres à part entière de la famille, et les soumit à la germanisation et à l'extermination. A une certaine époque, ces Slaves occupaient toute la moitié orientale de l'Allemagne actuelle, jusqu'à l'Elbe et à la Fulda (dans la Hesse). A l'heure actuelle, il ne reste de cette masse de Slaves occidentaux que la

Pologne, le pays tchèque et un petit îlot de Lusaciens [c] entourés d'Allemands. Et pourtant, malgré leur position peu enviable au sein du monde romano-germanique, et bien qu'ils ne fussent pas vraiment acceptés par ce monde, les Slaves occidentaux assimilèrent de façon relativement organique la culture romano-germanique et participèrent à son développement dans la mesure de leurs forces. L'activité de deux Slaves occidentaux, le Tchèque Jan Hus et le Polonais Nicolas Copernic, contribua à la révolution intellectuelle qui marqua le début de ce qu'on appelle les «Temps modernes» du monde romano-germanique.

Les Slaves méridionaux se trouvèrent dans la sphère d'influence de Byzance, et, de concert avec les autres peuples de la Péninsule balkanique, prirent part à la création d'une «culture balkanique» particulière, hellénistique dans sa partie supérieure. Dans la mesure où le rôle des différentes composantes ethniques qui créèrent cette culture n'a pas été jusqu'à présent suffisamment étudié, il n'est pas possible de donner une définition ethnologique plus précise de sa partie inférieure. Là aussi, l'esprit de la culture byzantine fut assimilé organiquement, du moins avant que les menées chauvines des «phanariotes» grecs (à l'époque de la domination turque), ne tentent de substituer à cette assimilation organique et à une libre coopération une subordination mécanique.

L'orientation culturelle des Slaves orientaux avait un caractère nettement moins défini. N'étant en contact direct avec aucun des foyers de la culture indo-européenne[3], ils pouvaient choisir librement entre l'«Occident» romano-germanique et Byzance, qu'ils avaient été amenés à connaître essentiellement par des intermédiaires slaves. Le choix fut fait en faveur de Byzance et donna, au début, d'excellents résultats. En terrain russe, la culture byzantine se développa et s'embellit. Tout ce qui venait de Byzance était assimilé organiquement et servait de modèle pour une création qui adaptait tous ces éléments aux exigences du psychisme national. Cela concerne avant tout la culture spirituelle, l'art et la vie religieuse. En revanche, rien de ce qui venait de l'Ouest n'était organiquement assimilé ni ne servait de source d'inspiration pour la créativité nationale. Les marchandises occidentales était importées, achetées, mais non reproduites. On faisait venir des maîtres artisans, non pour enseigner aux Russes, mais pour s'acquitter de commandes. Des livres, parfois,

---

[3] Les tribus iraniennes du Nord (scytho-sarmates), qui peuplaient autrefois le Sud de la Russie, disparurent relativement tôt, en partie assimilées par les Slaves orientaux, en partie évincées ou englouties par les nomades turks. Les Ossètes actuels forment le dernier vestige de ces tribus scytho-sarmates.

étaient traduits, mais sans susciter pour autant un accroissement correspondant de la littérature nationale. Nous parlons, cela va de soi, en termes généraux, sans entrer dans les détails. Certes, il y eut de nombreuses exceptions à cette règle, mais il ne fait pas de doute que tout ce qui était byzantin fut assimilé en Russie plus facilement et plus organiquement que ce qui était occidental. Il serait vain de trouver une explication à ce phénomène par un simple misonéisme [d] superstitieux. Dans cette «superstition» elle-même il y avait un sentiment instinctif de répulsion envers l'esprit romano-germanique, et la conscience qu'avaient les Russes de leur incapacité à créer dans cet esprit. A cet égard, les Slaves orientaux s'avérèrent les authentiques descendants de leurs ancêtres préhistoriques, qui parlaient le dialecte proto-slave de l'indo-européen, et qui, comme le montre l'étude du lexique, ne ressentaient aucune affinité spirituelle avec les Indo-Européens de l'Ouest et s'orientaient en matière religieuse vers l'Orient. Cette particularité psychique fut étouffée chez les Slaves de l'Ouest par leur contact direct prolongé avec les Germains, alors que, chez les Slaves de l'Est, elle fut au contraire intensifiée, sans doute à cause de leur mélange anthropologique avec les Turks et les Finno-Ougriens.

Cette situation se modifia cependant radicalement avec les réformes de Pierre le Grand. Dès ces réformes, les Russes furent supposés pouvoir se pénétrer de l'esprit romano-germanique et être créatifs dans cet esprit. Ce qui vient d'être dit montre que les Russes étaient organiquement incapables d'accomplir cette tâche immédiatement. Et effectivement, si la Russie d'avant Pierre le Grand pouvait être pratiquement considérée comme la continuatrice de Byzance la plus douée et la plus féconde, une fois que Pierre le Grand l'eut engagée dans l'«orientation» romano-germanique, elle se retrouva à la traîne de la culture européenne, dans l'arrière-cour de la civilisation. Certains facteurs dynamiques essentiels de la culture spirituelle européenne (par exemple, la conscience juridique européenne) furent mal assimilés par les élites russes, et absolument pas assimilés par le peuple. L'absence de certaines facultés psychologiques de première importance pour les Romano-Germains se faisait sentir à chaque pas. C'est pourquoi les contributions authentiques du génie russe au «trésor de la civilisation européenne» sont restées en nombre négligeable si on les compare à la masse des valeurs culturelles étrangères, qui n'ont cessé d'être mécaniquement transplantées sur le sol russe. On fit en Russie des tentatives répétées pour réélaborer organiquement les valeurs culturelles romano-germaniques et faire preuve d'originalité et de créativité individuelle dans les limites d'une forme européenne déterminée, essentiellement dans le domaine de la culture spirituelle. Pourtant, seules des personnalités au génie exceptionnel réussirent à créer dans ces limites des valeurs qui fussent recevables non seulement en Russie, mais aussi en «Occident». La prépondérance écrasante et évidente fut toujours du côté de l'adaptation mécanique et de l'imitation.

Chaque fois qu'un talent russe, un génie russe, tentait de créer quelque chose de spécifiquement national tout en restant à l'intérieur du cadre de la culture européenne, il ne faisait qu'introduire, la plupart du temps, un élément byzantin, «russe» ou «oriental» (tout particulièrement dans le domaine musical), étranger au monde romano-germanique. Cela fait qu'un véritable Romano-Germain ressentira de telles œuvres comme quelque chose d'exotique, qu'on peut admirer de loin, mais sans l'absorber ni en avoir une expérience intime. D'autre part, du point de vue de l'originalité authentique, semblable valeur hybride n'est pas non plus parfaitement recevable, et tout Russe doué de sensibilité y détectera toujours quelque chose de faux. Ce caractère faux est le produit d'une compréhension erronée de ce qui est authentiquement russe, ainsi que d'une dysharmonie entre la forme et le contenu.

En fin de compte, malgré tous les efforts de l'intelligentsia russe (au sens large de ce terme), les deux abîmes creusés par Pierre le Grand, l'un entre la Russie pré-pétrovienne et la Russie post-pétrovienne, l'autre entre le peuple et les classes cultivées, ne se sont pas comblés, et restent béants jusqu'à aujourd'hui. Même la sensibilité des grands artistes n'a pas été capable de jeter un pont par-dessus ces abîmes, et la musique de Rimski-Korsakov [e] diffère fondamentalement d'une authentique chanson populaire russe, de même que la peinture de Vasnetsov [f] et de Nesterov [g] diffère d'une véritable icône russe.

Voilà donc ce qu'il en est de l'étage supérieur de l'édifice de la culture russe. La vie des élites culturelles russes a toujours été associée à des traditions qui furent reçues d'abord de Byzance, ensuite de l'Occident romano-germanique, et plus ou moins organiquement assimilées. Il est vrai que les traditions étrangères réélaborées par les élites se sont frayé un chemin aussi vers le bas, vers le peuple. Les traditions de l'orthodoxie orientale byzantine ont très fortement pénétré les masses populaires, apportant une coloration particulière à la vie spirituelle du peuple dans son ensemble. Mais le contact avec l'élément populaire russe métamorphosa l'orthodoxie orientale à tel point que ses traits spécifiquement byzantins s'y sont passablement ternis. La pénétration de la culture occidentale dans la masse du peuple fut beaucoup plus faible, et ne toucha jamais les profondeurs de l'âme populaire. Le résultat en fut une disproportion radicale entre l'étage supérieur et l'étage inférieur de l'édifice de la culture russe, à la différence de ce qui s'était passé lorsque les élites avaient reçu la culture byzantine.

La physionomie culturelle et ethnographique de l'élément populaire russe, cependant, ne se réduit pas aux traditions byzantine et romano-germanique. Une conviction fort répandue dans la société cultivée en Russie est que les traits originaux de cette physionomie seraient «slaves». Or il n'en est rien. La culture (au sens d'ensemble de valeurs culturelles qui satisfont aux besoins matériels et spirituels d'un milieu donné) dont a toujours vécu le peuple russe représente, d'un point de vue ethnographique, une entité absolument singulière, qu'il est impossible de faire entrer totalement dans un groupe plus vaste de cultures ou dans une zone culturelle. En fait, cette culture forme à elle toute seule une «zone» particulière, dont font partie, outre les Russes, les «allogènes» finno-ougriens et les Turks du bassin de la Volga. Cette culture se fond par des gradations imperceptibles en direction de l'Est et du Sud-Est avec la culture turko-mongole «des steppes», laquelle est reliée à son tour aux cultures de l'Asie. A l'Ouest on trouve également un passage progressif (par les Biélorusses et les Ukrainiens) vers la culture des Slaves occidentaux, qui jouxte la culture romano-germanique, et vers la culture «balkanique». Mais ce lien avec les cultures slaves n'est pas aussi fort, il est contrebalancé par des relations étroites avec l'Orient. La culture populaire russe est étroitement associée à l'Orient dans toute une série de domaines, si bien que la frontière entre «l'Orient» et «l'Occident» passe parfois précisément entre les Russes et les autres Slaves. Quant aux Slaves du Sud, s'il arrive qu'ils soient en concordance avec les Russes, ce n'est pas parce que les uns et les autres sont slaves, mais parce qu'ils ont été également soumis à une forte influence turke.

La particularité de l'élément russe se manifeste clairement dans la création artistique populaire. Une partie significative des chants populaires grand-russes (si l'on y inclut les plus anciens : chants rituels et chants nuptiaux) sont composés dans ce qu'on appelle la gamme pentatonique, ou gamme «indochinoise», c'est à dire comme dans une gamme majeure amputée du quatrième et du septième degré[4]. Cette gamme existe (elle y est, du reste, la seule et unique) parmi les populations turkes du bassin de la Volga et de la Kama, ainsi que chez les Bachkires, les «Tatares» de Sibérie, les Turks du Turkestan russe et chinois, et tous les Mongols. Apparemment, il fut un temps où cette gamme existait également en Chine; tout du moins la théorie musicale chinoise présuppose son exis-

---

[4] Pour les lecteurs à qui la théorie musicale n'est pas familière, disons que cette gamme s'obtient en jouant les touches «noires» du piano. La romance de Rachmaninov *Siren'* «Le lilas», est une des œuvres «de la haute culture» connues du public russe à avoir été écrite dans cette gamme.

tence, et la notation musicale utilisée en Chine repose sur cette gamme[5]. Elle domine encore à l'heure actuelle au Siam, en Birmanie, au Cambodge et en Indochine. On a ainsi, dans le cas présent, une ligne continue en provenance d'Orient, et qui s'interrompt avec les Grand-Russes. Chez les Ukrainiens, la gamme pentatonique ne se rencontre que dans de très rares chants anciens, chez les autres Slaves on ne connaît que des cas isolés où elle est employée. Elle est totalement inconnue des Romano-Germains, et ce n'est que dans l'extrême Nord-Ouest de l'Europe, chez les Celtes britanniques (Écossais, Irlandais, Bretons) qu'elle apparaît à nouveau.

Par son rythme, le chant russe se différencie aussi substantiellement non seulement des chants romano-germaniques, mais encore des chants slaves, ne serait-ce que, par exemple, par l'absence totale de rythmes ternaires (ceux de la valse et de la mazurka). Le chant russe diffère du chant d'Asie en ce que la majorité des «Asiatiques» chantent à l'unisson. Mais, de ce point de vue, le chant russe représente un maillon intermédiaire : si la vocalisation d'un chœur russe est polyphonique, les chants à l'unisson ne sont pas rares, et le soliste est même obligatoire dans certains types de chant choral.

Un autre genre d'«art rythmique» présente la même originalité : la danse. Les danses romano-germaniques se distinguent par la présence obligatoire du couple formé par un cavalier et une dame qui dansent en même temps et se tiennent l'un l'autre, ce qui ne leur permet de faire des mouvements rythmiques qu'avec leurs pieds, ces mouvements (les «pas») étant identiques chez l'un et chez l'autre. Rien de semblable dans les danses russes. Le couple n'y est pas un élément obligatoire, et même dans les cas où deux personnes dansent ensemble, elles ne sont pas obligatoirement de sexe différent, elles peuvent danser à tour de rôle et non en même temps, et, de toute façon, sans se tenir l'une l'autre par les mains. Tout cela a pour conséquence que les mouvements rythmiques peuvent être exécutés non seulement avec les jambes, mais aussi avec les bras et les épaules. Les mouvements des jambes chez l'homme sont différents de ce qu'ils sont chez la femme, et se caractérisent par l'alternance du contact des talons et de la pointe des pieds sur le sol. On observe une tendance à maintenir la tête immobile, principalement chez

---

[5] Lors de l'exécution, toutefois, a lieu une transposition, qui fait qu'on obtient une gamme à quatre tons. Ainsi, par exemple, la mélodie est «composée» dans une gamme *do-ré-mi-sol-la*, mais est exécutée en remplaçant *sol* et *la* par un *la bémol*, ou en jouant le *sol* une octave plus haut que le *la*.

la femme. Les mouvements de l'homme ne sont pas définis à l'avance, et une grande place est laissée à l'improvisation dans le cadre d'un rythme particulier; les mouvements de la femme représentent une marche stylisée. Le motif de la danse est une brève phrase musicale, dont le rythme est bien scandé, mais qui laisse libre court à de nombreuses variations. Toutes ces particularités se retrouvent également chez les Finnois orientaux, les Turcs, les Mongols, les Caucasiens (mais dans le Nord-Caucase il y a aussi des danses en couples, où les danseurs se tiennent l'un l'autre), et de nombreux autres «Asiatiques»[6]. A la différence des danses romano-germaniques, dans lesquelles le contact constant du cavalier et de la dame, étant donné la pauvreté des moyens techniques de la danse elle-même, introduit un net caractère sexuel, les danses russo-asiatiques ont plutôt un caractère de compétition d'agilité, et de discipline rythmique du corps. La participation des spectateurs, qui, instinctivement, battent des pieds, sifflent et crient en cadence ne fait que renforcer l'intensité rythmique. En Europe, seuls les Espagnols connaissent quelque chose de semblable, mais cela s'explique selon toute vraisemblance par une influence «orientale» (maure ou tzigane). En ce qui concerne les Slaves, ils ne jouxtent pas la Russie dans l'art chorégraphique; seule la «ručenica» bulgare reproduit dans une certaine mesure le type russo-asiatique, sans aucun doute sous une influence «orientale». Dans le domaine de l'ornementation (gravure sur bois, broderie) la culture populaire grand-russienne possède un style particulier, qui est relié aux Balkans par l'intermédiaire des Petits-Russiens et à l'Orient par celui des Finno-Ougriens. Il y a eu probablement ici un jeu complexe d'influences réciproques, qu'il convient de mettre en évidence grâce à une analyse scientifique. Malheureusement, la science de l'ornementation n'est pas encore sortie de l'état embryonnaire, et n'a pas encore élaboré de méthodes de classification de quelque utilité, permettant d'établir la parenté objective des différents ornements entre eux. C'est pourquoi il est impossible de déterminer en quoi consiste exactement la différence entre l'ornementation russe et l'ornementation slave occidentale et romano-germanique, bien que cette différence soit très nettement tangible.

---

[6] En dehors des danses «en solo» du type qu'on vient de décrire, les Russes pratiquent également la danse chorale. Cependant, ce dernier type présente chez les Russes un aspect tout-à-fait différent de celui qu'il a chez les Slaves, les Romano-Germains et certains peuples orientaux. A proprement parler, la ronde russe n'est pas une «danse» au sens strict du terme, puisque les participants n'exécutent aucun «pas» et ne bougent pas les pieds nécessairement au rythme de la musique. Il s'agit plutôt d'une sorte de «jeu» ou d'action rituelle dans laquelle le chant choral a le rôle principal.

En ce qui concerne la littérature orale, les Grands-Russiens sont tout à fait originaux. Le style des contes russes ne trouve de parallèle ni chez les Romano-Germains, ni chez les Slaves, mais présente des analogies avec celui des contes turks et caucasiens. Les contes finnois orientaux, du point de vue du style, sont complètement sous l'influence russe. L'épopée russe folklorique est liée par ses sujets à l'Orient «touranien» [h] et à Byzance, et en partie au monde romano-germanique. Mais dans sa forme elle est entièrement originale, et ne manifeste aucune caractéristique «occidentale». On peut seulement constater un lien, plutôt faible, avec le monde slave balkanique, et un lien plus fort avec l'épopée de la «horde» des steppes.

On peut dire de la culture matérielle du peuple russe qu'elle est, naturellement, très différente de celle des nomades de la steppe, et qu'elle est beaucoup plus proche de celle des Slaves occidentaux et méridionaux. Une chose est certaine, néanmoins, c'est qu'en ce qui concerne la culture matérielle, la majorité des peuples finnois (si on exclut les nomades) forme avec les Grands-Russiens une totalité unique. Malheureusement, on ne dispose pas encore d'études ethnographiques détaillées sur des aspects particuliers de la vie matérielle populaire russe. Celles qui existent sont des œuvres de dilettantes. A notre grande honte, nous devons admettre que la culture matérielle des allogènes finnois est beaucoup mieux étudiée, grâce aux travaux des ethnographes finlandais. Les rôles respectifs de l'élément finnois et de l'élément slave oriental dans la création du type de culture qu'on peut appeler russo-finnois n'ont pas encore été établis. On présume que les Finnois ont exercé une influence prépondérante dans la technique de pêche, et les Slaves orientaux dans la construction d'habitations. Il y a plusieurs traits caractéristiques communs dans le costume finno-russe (les sandales de tille, la chemise boutonnée sur le côté, la coiffure féminine) qui sont inconnus des Romano-Germains et des autres Slaves (les sandales de tille se trouvent chez les Lituaniens). Mais l'origine de tous ces éléments n'a pas été jusqu'à présent vraiment éclaircie.

Ainsi, du point de vue ethnographique, le peuple russe n'est pas exclusivement un représentant des «Slaves». Les Russes constituent avec les Finno-Ougriens et les Turks de la Volga une zone culturelle particulière, qui a des liens aussi bien avec les Slaves qu'avec l'Orient «touranien», et il est difficile de dire lequel de ces liens est le plus solide et le plus fort. Le lien des Russes avec les «Touraniens» a un fondement non seulement ethnographique, mais encore anthropologique : dans les veines des Russes du sang turk se mêle sans nul doute au sang slave et finno-ougrien. Dans le caractère national des Russes il y a, de façon certaine, des points de convergence avec l'«Orient touranien». La fraternisation et la compréhension réciproque qui s'établit si facilement entre nous et ces «Asiatiques» est sous-tendue par les fils invisibles de cette sympathie de race. La caractère national russe est assez fortement distinct du caractère finno-ougrien comme du caractère turk, mais, en même temps, il est absolument dissemblable du caractère national des autres Slaves. Il y a toute une série de traits que le peuple russe apprécie particulièrement en lui-même, et qui n'ont aucun équivalent dans la physionomie morale slave. L'inclination à la méditation et l'attachement au rituel qui caractérisent la dévotion russe sont liés formellement aux traditions byzantines; ils sont pourtant totalement étrangers aux autres Slaves orthodoxes et relient plutôt la Russie à l'Orient non orthodoxe. La hardiesse (*udal'*), que le peuple russe apprécie chez ses héros, est une vertu typique de la steppe; elle évoque un écho chez les Turks, mais est inconcevable pour les Romano-Germains et les Slaves.

Toute tentative pour ériger une nouvelle culture russe doit tenir compte de l'originalité psychologique et ethnographique de l'élément populaire russe. En effet, c'est cet élément qui doit servir d'étage inférieur à l'édifice de la culture russe, et, pour que cet édifice soit solide, il faut que sa partie supérieure corresponde à sa partie inférieure, et qu'il n'y ait ni fissure ni fracture entre le sommet et la base. Tant que l'édifice de la culture russe était couronné de la coupole byzantine, cette stabilité existait. Mais depuis que cette coupole a été remplacée par l'étage supérieur de la construction romano-germanique, toute la stabilité et l'harmonie entre les parties de l'édifice ont été perdues, le sommet a commencé à pencher de plus en plus, et a fini par s'écrouler. Et nous, l'intelligentsia russe, qui avons déployé tant d'efforts et d'énergie pour étayer le toit romano-germanique qui se détachait des murs russes pour lesquels il n'avait jamais été adapté, nous contemplons abasourdis cette immense ruine, et nous nous demandons comment reconstruire un nouveau toit qui suive encore le même modèle romano-germanique. Il faut rejeter catégoriquement ces projets. Pour s'établir fermement sur le sol russe, le sommet de la culture russe ne doit en aucun cas être spécifiquement romano-germanique.

Un retour à la tradition byzantine est bien sûr impossible. Il est vrai que l'unique recoin de la vie russe, la partie de l'édifice de la culture russe dans laquelle les traditions byzantines n'ont pas été complètement éliminées par l'«européanisation», l'Église orthodoxe russe, s'est avérée extraordinairement vivace. Lors du naufrage général non seulement elle ne s'est pas écroulée, mais encore elle a repris sa forme originelle, en se restructurant selon le modèle hérité de Byzance [i]. Il est possible que l'élément byzantin de la culture russe, qui prend ses racines dans la tradition ecclésiastique, se renforcera. Mais penser à une complète recomposition de la vie russe d'après les anciens principes byzantins sous leur forme pure est, bien sûr, impossible. Et ceci non seulement parce que deux siècles et demi d'intense européanisation ne sont pas passés sans laisser de trace, mais aussi parce que même au XVIIe siècle, lorsque le patriarche Nikon [j] décida de renforcer l'élément byzantin de la vie russe, et de rapprocher la religiosité russe de son modèle byzantin, ce modèle fut ressenti par une partie non négligeable du peuple russe comme quelque chose d'étranger et provoqua le Schisme [k]. Plus tard c'est contre l'Européanisation que ce même Schisme tourna l'arme de sa critique. C'est dans le Schisme que s'incarne depuis lors l'aspiration de l'esprit populaire russe à une culture originale. Cette aspiration est sans doute engagée dans un mauvais chemin, elle est à l'avance condamnée à l'échec du fait qu'elle n'émane que de la base, et non du sommet de la culture. Mais on perçoit dans les voies du Schisme la manifestation saine de l'instinct national russe, qui proteste contre un sommet culturel étranger qui lui a été imposé artificiellement. C'est pourquoi il est tout à fait significatif que Emeljan Pugačev [l], armé de la bannière de la Vieille Foi, qui rejetait les «ignobles Latins et Luthériens», ne trouvait rien de répréhensible à s'allier à des Bachkires et d'autres représentants non seulement de la Chrétienté orientale non orthodoxe, mais encore de l'Orient touranien non chrétien.

C'est dans ces sympathies et antipathies inconscientes de l'esprit national russe qu'il faut chercher des indications pour construire l'édifice de la culture russe. Notre confession est l'orthodoxie orientale, et cette orthodoxie, en conformité avec les propriétés de notre psychisme national, doit occuper dans notre culture une place prépondérante, en exerçant une influence sur de nombreux aspects de la vie russe. Nous avons reçu de Byzance, en même temps que cette foi, bien des traditions culturelles, que nous avons su autrefois développer créativement et adapter à nos propres traditions russes. Le travail dans cette direction doit continuer. Mais les choses ne s'arrêtent pas là. On ne peut pas tout faire entrer dans le cadre byzantin. Nous ne sommes pas des Byzantins, mais des Russes; et pour que la culture russe soit vraiment «nôtre», il faut qu'elle soit liée plus étroitement aux caractéristiques psychologiques et ethnographiques originales de la vie nationale russe. Et c'est ici qu'il faut tenir compte des propriétés particulières de ces caractéristiques. On a souvent dit que la mission historique de la Russie consistait à réunir nos «frères» slaves. Mais on oublie souvent que nos «frères» (sinon par la langue et la foi, du moins par le sang, le caractère et la culture) sont non seulement les Slaves, mais encore les Touraniens, et qu'en fait la Russie a réuni à l'ombre de son système étatique une partie considérable de l'«Orient touranien». Les tentatives pour christianiser ces «allogènes» n'ont guère été couronnées de succès jusqu'à présent. Par conséquent, pour que le sommet de la culture russe se trouve en accord avec la position particulière de la zone ethnographique englobée par la vie nationale russe, il est indispensable que la culture russe ne se réduise pas à l'Orthodoxie orientale, mais manifeste également les traits fondamentaux de la vie nationale, qui puissent réunir en une totalité culturelle unique les divers groupes ethniques qui sont liés historiquement au destin du peuple russe. Cela ne signifie pas, bien sûr, que les sandales de tille ou la gamme pentatonique doivent devenir des parties intégrantes de l'étage supérieur de la culture russe. Il est impossible de prédire ou de prescrire à l'avance les formes que doit prendre la nouvelle culture russe qui est à naître. Mais la différence entre ses étages supérieur et inférieur ne doit pas consister en des orientations conflictuelles vers deux zones ethnographiques différentes, mais dans le degré d'élaboration et de spécification culturelle des éléments d'une culture unique. La culture russe, comprise comme l'achèvement de l'édifice culturel, doit croître organiquement sur la base de l'élément national russe.

NOTES DU TRADUCTEUR

[a] «Verxi i nizy russkoj kul'tury (Etničeskaja osnova russkoj kul'tury)», in *Isxod k Vostoku*, Sofia, 1921, p. 86-103, repris dans : *K probleme russkogo samopoznanija*, Paris, Evrazijskoe knigoizdatel'stvo, 1927, p. 21-33.
Dans sa présentation du recueil de 1927 Troubetzkoy en définit l'enjeu comme étant la relation entre la «personne ethnologique russe» et les autres «personnes ethnologiques» jouxtant son territoire. Il définit ainsi les rapports complexes de l'un et du multiple : *«Bien que la personne soit, en tant que telle, unique et insécable, il existe entre les différentes personnes certains traits communs. Deux personnes ne peuvent être absolument identiques, mais peuvent être très semblables. A côté de la ressemblance naturelle existe aussi une ressemblance due à une longue cohabitation et à des contacts constants. Il existe également une ressemblance externe, fondée sur l'imitation, qui, bien sûr, ne peut concerner que les manifestations externes de la personne, puisque ce sont les seules qu'on peut imiter. Dans les relations entre les personnes, on observe des phénomènes d'attirance et de répulsion, qui peuvent être unilatéraux ou réciproques. Ces relations complexes se reflètent dans les différentes formes d'imitation. La culture et la vie quotidienne matérielle de chaque peuple comporte donc toujours un ensemble de traits qui se répètent chez les peuples voisins, les uns chez un certain peuple, les autres chez un autre peuple, etc. L'analyse de ce matériau factuel permet de tirer des conclusions sur le caractère et l'orientation des lignes d'attirance et de répulsion entre différentes personnes ethnologiques, ainsi que sur leurs ressemblances et leurs différences naturelles ou dues à la coha-*

bitation. Ainsi, l'étude comparée des manifestations extérieures de plusieurs personnes ethnologiques en relation de voisinage permet de tirer des conclusions sur la parenté spirituelle entre ces personnes. Cette connaissance de soi comparée a une importance pratique. Entre les manifestations extérieures de la personne et son essence profonde il doit y avoir une certaine relation, dont la rupture prolongée est très néfaste. L'imitation systématique d'un peuple par un autre ne peut être utile qu'au cas où ces peuples sont reliés l'un à l'autre par des traits de parenté spirituelle en nombre suffisant, une ressemblance substantielle et des lignes d'attirance. Et, de même qu'un individu condamné à un contact prolongé uniquement avec des gens qui lui sont étrangers par l'esprit ressent un spleen douloureux pouvant se transformer en neurasthénie, en dégénérescence spirituelle, de même un peuple tombé dans un milieu qui ne lui convient pas parmi d'autres peuples peut connaître une dégénérescence spirituelle. Le choix d'un milieu qui puisse convenir à des contacts constants est la tâche d'une hygiène de la personne, aussi bien individuelle que collective. Il est clair ainsi qu'une personne qui entre dans un milieu de personnes qui lui sont spirituellement apparentées peut se fondre dans ce milieu en une personne collective (et s'il s'agit d'un peuple, il se fond dans une personne collective faite de plusieurs peuples).»

[b] *Cf.* A. Meillet, *Introduction à l'étude comparative des langues indo-européennes*, Paris, Hachette, 1903.

[c] Lusatiens, également dénommés Serbes de Lusace, ou Sorabes (l'ancien nom allemand de *Wenden*, qui avait des connotations péjoratives, a été remplacé par *Sorben*) : minorité slavophone de l'Est de l'Allemagne (région de Cottbus et Dresde). Ils étaient environ 100.000 au recensement de 1975. Leur langue, distincte du tchèque comme du polonais, fait partie du groupe occidental des langues slaves.

[d] *misonéisme* : crainte de tout ce qui est nouveau, inconnu.

[e] N.A. Rimski-Korsakov (1844-1908) : compositeur russe, faisait partie du *Groupe des cinq*. Ses opéras et romances s'inspirent des contes de fées, représentent la nature russe et la vie populaire. Il a fait de nombreuses adaptations orchestrales de chants folkloriques russes.

[f] A.M. Vasnetsov (1856-1933) : peintre, se caractérisait par une vision poétique de la Moscou ancienne.

[g] M.V. Nesterov (1862-1942) : peintre, représentait des scènes religieuses liées à la vie russe.

[h] *Cf. L'élément touranien...*, note [c].

[i] En 1721 l'institution du patriarcat fut abolie par Pierre le Grand, pour être remplacée par le *Saint Synode*, dirigé par un *oberprokuror*, et étroitement contrôlé par le gouvernement. Le Saint Synode fut à son tour aboli par le gouvernement bolchevik en 1917, et le Patriarcat fut réinstauré.

[j] Nikon (1605-1681) : patriarche de l'Église orthodoxe russe autocéphale de 1652 à 1658. Il fut l'auteur de réformes radicales dans le rite et la liturgie, qui furent à l'origine du Grand Schisme (*cf.* note suivante). Son principe : «le saint est supérieur au tsar» lui valu d'être banni et exilé.

[k] Le *Grand Schisme* : il s'agit de la séparation d'une partie des fidèles de l'Église orthodoxe, qui n'acceptaient pas les réformes du patriarche Nikon. Ils devinrent ce qu'on appelle les *Vieux-Croyants*. qui furent persécutés sous le tsarisme. A la fin du XVIIe et à la fin du XVIIIe siècle les mouvements populaires d'opposition au pouvoir central furent fortement inspirés par des Vieux-Croyants.

[l] E.I. Pugačev (1740-1775) : Cosaque du Don, chef de la Guerre des Paysans de 1773-1775. Sous le nom de l'Empereur Pierre III il souleva les Cosaques contre le pouvoir de Catherine II. Trahi par les siens, il fut exécuté à Moscou.

La Tour de Babel
et la confusion des langues (1923) [a]

Outre le châtiment infligé à l'homme en la personne d'Adam et Ève pour la première Chute, l'Écriture sainte évoque un deuxième châtiment, qu'eut à subir collectivement l'humanité toute entière pour la deuxième Chute. Il s'agit de la confusion des langues, châtiment consécutif à la construction de la Tour de Babel.

La «confusion des langues», c'est à dire l'instauration de la multiplicité des langues et des cultures, est bien présentée dans l'Écriture comme un châtiment, comme une malédiction divine, analogue à la malédiction «tu travailleras à la sueur de ton front», qui fut infligée à l'humanité en la personne d'Adam. L'une et l'autre de ces malédictions s'expriment dans l'instauration d'une loi naturelle, contre laquelle l'humanité est impuissante. La nature physiologique de l'homme et du monde qui l'environne est ainsi faite que la quête de sa nourriture est liée à une dépense de travail physique. De même, les lois d'évolution des peuples sont ainsi faites qu'elles impliquent nécessairement l'apparition et la conservation des différences nationales dans le domaine de la langue et de la culture. L'homme a beau inventer des machines pour diminuer le travail physique, il ne sera jamais possible de supprimer le travail complètement. Et quels que soient les efforts des hommes pour s'opposer à la multiplicité des différences nationales, ces différences existeront toujours. Mais ce n'est pas tout : le travail physique est à ce point lié au fonctionnement normal de l'organisme humain, que son absence totale est nocive, et que les gens qui ne sont pas obligés de travailler physiquement pour gagner leur pain quotidien doivent remplacer artificiellement le travail manuel par la gymnastique ou le sport pour se maintenir en bonne santé. De la même façon, la fragmentation de la langue et de la culture en différents dialectes est organiquement liée à la nature même de l'organisme social, à tel point que toute tentative d'anéantir la diversité des nations aurait pour conséquence la stérilisation et la mort de la culture.

Le labeur en tant que tel n'est jamais agréable. Ne sont agréables que les sentiments qui accompagnent le labeur : la conscience de sa force et de son habileté, l'intérêt pour le résultat direct du travail, le sentiment d'émulation, l'avant-goût du repos, etc. Moins ces sentiments accessoires sont nombreux, et plus la véritable nature du labeur apparaît clairement comme une souffrance. On sait que, lorsqu'il faut transformer le travail en punition, on essaye avant tout de le priver de tout ce qui pourrait le débarrasser de son caractère pénible et dissimuler au travailleur sa véritable nature : la bagne est le labeur sous sa forme pure. Dieu, sous forme d'une grâce particulière, fait don à certains êtres choisis de la force physique ou de la réussite dans le travail. Mais ces dons de Dieu, à leur tour, ne rendent le labeur moins pénible que dans le cas où le travailleur les reconnaît comme des dons et en éprouve de la joie. Quant au labeur, il reste du labeur, c'est à dire de la souffrance.

Ainsi le labeur en tant que tel est toujours souffrance, et la loi de la nécessité du travail reste une malédiction éternelle, un châtiment divin punissant la Chute de l'homme. En revanche, la loi de la fragmentation dialectale et de l'inévitable multiplicité des cultures nationales, en soi, n'est liée à aucune souffrance. Certes, cette loi, qui fait obstacle à la réalisation de bien des aspirations et des «idéaux» humains, a souvent pour conséquence la guerre, l'hostilité entre les groupes ethniques, l'oppression de certains peuples par d'autres, mais en soi, en tant que telle, elle n'est pas liée à la souffrance. Et cette différence entre la loi de la division et de la multiplicité des cultures nationales et celle de l'obligation du travail physique provient du fait que, alors que cette dernière est simplement un châtiment imposé à l'humanité pour la Chute initiale, la loi de la division est, selon la Bible, moins un châtiment qu'une réponse de Dieu à la construction de la Tour de Babel, une loi instaurée par Dieu, ayant pour but de prévenir à l'avance toute tentative analogue à celle de la construction de la Tour de Babel.

Sans aborder la question du fondement historique de l'épisode biblique de la Tour de Babel, il faut attribuer à cet épisode un sens interne d'une grande profondeur. L'Écriture Sainte nous décrit une humanité parlant une seule langue, c'est à dire une humanité totalement homogène du point de vue linguistique et culturel. Or il s'avère que cette culture unique, universelle, privée de toute caractéristique individuelle, nationale, est extraordinairement unilatérale : un développement considérable de la science et de la technique (ce qu'indique la possibilité même du projet de la construction!) y voisine avec le vide spirituel et la décadence morale. La conséquence de ces particularités de la culture est une excessive arrogance, une fierté exorbitante, incarnées dans le projet impudent et insensé de construction de la Tour. La Tour de Babel était une merveille technologique. Or non seulement elle était dépourvue de tout contenu religieux, mais elle avait en outre un but antireligieux, blasphématoire. Et Dieu, voulant empêcher la réalisation de ce projet et imposer une limite à l'autocélébration blasphématoire de l'humanité, confondit les langues et édicta pour toujours la loi de la séparation des langues et des cultures nationales. Cet acte de la Divine Providence montre qu'une technologie hostile à Dieu et autosuffisante, dont l'expression la plus éclatante fut le projet de la Tout de Babel, n'est pas le fruit du hasard, mais le produit inévitable et naturel d'une culture universelle, homogène et sans différenciations nationales. Il montre également que seules des cultures nationalement limitées peuvent être exemptes de l'esprit de vaine superbe et mener l'humanité selon des voies agréables à Dieu.

Il existe un lien intrinsèque clair entre la construction de la Tour et la notion de culture universelle et homogène. Toute culture est un produit en perpétuel changement de la création collective des générations passées et présentes d'un milieu social donné, et tout bien culturel a pour but de satisfaire les besoins matériels et spirituels d'une totalité sociale ou des individus qui en font partie. C'est pourquoi toute culture, dans les limites d'une totalité sociale donnée produit un nivellement des différences individuelles entre ses membres. Les biens culturels largement reconnus estompent les traits individuels trop saillants de leurs créateurs et l'aspect trop personnel des besoins et des goûts des membres individuels d'un organisme socioculturel. Il s'agit d'un processus naturel, qui est la conséquence de la mutuelle neutralisation des différences individuelles en opposition bipolaire, maximale. Ainsi, chaque culture porte l'empreinte d'un type psychique moyen, commun aux membres d'un milieu social donné. Plus grandes sont les différences individuelles entre les membres d'une totalité socio-culturelle, et plus flou, indéterminé, «impersonnel» est le type moyen incarné dans cette culture. Si l'on s'imagine une culture dont le créateur et le porteur serait l'humanité entière, il est clair que l'impersonnalité et le flou y seraient extrêmes. Dans une telle culture ne pourraient s'incarner que les traits psychiques communs à tous les êtres humains. Les goûts et les convictions sont différents chez chacun, les variations individuelles sont très grandes en ce domaine, mais la logique est la même pour tous et les besoins matériels, en ce qui concerne la nourriture, l'économie de travail, etc., sont aussi plus ou moins les mêmes pour tous. C'est pourquoi il est clair que, dans une culture universelle homogène, la logique, la science rationaliste et la technique matérielle prédomineront toujours sur la religion, l'éthique et l'esthétique, et que le développement intense de la science et de la technique sera inévitablement accompagné d'une décadence morale. La logique et la technique matérielle, si elles ne sont pas ennoblies par un approfondissement spirituel, ont un effet desséchant pour l'homme abaissé spirituellement. Elles obstruent le chemin qui mène à la connaissance de soi-même et ne font que renforcer en l'homme la superbe. Ainsi, il est inévitable qu'une culture universelle devienne athée et théomachique, et finisse par construire une Tour de Babel.

Dans une culture nationalement limitée, en revanche, on accorde une place de choix aux dispositions et besoins spirituels intimes, aux goûts esthétiques, aux aspirations morales, bref, à tout ce qui concerne la vie morale et spirituelle du peuple. La composante spirituelle d'une telle culture, toute imprégnée de sa psychologie nationale originale, est intimement et organiquement proche de ceux qui en sont les porteurs. L'incarnation dans la culture de l'expérience spirituelle de natures semblables et parentes facilite pour chaque membre de l'organisme national le travail visant à atteindre la connaissance de soi[1]. C'est pourquoi, ce n'est que dans les limites d'une telle culture que peuvent apparaître des valeurs morales positives, qui élèvent l'homme spirituellement.

Tout en reconnaissant les aspects positifs de la culture nationale, il faut cependant rejeter une division en nations qui excéderait une certaine limite organique. On doit insister sur le fait que la division en nations n'équivaut nullement à la pulvérisation anarchique des énergies culturelles nationales, et que la division n'est pas une fragmentation à l'infini. On peut s'en convaincre en examinant les aspects les plus sombres de la division nationale.

La loi de la multiplicité des cultures nationales limite l'homme : la pensée humaine est limitée non seulement par sa nature spécifique, son incapacité à transcender l'espace, le temps et les «catégories», à écarter les œillères de l'expérience sensible, mais aussi par le fait que l'homme ne peut assimiler parfaitement que les produits de la culture à laquelle il appartient, ou des cultures proches de la sienne (cela est particulièrement patent lorsque la division des cultures dégénère en une trop forte fragmentation). La loi de la multiplicité des cultures nationales rend difficile

---

[1] *Cf.* notre article «Sur le vrai et faux nationalisme», dans le recueil *Isxod k Vostoku*.

la communication entre des représentants de peuples différents, et parfois même impossible lorsqu'est atteint un certain degré de disparité entre les cultures. Mais, à côté de ces conséquences négatives, la loi de division des cultures nationales (tant que cette division ne dépasse pas une certaine limite organique) a aussi des conséquences bénéfiques et positives pour l'humanité. En effet, et cela découle de ce qui vient d'être dit, ce n'est que grâce à cette loi que les différents peuples parviennent à produire des valeurs culturelles moralement positives, capables d'engendrer une élévation spirituelle. Si les hommes en prennent conscience, ils doivent accepter les conséquences négatives de cette loi, et se réconcilier humblement, consciemment, avec leur limitation nationale.

Si l'aspiration des hommes à alléger leur travail physique et à diminuer son usage n'est pas, en soi, un péché, et est parfaitement naturelle, en revanche le désir de détruire la variété des cultures nationales et de créer une culture universelle unique est toujours un mal. Il mène à rétablir la condition humaine que l'Écriture Sainte représente comme précédant immédiatement la construction de la Tour de Babel, et cette condition doit immanquablement aboutir à une nouvelle tentative de construire la Tour. Toute Internationale est par nature athée, antireligieuse, et empreinte de l'esprit d'arrogance.

C'est en cela que réside le péché principal de la civilisation européenne contemporaine. Elle tend à niveler et à supprimer toutes les différences nationales individuelles, à introduire en tout lieu des formes de vie, d'organisation socio-politique, et des conceptions identiques. Elle détruit les fondements spirituels propres à la vie et à la culture de chaque peuple, mais elle échoue à les remplacer par d'autres fondements spirituels, et ne peut qu'imposer des formes extérieures de vie quotidienne, qui ne reposent que sur des bases matérielles utilitaristes et rationalistes. La civilisation européenne cause ainsi une inimaginable dévastation de l'âme des peuples européanisés; elle les rend stériles du point de vue spirituel, et indifférents et cyniques du point de vue moral. L'avidité démesurée pour les biens terrestres et l'arrogance pécheresse sont les attributs inévitables de cette civilisation. Elle avance inexorablement vers une nouvelle Tour de Babel. Depuis le moment où la culture romano-germanique a commencé à se prétendre civilisation universelle, la technique matérielle, la science purement rationaliste et une vision du monde égoïste, utilitaire ont prévalu sur toute autre chose, et cette configuration des éléments de la culture ne fait que s'amplifier avec le temps. Or nulle autre voie n'est possible : un Japonais et un Allemand ne pourront trouver un terrain d'entente que dans le domaine de la logique, de la technique et de l'intérêt matériel, alors que tous les autres éléments et ressorts de la culture s'atrophieront peu à peu. Mais il serait faux de croire que le nivellement des cultures apporté par la simple suppression de leur partie spirituelle abolisse les barrières et facilite la communication entre les êtres humains. La «fraternité des peuples» payée au prix de leur dépersonnalisation spirituelle n'est qu'une ignoble fraude. Nulle fraternité n'est réalisable lorsque sa pierre angulaire est faite d'intérêts matériels égoïstes, que la technique, du fait même de son existence, introduit compétition internationale et militarisme, et que l'idée même de civilisation internationale engendre l'impérialisme et le projet de domination mondiale. La suppression de la dimension spirituelle de la culture ou sa relégation à une place secondaire ne peut aboutir qu'à une dégradation morale et au développement de l'égoïsme personnel, ce qui, loin de supprimer les difficultés de communication entre les hommes, ne fait que les renforcer et approfondit l'hostilité entre différents groupes sociaux, y compris dans les limites d'un même peuple. Telles sont les conséquences inéluctables de l'aspiration à une civilisation internationale et universelle, et ces conséquences montrent clairement que cette aspiration est pécheresse et hostile à Dieu.

La variété des cultures et des langues nationales est la conséquence de la loi de la division. L'effet de cette loi se manifeste de façon particulièrement claire dans le domaine de la langue. Chaque langue se divise en dialectes, les dialectes en parlers vernaculaires, qui eux-mêmes se divisent en sous-parlers, etc. Chaque parler, tout en possédant des traits qui n'appartiennent qu'à lui seul, possède aussi des traits communs à tous les parlers du même dialecte, il partage des traits avec un parler voisin, d'autres traits avec un autre parler voisin, etc. Entre des dialectes voisins on trouve des parlers de transition, qui combinent des traits de chacun des deux dialectes. Une langue est ainsi une chaîne ininterrompue de parlers, qui se fondent l'un dans l'autre graduellement et imperceptiblement. Les langues, à leur tour, se réunissent en «familles», à l'intérieur desquelles on peut distinguer des «branches», des «sous-branches», etc. A l'intérieur de chacune de ces unités de division, les langues particulières sont reliées entre elles de la même façon que les dialectes à l'intérieur d'une langue. Cela signifie que chaque langue d'une branche, en plus des traits qui lui sont spécifiques et de ceux qui sont propres à la branche entière, possède également des traits qui la rapprochent spécialement d'une des langues de cette branche, d'autres traits qui la rapprochent d'une autre langue de cette même branche, etc. Et on trouve souvent des traits de transition entre des langues parentes. Les différentes branches d'une même famille entretiennent entre elles les mêmes relations que les différentes langues à l'intérieur d'une même branche. Il n'y a pas de différence essentielle entre les notions de branche, langue, dialecte et parler. Lorsque toutes les unités de division d'une totalité linguistique sont si proches l'une de l'autre que ses locuteurs se comprennent sans avoir besoin d'un interprète, ces unités sont appelées des parlers, leurs regroupements des dialectes, et la totalité linguistique elle-même (c'est à dire l'ensemble de ces unités) une langue. Mais quand les représentants des différents parlers cessent de se comprendre, les parlers reçoivent le nom de langues, leurs regroupements deviennent des branches, et l'ensemble des branches une famille. C'est pourquoi il arrive souvent qu'on discute pour savoir si telle unité de division est une langue ou un dialecte, ou si un groupe de parlers de transition appartient à une ou l'autre de deux langues parentes voisines. Dans la plupart des cas, on ne peut trouver la solution à ces problèmes uniquement avec les moyens que fournit la linguistique.

Telles sont les relations entre les unités linguistiques unies *génétiquement*, c'est-à-dire issues historiquement des dialectes de la «protolangue» autrefois unique d'un groupe génétique donné (famille, branche, sousbranche, etc.). Or, en plus de ce mode de groupement génétique, il arrive souvent que des langues géographiquement voisines se regroupent indépendamment de leur origine. Plusieurs langues d'un même domaine géographique et historico-culturel peuvent manifester des traits de similitude, quand bien même cette ressemblance provient d'un voisinage prolongé et d'un développement parallèle, et non d'une origine commune. Pour de tels groupements de langues formés sur une base non génétique, nous proposons le terme d'«union de langues»[2]. Les «unions de langues» n'existent pas seulement entre différentes langues, mais également entre familles : dans ce cas plusieurs familles de langues, non apparentées entre elles, mais répandues sur une zone géographique et historico-culturelle commune, sont unies par toute une série de traits communs et forment une «union de familles de langues». Par exemple, les familles finno-ougro-samoyède (ou «ouralienne»), turke, mongole et mandchoue ont en commun un certain nombre de traits qui les rassemblent en une seule et même «union de familles de langues ouralo-altaïques», bien que la linguistique moderne dénie toute parenté génétique entre ces familles de langues. La division des substantifs en genres grammaticaux et la capacité des racines à modifier, insérer et faire disparaître la voyelle radicale lors de la formation des mots (*cf.* en russe : *soberu* «je rassemblerai», *sobrat'* «rassembler-perfectif», *sobirat'* «rassembler-imperfec-

---

[2] Un exemple frappant d'«union de langues» en Europe est donné par les langues balkaniques : bulgare, roumain, albanais et grec moderne. Tout en appartenant à des branches totalement différentes de la famille indo-européenne, elles sont unies par tout un ensemble de traits communs et de correspondances dans leur structure grammaticale.

tif», *sobor* «assemblée») sont la marque des familles indo-européenne, sémitique, chamitique et caucasienne du Nord, qui forment ainsi une «union de familles de langues méditerranéennes», à laquelle, selon toute vraisemblance, appartenaient aussi certaines langues aujourd'hui éteintes du bassin méditerranéen. On trouve sur la Terre entière de telles «unions» de familles de langues génétiquement non apparentées. Il arrive souvent, de surcroît, qu'une même famille ou une langue isolée appartiennent simultanément à deux unions ou bien hésitent entre deux unions voisines, jouant ainsi le même rôle que les dialectes de transition dans la classification génétique[3]. Ainsi, au vu de ces deux modes de groupement des langues : génétique (en familles) et non génétique (en unions), on peut dire que toutes les langues parlées sur la Terre forment un réseau continu dont les maillons se fondent l'un dans l'autre, comme en un arc-en-ciel. Et parce que ce réseau de langues semblable à un arc-en-ciel est continu, et que les transitions y sont graduelles, le système général des langues du monde, malgré sa variété bariolée, se présente comme une totalité unique, même si celle-ci ne peut être conçue que de façon spéculative. Ainsi, dans le domaine de la langue, la loi de la division n'a pas pour effet une fragmentation anarchique, mais un système équilibré et harmonieux, dans lequel chaque composante, si petite soit-elle, conserve son individualité unique, et l'unité du tout est obtenue non par la dépersonnalisation des composantes, mais par la continuité du réseau en forme d'arc-en-ciel.

La répartition et l'interrelation des cultures ne coïncide pas avec les groupes de langues. Non seulement des locuteurs de langues d'une même famille, mais encore ceux d'une même branche, peuvent appartenir à différents types de culture. Le peuple hongrois (ou magyar) est un bon exemple de cette situation. Les parents les plus proches de la langue hongroise sont le vogoule et l'ostiak (parlés en Sibérie du Nord-Ouest), mais la culture hongroise et la culture vogoule-ostiak n'ont strictement rien de commun. La répartition et l'interrelation des cultures reposent sur les mêmes principes que les relations entre les langues, à ceci près que ce qui pour la culture correspond aux «familles» a beaucoup moins d'importance que ce qui correspond aux «unions». Les cultures de peuples

---

[3] La famille indo-européenne, qui appartient, en gros, à l'union méditerranéenne, se rapproche par quelques points (par exemple l'absence de préfixes) de l'union ouralo-altaïque et, en particulier, elle présente dans certains cas des ressemblances frappantes avec les langues ouraliennes (finno-ougriennes-samoyèdes). Les langues isolées de Sibérie orientale (l'ostiak-enisséen, le giliak, le youkagir et les langues dites du Kamtchatka : le kamtchadale, le tchouktche et le koriak) sont en quelque sorte un maillon de transition entre l'union de langue ouralo-altaïque et celle d'Amérique du Nord (esquimau-aléoutienne), etc.

voisins présentent toujours un grand nombre de traits communs. C'est ainsi qu'on trouve dans ces cultures des «zones» historico-culturelles (par exemple en Asie la zone musulmane, hindoue, chinoise, de l'Océan pacifique, de la steppe, de l'arctique, etc.). Les frontières de ces zones s'interpénètrent, et l'on voit alors se former des cultures de type mixte ou transitoire. Des peuples ou des parties de peuples s'approprient un type culturel donné, en y introduisant leurs particularités individuelles. On obtient ainsi le même réseau en arc-en-ciel, uni et harmonieux de par sa continuité, et en même temps infiniment varié à cause de sa diversité même.

Telles sont les conséquences de la loi de la division. Par delà leur apparente bigarrure anarchique, les cultures nationales préservent leur originalité individuelle et constituent l'unité harmonieuse et continue d'un tout. On ne peut pas en faire la synthèse aux dépens de leur originalité individuelle, car c'est la coexistence de ces unités historico-culturelles individuelles qui garantit l'unité de la totalité. Comme tout ce qui est naturel, qui découle des lois de la vie et du développement établies par Dieu, ce tableau est grandiose dans son inaccessible et inépuisable complexité et dans sa complexe harmonie. Antinaturelle et blasphématoire serait toute tentative pour le détruire de main d'homme, pour remplacer l'unité organique naturelle des cultures vivantes fortement individualisées par l'unité mécanique d'une culture universelle impersonnelle, qui ne laisserait nulle place aux manifestations de l'individualité, et qui serait indigente de par son abstraction.

La valeur universelle du christianisme semble contredire cette condamnation sans appel des essais d'unification culturelle de l'humanité toute entière et de création d'une culture universelle et homogène en tant qu'entreprise hostile à Dieu. Pour ceux qui ne voient dans le christianisme qu'une des nombreuses religions pratiquées sur la Terre, que le produit de certaines conditions historico-culturelles, le problème ne se pose pas, puisqu'ils mettent le christianisme sur le même plan que les autres produits culturels et en font un élément du schéma général des manifestations culturelles de l'humanité. En ce cas, aucune valeur universelle ne peut être assignée au christianisme.

Mais pour ceux qui voient en le Christ l'incarnation du Fils de Dieu et dans le christianisme la seule vraie religion, les paroles du Christ : «Allez, de toutes les nations faites des disciples, les baptisant au nom du Père et du Fils et du saint Esprit» (Mat. XXVIII, 19) semblent réfuter la thèse que l'unification culturelle de l'humanité est une cause hostile à Dieu. Or il n'y a là nulle contradiction. En effet, si l'on reconnaît le christianisme comme une vérité absolue, fondée sur la révélation divine et donnée aux hommes grâce à l'intervention directe de Dieu dans le processus historique, on cesse par là-même d'envisager le christianisme comme le produit d'une culture déterminée. En prêchant le christianisme, on n'introduit pas d'élément nouveau dans la culture. A la différence du judaïsme, lié à une certaine race, de l'islam, lié à une certaine culture, et du bouddhisme, qui est en principe hostile à toute culture, le christianisme est au-dessus des races et des cultures, mais n'abolit ni leur variété, ni leur caractère individuel. L'adoption du christianisme entraîne l'abandon de bien des éléments de la culture païenne nationale et sa transformation. Mais les formes concrètes de cette transformation peuvent être extrêmement variées, en fonction du terrain historico-culturel qui accueille le christianisme. L'uniformité en ce domaine n'est pas obligatoire, elle est même impossible. Le christianisme est un levain qui peut être déposé dans les pâtes les plus diverses, et le résultat de la «fermentation» dépendra de la pâte elle-même. C'est pourquoi le réseau en arc-en-ciel des cultures nationales individuelles dont on a parlé plus haut conserverait sa forme même au cas où tous les peuples du monde adopteraient le christianisme. Tout peuple, s'il adopte le christianisme, doit transformer sa culture de telle façon que ses éléments ne soient pas en désaccord avec lui, et que cette culture soit imprégnée non du seul esprit national, mais encore de l'esprit du christianisme. Ce dernier n'abolit pas la créativité culturelle nationale, mais, au contraire, la stimule, en lui confiant des tâches nouvelles. Tous les peuples chrétiens sont appelés à accorder leur culture avec les dogmes, l'éthique et les canons de la vraie Église du Christ, à ériger des temples et à créer des formes de service divin capables d'éveiller des dispositions chrétiennes parmi les fidèles, et chaque peuple *doit* accomplir ces tâches à sa façon, pour que le christianisme soit accepté organiquement et se mêle intimement au psychisme national.

Certes, cela n'exclut nullement l'influence d'une culture chrétienne sur l'autre. On observe de telles influences dans les cultures non chrétiennes; elles découlent de l'essence même de l'évolution des cultures, et, dans le cours naturel de cette évolution, elles n'entraînent aucun nivellement des différences nationales. Ce qui importe est seulement que l'influence d'une culture sur l'autre ne soit pas prépondérante, que les emprunts culturels soient assimilés organiquement, et que, à partir des éléments autochtones et étrangers, se crée une nouvelle totalité unifiée, se fondant étroitement dans le psychisme national d'un peuple donné. L'Église du Christ est indivisible. Son unité suppose une communication vivante entre les Églises locales. Mais cette communication ne nécessite pas d'unité culturelle. L'unité de l'Église s'exprime dans l'universalité de l'Écriture

Sainte, de l'histoire biblique, des dogmes et des canons, mais non dans les formes concrètes de la vie quotidienne, de l'art et du droit qu'ils prennent pour s'adapter à la vie de chaque peuple. Les tentatives pour limiter ces formes et supprimer les différences nationales entre les peuples appartenant à la même Église, mais pas tout à fait à la même culture sont le fruit de la superstition et du ritualisme, et ne peuvent amener à rien de bon. Nous, les Russes, nous avons cruellement souffert d'une semblable tentative au temps du patriarche Nikon [b], qui a abouti, dans le domaine religieux, au Grand Schisme [c], et, dans le domaine de la vie nationale, à l'affaiblissement de la résistance de l'organisme national culturel russe, qui a préparé la voie aux dévastations de l'ère de Pierre le Grand.

Pour un chrétien, le christianisme n'est lié à aucune culture particulière. Il n'est pas l'*élément* d'une culture, mais un *ferment* ajouté aux différentes cultures. La culture de l'Abyssinie [d] et celle de l'Europe médiévale sont totalement dissemblables, tout en étant chrétiennes toutes les deux.

Si l'on examine l'histoire de l'expansion du christianisme, on se convaincra que cette expansion n'a été un succès que dans le cas où le christianisme était considéré comme un ferment, et non comme un élément importé d'une culture étrangère déjà existante. Le christianisme n'a été assimilé organiquement et de façon féconde que là où il a transformé la culture nationale sans annihiler son individualité. A l'inverse, l'un des obstacles les plus puissants à l'expansion du christianisme a toujours été son assimilation erronée à une culture étrangère.

Si dans de nombreux cas le rejet du christianisme par un certain peuple a eu des causes profondes, peut-être de nature mystique et providentielle, la plupart du temps la raison en est que les missionnaires ont cherché à répandre non le christianisme, mais une certaine culture chrétienne. Les missionnaires orthodoxes ont fait cette erreur : ce n'est un secret pour personne que, souvent, l'œuvre des missionnaires en Russie a été un instrument de russification, et, au-delà des frontières, un moyen d'expansion de l'influence politique russe. Mais cela concerne à un bien plus grand degré les missionnaires non-orthodoxes : catholiques, protestants, anglicans. Les missionnaires romano-germains se considèrent avant tout comme apportant une certaine culture. Leur activité est liée aux «sphères d'influence», à la colonisation, à l'européanisation, à la civilisation, aux concessions, aux établissements commerciaux, aux plantations, etc. Les missionnaires ne sont pas des messagers envoyés par Dieu pour prêcher des vérités révélées, ce sont des agents de la politique coloniale ou des représentants des «intérêts» d'une grande puissance. En prêchant non pas le christianisme, mais le catholicisme, le protestantisme ou l'anglicanisme, c'est à dire ces formes de déviation du christianisme qui ont pris racine dans la culture romano-germanique et lui sont intimement liées, les missionnaires ne font simplement que prêcher cette culture. Le succès de leur prêche dépend naturellement de la capacité de chaque peuple à «rejoindre la civilisation européenne». Et comme dans cette civilisation le christianisme est depuis longtemps passé à l'arrière-plan et est étouffé par des tendances à la reconstruction de la Tour de Babel, il est naturel que les «indigènes» nouvellement convertis, qui assimilent le christianisme dans la perspective de la civilisation européenne et comme élément de cette civilisation (pas le plus important, de surcroît), s'avèrent de fort mauvais chrétiens, en tout cas incapables de créer quoi que ce soit de nouveau. Les missionnaires, ainsi, convertissent non point des peuples entiers, capables de transformer organiquement leur culture nationale dans l'esprit chrétien, mais seulement des individus isolés, qui, du fait même de leur conversion, se détachent du tronc de leur culture nationale et deviennent des agents collaborateurs des ambitions économiques et politiques d'une puissance étrangère.

Ainsi, l'appel du Christ à enseigner toutes les nations en les baptisant au nom du Père, du Fils et du Saint Esprit reste en réalité non appliqué, car l'œuvre missionnaire s'est transformée en instrument d'européanisation, en moyen d'établir une culture universelle homogène, dont nous avons tenté de démontrer la nature hostile à Dieu.

L'aspiration à niveler les différences nationales ne peut se justifier par des références à la nécessité du travail missionnaire; tout au contraire, ce travail reste stérile et inefficace précisément en vertu de son alliance avec l'esprit de domination culturelle, esprit anti-chrétien par essence.

NOTES DU TRADUCTEUR

[a] «Vavilonskaja bašnja i smešenie jazykov», *Evrazijskij vremennik*, 3, 1923, p. 107-124.
[b] *cf. Le sommet...*, note [j].
[c] *cf. Le sommet...*, note [k].
[d] L'allusion à l'Abyssinie (ancien nom de l'Éthiopie) doit se comprendre dans le contexte de l'époque. L'Éthiopie, qui venait d'adhérer à la SDN en 1923, était alors l'enjeu des rivalités européennes entre l'Angleterre, la France et l'Italie. L'appartenance de l'Éthiopie au monde chrétien a suscité un profond malaise chez les anthropologues fascistes italiens, hantés par l'idée du métissage entre la race blanche et la race noire (*cf.* Maria Pia Di Bella : «Ethnologie et fascisme», *Ethnologie française*, XVIII, 2, 1988, p. 131-136).

L'élément touranien dans la culture russe (1925) [a]

I

Les tribus slaves orientales n'occupaient à l'origine qu'une infime partie de l'immense territoire de la Russie actuelle. Les Slaves ne peuplaient alors que la partie occidentale de ce territoire, à savoir les bassins des fleuves qui relient la Baltique à la Mer Noire. Toute la partie restante du territoire de la Russie actuelle était peuplée essentiellement par les ethnies [b] qu'il est convenu d'appeler «touraniennes» [c], ou «ouralo-altaïques». Dans l'histoire de tout ce domaine géographique, ces ethnies touraniennes ont joué un rôle beaucoup plus important à l'origine que les ethnies russes, ou slaves orientales. Même pendant la période pré-mongole, les États touraniens dans les limites de la Russie d'Europe (le royaume des Bulgares de la Volga et de la Kama, et le royaume Khazar) étaient beaucoup plus importants que l'État varégo-russe [d]. La réunion de presque tout le territoire de la Russie actuelle sous le pouvoir d'un même État a été réalisée pour la première fois non par les Slaves russes, mais par les Touraniens-Mongols. L'expansion des Russes vers l'Est a été liée à la russification de toute une série d'ethnies touraniennes, et la cohabitation des Russes et des Touraniens traverse comme un fil rouge toute l'histoire russe. Si l'association des Slaves de l'Est avec les Touraniens est le fait fondamental de l'histoire russe, s'il est difficile de trouver un Grand-Russien dans les veines duquel ne coule pas un peu de sang touranien, et si le même sang touranien (provenant des anciens nomades de la steppe), dans une certaine mesure, coule aussi dans les veines des Petits-Russiens [e], il est parfaitement clair que pour parvenir à une auto-connaissance nationale correcte nous, les Russes, devons tenir compte de la présence en nous-mêmes de cet élément touranien, nous devons étudier nos frères touraniens. Or, jusqu'à présent, nous nous en sommes fort peu occupés : nous étions enclins à toujours mettre en avant notre origine slave, à taire la présence de l'élément touranien en nous, comme si nous avions en fait honte de cet élément. Il est temps d'en finir avec ce préjugé. Comme toute idée préconçue, il fait obstacle à ce que nous ayons une connaissance correcte de nous-mêmes; or la connaissance de soi n'est pas seulement le devoir de toute personne, mais encore une condition *sine qua non* de son existence raisonnable, ce qui inclut la nation, considérée également comme une personne.

Sous la désignation de peuples «touraniens» ou «altaïques» on classe les cinq groupes de peuples suivants :

Les peuples *finno-ougriens*, qui, en fonction de leur parenté linguistique, se subdivisent en Finnois occidentaux (Estes, Caréliens, Finnois proprement dits et quelques peuplades plus petites), les Lapons (en Suède, en Norvège, dans le Nord de la Finlande et en Russie dans la péninsule de Kola), Mordves [f], Tchérémisses, Finnois permiens (Zyrianes et Votiaks [g]) et Ougriens (Magyars ou Hongrois en Hongrie et en Transylvanie, «Ougriens de l'Ob», autrement dit Vogoules [h] et Ostiaks [i] dans le Nord-Ouest de la Sibérie); faisaient partie de ce même groupe de peuples finno-ougriens les anciennes ethnies aujourd'hui disparues (ou, plus exactement, complètement russifiées) des Merias (apparentées par la langue aux Tchérémisses), des Vesses (ethnie finnoise occidentale par la langue), des Mouromes et des Mechtcheras, mentionnées dans les anciennes chroniques russes.

Les *Samoyèdes*, qui se divisent en plusieurs ethnies, et sont à l'heure actuelle presque complètement disparus, ne subsistent, en quantités infimes, que dans le gouvernement d'Arkhangelsk et dans le Nord-Ouest de la Sibérie.

Les *Turks* [j], dont font partie les Turcs Ottomans, les différents Tatares (de Crimée, de Kazan, d'Azerbaïdjan, de Tobolsk, etc.), les Mechtcheriaks, les Teptiares, les Balkares (Karatchaïs, Urusbiïs, etc.), les Koumyks, les Bachkires, les Kirghizes-Kaïsaks, les Kara-Kirghizes, les Turkmènes, les Sartes, les Ouzbeks, les Altaïens, les Yakoutes, les Tchouvaches et toute une série d'anciens peuples disparus, dont les plus connus sont les Khazares, les Bulgares (de la Volga et de la Kama, et les «Asparoukhovs»), les Polovtses (autrement désignés comme Koumanes ou Kiptchaks), les Ouïgoures et d'autres.

Les Mongols, dont font partie, sur le territoire russe, les Kalmouks et les Bouriates, et en dehors de la Russie, les Mongols proprement dits de Mongolie.

Les Mandchous, dont font partie, en dehors des Mandchous proprement dits, encore les Goldes et les Toungouzes (qui sont maintenant soit totalement disparus, soit russifiés).

Malgré un ensemble de caractéristiques anthropologiques et linguistiques propres à tous les groupes de peuples énumérés, permettant de les réunir sous la dénomination commune de Touraniens, la question de leur parenté génétique est controversée. On ne peut tenir pour certaine que la parenté du groupe des langues finno-ougriennes avec le samoyède, et on réunit parfois ces deux groupes sous le nom de «famille des langues ouraliennes»[1]. Néanmoins, même si les trois autres groupes de langues et de peuples touraniens ne sont liés génétiquement ni entre eux ni avec les «Ouraliens», la très grande similitude de toutes les langues touraniennes et du profil psychologique de tous les peuples touraniens ne fait aucun doute, et on est en droit de parler d'un type psychologique touranien unique, en faisant complètement abstraction du problème de savoir si cette communauté de caractère psychologique repose sur une parenté de sang ou sur de toutes autres causes historiques.

II

Le profil psychique touranien apparaît de la manière la plus nette chez les Turks, qui, de tous les Touraniens, ont joué le rôle le plus éminent dans l'histoire de l'Eurasie. C'est pourquoi c'est par eux que nous commencerons.

On peut mettre au jour le profil psychique des Turks en examinant leur langue et les produits de leur création nationale dans le domaine de la

---

[1] La parenté entre les langues turkes, mongoles et mandchoues (réunies dans le groupe commun de «langues altaïques»), tenue pendant longtemps pour tout à fait probable, a été récemment mise en doute à mesure qu'avançait leur étude. La parenté entre les langues «ouraliennes» et les autres langues touraniennes est maintenant rejetée par la plupart des linguistes. Ce n'est que tout récemment que l'on a recommencé à faire des tentatives pour prouver scientifiquement cette parenté.

culture spirituelle.

Les langues turkes sont très proches les unes des autres, surtout si l'on fait abstraction des mots étrangers (perses et arabes) qui ont pénétré en grand nombre dans les langues des Turks musulmans. Si l'on compare les langues turkes entre elles, on met facilement en évidence un type linguistique commun, qui apparaît le plus nettement chez les Altaïques. Ce type se caractérise par un système extrêmement bien proportionné. La charpente phonique des mots est normée par une série de lois qui, dans les mots purement turks, non empruntés, ne souffrent aucune exception. Ainsi, dans chaque mot les voyelles sont soumises à la loi de «l'harmonie vocalique» : si la première syllabe du mot contient une des voyelles «d'arrière» (*a, o, ı, u*) [k], toutes les autres syllabes de ce mot, si nombreuses qu'elles soient, doivent comporter l'une de ces voyelles d'arrière; si la première syllabe du mot contient une des voyelles «d'avant» (*ä*[2], *ö, ï, ü*), toutes les autres syllabes de ce mot contiennent nécessairement l'une de ces voyelles d'avant. La réunion de voyelles d'avant et de voyelles d'arrière dans les différentes syllabes d'un même mot est impossible, chaque mot est soit entièrement «d'avant», soit entièrement «d'arrière». Des lois analogues régissent l'emploi des voyelles «sombres» (c'est-à-dire labialisées : *o, u, ö, ü*) et claires (non labialisées : *a, ı, ä, i*[3]). Dans les langues turkes les plus typiques des règles aussi rigides et ne souffrant pas d'exception régissent l'emploi des consonnes dans le mot : certaines consonnes (par exemple les consonnes dures *k, g, l*) ne sont possibles que dans les «mots d'arrière», d'autres (par exemple les consonnes molles *k', g', l'*) uniquement dans les «mots d'avant»; certaines (par exemple *d, b, g, c, z, j*) ne sont possibles qu'en position intervocalique (ou entre *r, l, m, n* et une voyelle), d'autres (par exemple *t, p, k, ç, s, ş*) sont justement impossibles dans cette position, etc. Ainsi, malgré la richesse relative de l'inventaire des sons, la langue est très monotone du point de vue phonétique. La stricte soumission de tout le système de la langue aux lois dont il a été question fait que le nombre des combinaisons phoniques possibles est limité, et que, dans la parole, les mêmes combinaisons de sons se répètent constamment. La parole acquiert une très nette unité

---

[2] *ä* est un son intermédiaire entre *e* et *a*, proche de la voyelle qu'on entend dans le mot russe *pjat'*.

[3] Par exemple en altaï après une syllabe qui contient la voyelle *ö* ne peut se trouver qu'une voyelle contenant *ö* ou *ü*, après une syllabe contenant *i* ne peut se trouver qu'une syllabe contenant *ı* ou *a*, etc. En turc les voyelles *u, ü* ne sont admises dans une syllabe non initiale que si la syllabe précédente contient une «voyelle sombre», les voyelles *ı, i* seulement après une syllabe avec une «voyelle claire».

phonique, et il se crée une certaine inertie acoustique (analogue à l'inertie des tonalités dans une œuvre musicale).

On trouve dans la grammaire des langues turkes la même organisation harmonieuse, la même observation rigoureuse de lois d'uniformité. A proprement parler, cette grammaire ne connaît pas d'exceptions. Tous les substantifs se déclinent sur le même modèle; les variations, qui ne peuvent être conditionnées que par les lois de l'harmonie vocalique, ne sont pas ressenties comme des exceptions, du fait du caractère général de ces lois[4]. Tous les verbes se conjuguent de la même façon[5]. On est frappé par la sobre économie de l'inventaire grammatical : il n'y a aucune catégorie grammaticale dont le sens ne soit justifié logiquement ou matériellement[6]. Le radical d'un mot fléchi (c'est à dire le groupe de sons qui en porte le sens fondamental) constitue toujours la première partie du mot : les éléments à sens grammatical viennent toujours *après* le radical, ce sont des suffixes et des terminaisons, alors qu'il n'y a pas de préfixes. La voyelle du radical reste identique dans toutes les formes, celles du suffixe et de la terminaison changent en fonction de la qualité de la voyelle de la syllabe précédente, selon les lois de l'harmonie vocalique, qui soudent tous les éléments du mot en une seule et même totalité phonétique; de la même façon, l'ordre dans lequel sont répartis dans le mot les différents éléments grammaticaux suit des règles strictement logiques, qui créent l'unité de sens du mot[7].

---

[4] Par exemple en turc *kol* «main» a pour génitif *kolun*, *ataş* «pierre» a pour génitif *taşın*, non parce que ces mots appartiendraient à des déclinaisons différentes, mais parce que, en vertu de la loi d'harmonie vocalique, *u* ne peut se trouver qu'après une syllabe qui contient une voyelle sombre d'arrière, et *ı* seulement après une syllabe qui contient une voyelle claire, etc.

[5] Si l'on ne tient pas compte du verbe *être*, qui présente des écarts par rapport à la norme pratiquement dans toutes les langues du monde.

[6] Ainsi, par exemple, il n'y a pas de répartition des substantifs selon le genre.

[7] Envisagé sous son aspect phonique, un mot turk est un ensemble de sons homogènes; sous son aspect sémantique, c'est une représentation unique. L'unité phonique du mot turk est déterminée par l'action des lois d'harmonie : là où s'arrête cette action passe la limite d'un mot et commence un autre mot. Cela est souligné par l'accent tonique, qui est en principe sur la dernière syllabe de chaque mot. Puisque toutes les lois de l'harmonie des sons se ramènent à ceci que la qualité des sons de chaque syllabe est déterminée par celle des sons de la syllabe qui précède immédiatement dans le même mot, et que la première syllabe de chaque mot est toujours le radical, on peut dire que c'est le radical qui détermine tout le caractère phonétique (le profil phonique) d'un mot. L'équivalent sémantique de cet aspect phonique est l'ordre dans lequel apparaissent les éléments grammaticaux du mot. Le radical est suivi par les *suffixes*, groupes de sons qui modifient et spécialisent le sens matériel du mot : l'adjonction de chaque suffixe crée, au point de vue du sens, une nouvelle représentation, matériellement différente de celle qui serait exprimée sans ce

On trouve le même schématisme logique, observé avec la même conséquence, dans le domaine de la syntaxe. L'ordre des mots dans la phrase est déterminé par quelques règles simples n'admettant aucune exception. Les mots déterminants sont placés immédiatement avant ceux qu'ils déterminent, le sujet précède le prédicat (on peut même établir une règle plus générale : le mot qui exprime le sujet de l'action précède celui qui exprime l'action), l'objet direct est placé entre le sujet et le prédicat. Dans ce schéma simple s'insèrent les phrases les plus simples comme les plus complexes, même des périodes entières[8].

suffixe. S'il y a plusieurs suffixes dans un mot, ils sont disposés de façon à ce que ceux qui ont le sens le plus particulier et le plus concret soient plus près du radical que ceux qui ont un sens plus général et abstrait. Enfin, le mot se termine par une *terminaison*, groupe de sons qui ne modifie pas la représentation matérielle qu'on se fait d'une chose ou d'une action, mais qui indique le rapport logique du mot aux autres mots de la même phrase. Ce principe de disposition des éléments formels du mot est suivi de façon conséquente et inexorable. Ainsi, la négation est exprimée dans le verbe par un suffixe particulier, parce que la représentation qu'on a d'une action niée est différente de celle qu'on a d'une action affirmée. Prenons quelques exemples illustrant ce qui vient d'être dit sur la composition phonique et morphologique du mot turk. En turc ottoman *taş* «pierre» contient la voyelle claire d'arrière *a*; *cık* (devant voyelles : *cıg*) est un suffixe diminutif : *taşcık* «petite pierre»; *lar* est un suffixe de pluriel : *taşlar* «les pierres», *taşcıklar* «les petites pierres»; *ım* est un suffixe possessif de première personne du singulier : *taşım* «ma pierre», *taşlarım* «mes pierres», *taşcıgım* «ma petite pierre», *taşcıklarım* «mes petites pierres»; *da* est la terminaison du locatif : *taşta* «dans la pierre», *taşcıkta* «dans la petite pierre», *taşlarda* «dans les pierres», *taşcıklarda* «dans les petites pierres», *taşımda* «dans ma pierre», *taşcıklarda* «dans les petites pierres», *taşımda* «dans ma pierre», *taşcıgımda* «dans ma petite pierre», *taşlarımda* «dans mes pierres», *taşcıklarımda* «dans mes petites pierres». Il n'est pas difficile de remarquer que tous ces mots sont comme accordés dans une seule et même «tonalité a-ı», qui est donnée par la qualité de la voyelle du radical *taş*. A partir du mot *ev* «maison» tous les dérivés analogues sont construits dans une autre tonalité, celle de «e-i», donnée par la voyelle du mot radical : *cf. evciklerimde* «dans mes petites maisons».

[8] Les propositions relatives et conditionnelles sont exprimées par des constructions participiales, les participes eux-mêmes, considérés comme des déterminants, suivent la règle générale et sont placés avant le mot déterminé : «j'ai apporté le livre que tu as vu» se dit «je par toi vu livre ai apporté». Les propositions finales sont rendues par des constructions à infinitif décliné, qui se met au datif et occupe dans la phrase l'endroit habituel prévu pour le complément indirect : «j'ai apporté le livre pour que tu le lises» se dit «je pour par toi lecture (pour ta lecture) livre ai apporté». Les propositions temporelles s'expriment par un substantif déverbatif au locatif ou à l'ablatif : «quand je suis passé, tu étais assis» se dit «tu pendant mon passage étais assis». Enfin, extrêmement employés sont les différents gérondifs, parmi lesquels certains rendent nos constructions avec la conjonction «et» : «je suis allé et (je suis) revenu» se traduit par «je, étant allé, suis revenu» (en turc : *ben gidip geldim*). Bref, tout ce qui peut d'une façon ou d'une autre être subordonné au même sujet et au même prédicat rentre dans le cadre d'une même proposition.

Si l'on fait le bilan de tout ce qui vient d'être dit sur le type linguistique turk, on peut dire qu'il se caractérise par une régularité structurelle, la mise en pratique conséquente d'un petit nombre de principes simples et clairs, qui soudent la parole en un tout unique. La pauvreté relative et le caractère rudimentaire du matériau verbal lui-même, d'un côté, et la soumission de toute la langue à une régularité schématique, tant au plan phonique que formel, telles sont les spécificités principales du type linguistique turk.

Après la langue, c'est l'art populaire qui a la plus grande importance pour caractériser ce type national.

Dans le domaine *musical*, les peuples turks présentent une unité beaucoup moins nette que dans le domaine de la langue. Lorsqu'on connaît le turc ottoman, on peut sans difficulté particulière comprendre un texte en tatare de Kazan ou en Bachkire. Mais après avoir entendu l'une après l'autre d'abord une mélodie turque ottomane puis une mélodie tatare de Kazan ou bachkire, on se convainc qu'elle n'ont rien en commun. Cela s'explique essentiellement par la différence des cultures musicales. La musique des Turcs ottomans se trouve sous l'influence écrasante de la musique arabe d'un côté, et grecque de l'autre. L'influence écrasante de la musique arabo-persane se fait sentir aussi chez les Tatares de Crimée et d'Azerbaïdjan. Si l'on veut définir le type musical proprement turk, il ne faut pas prendre en considération la musique turque, tatare de Crimée et azerbaïdjanaise, en particulier la musique «citadine». Si l'on se tourne vers la musique des autres peuples turks, on voit que chez la majorité d'entre eux domine un type musical bien défini. Ce type musical, d'après lequel sont construites les mélodies des Turks de la région comprise entre la Volga et l'Oural, de Sibérie et en partie du Turkestan russe et du Turkestan chinois, se caractérise par les traits suivants : la mélodie se construit selon la gamme pentatonique sans demi-tons (dite indochinoise), comme dans une gamme majeure où l'on omettrait la quatrième et le septième degré. Ainsi, par exemple, si dans la mélodie on trouve les notes *do*, *ré* et *mi*, on ne peut s'attendre à y trouver encore que *sol* et *la*, mais ni *fa* ni *fa dièse*, ni *si* ni *si bémol*. On ne trouve aucun intervalle d'un demi-ton. Les chants choraux se chantent à l'unisson, la polyphonie est inconnue. En ce qui concerne le rythme, la mélodie est construite de façon rigoureusement symétrique, c'est à dire qu'elle est divisée en parties possédant un nombre égal de mesures, le nombre habituel de mesures dans chaque partie de la mélodie étant 2, 4, 8, etc. On peut établir le nombre restreint des types fondamentaux de mélodies, parmi lesquels les plus importants sont : 1) un type de mélodie construit sur une cadence descendante, c'est à dire fondée sur l'alternance de mouvements ascendants et descendants, la limite supérieure et la limite inférieure du mouvement s'abaissant à chaque fois alors que l'amplitude du mouvement lui-même reste constante; 2) un type de mélodie fondé sur l'opposition de deux parties, la première contenant une petite phrase musicale, répétée deux fois, et la seconde deux phrases différentes, ayant approximativement la même construction rythmique, et réalisant un bref mouvement descendant. Ces deux types présentent encore d'autres différences mineures. Mais, dans l'ensemble, ils sont tous deux soumis aux mêmes règles : la règle harmonique de la gamme pentatonique et la règle rythmique de l'égalité symétrique des parties et de la périodicité binaire. Les chansons turkes composées selon ce modèle se caractérisent par une particulière clarté et une transparence de l'harmonie et du rythme. Chaque mélodie de ce type est faite d'une ou deux phrases musicales semblables et très simples, mais ces phrases peuvent se répéter à l'infini, formant une chanson longue et uniforme.

En d'autres termes, on retrouve ici les mêmes traits psychologiques qu'on avait décelés plus haut au sujet des langues turkes : pauvreté relative et caractère rudimentaire du matériau et soumission totale à des lois simples et schématiques, qui soudent le matériau en un tout unique, et qui donnent à ce tout clarté et transparence schématiques.

On peut dire de la *poésie orale* des peuples turks la même chose qu'à propos de leur musique : si l'on laisse de côté les formes de poésie des Turks musulmans, qui sont, à l'évidence, pénétrées de modèles arabes et persans, ont trouve dans la poésie des différents peuples turks les traits du même type commun.

Comme dans la majorité des langues turkes il n'y a pas d'opposition entre voyelles longues et brèves, et que l'accent tonique, fixe sur la dernière syllabe, n'est pas ressenti par les locuteurs comme un facteur distinctif de sens (ou «phonologique»), la versification turke est construite sur le compte des syllabes, elle est «syllabique» : pour être plus précis, disons que cette versification est fondée sur la répétition régulière de «frontières de mots» (limites entre deux mots voisins), avec des intervalles remplis par un nombre déterminé de syllabes. L'uniformité phonique du début et de la fin des mots turks, due à des lois phoniques cohérentes qui règlent le système entier de la langue, facilite singulièrement l'utilisation d'un rythme qualitatif. Ce dernier consiste en l'adjonction au principe de versification principal (syllabique) d'un principe auxiliaire, qui fait se répéter au début et à la fin de chaque segment métrique des sons de qualité identique. Et, effectivement, dans la poésie de la majorité des peuples turks existent soit des allitérations, soit des rythmes.

De plus, conformément aux propriétés des langues turkes, qui soumettent les voyelles d'un mot aux lois d'harmonie, les voyelles jouent un rôle négligeable pour l'allitération comme pour le rythme : *birinci* (premier) peut rimer avec *onuncu* (dixième). A côté du rythme externe, le rythme des sons, il existe aussi un rythme interne, celui des sens. La poésie turke révèle une très nette tendance au parallélisme. Les œuvres poétiques de certaines populations turkes sont entièrement construites sur le principe du parallélisme. Tous les vers sont regroupés en paires, le second vers de chaque paire répétant le contenu du premier avec d'autres mots; dans les rares cas où le premier et le second vers ne sont pas identiques par le sens, ils sont néanmoins construits selon un même schéma syntaxique, si bien qu'il reste au moins un parallélisme formel, syntaxique. Naturellement, la situation ne change pas si les vers sont groupés non par deux mais par quatre, et quand le parallélisme concerne non pas deux vers voisins, mais la première et la seconde moitié d'un quatrain.

Les différents peuples turks présentent des types assez différents de création poétique. Chez les uns (par exemple les Tatars de Kazan) dominent les quatrains courts avec un lien sémantique assez faible entre la première partie et la seconde (un peu comme dans les čustuški russes [1]), mais néanmoins avec une tendance nettement affirmée ne serait-ce qu'au parallélisme syntaxique. Chez d'autres ethnies on trouve des distiques ou des quatrains construits symétriquement, avec un parallélisme pouvant aller jusqu'à la tautologie. Enfin, on connaît des chants longs, essentiellement des chants épiques, mais eux aussi sont organisés en strophes, chaque strophe est soumise au principe du parallélisme, et souvent plusieurs strophes sont réunies en une figure de symétrie et de parallélisme. Il existe ainsi un lien étroit entre les particularités internes et externes de la versification turke : la rime et l'allitération sont indissolublement liées au principe du parallélisme sémantique et syntaxique (la plupart du temps, on voit rimer des terminaisons grammaticales identiques de membres de la proposition qui, en raison du parallélisme syntaxique, se trouvent dans des endroits identiques dans deux vers adjacents); et, en même temps, les mêmes rimes et les mêmes allitérations, soulignant le début ou la fin d'un vers, favorisent la clarté de la segmentation syllabique et de la construction en strophes. Si l'on ajoute à tout cela que le nombre de mètres employés dans la poésie turke est très faible (il existe des vers de 7, 8, 11 et 12 pieds), que les rimes sont essentiellement «grammaticales», que le parallélisme, la plupart du temps, penche soit vers une totale tautologie sémantique, soit vers une analogie exclusivement syntaxique, et que les configurations plus complexes sont relativement rares, nous aurons une bonne idée du caractère de l'art poétique turk. Dans cette poésie, nous observons les mêmes traits psychologiques que ceux que nous avons signalés à propos de la langue et de la musique : une relative pauvreté de moyens alliée à une régularité remarquable et une clarté schématique de la construction.

L'observation du système des langues turkes, de la musique turke et de la poésie turke nous a ainsi permis d'établir certaines particularités de la psychologie turke, particularités qui transparaissent dans toutes les manifestations de la création nationale. Dans les autres domaines de la culture spirituelle des Turks, on peut déceler les mêmes particularités psychologiques. Dans leur vie religieuse, les Turks ne font pas preuve d'une activité particulière. La majeure partie des ethnies turkes sont à l'heure actuelle de confession musulmane, dans l'antiquité elles étaient bouddhistes (les Ouïgoures) ou judaïstes (les Khazars). Les peuples turks qui ont conservé leur paganisme originel sont peu nombreux. Parmi eux les Altaïques méritent une attention particulière. Leur religion (dans la mesure où ils ont gardé leur paganisme) est pénétrée de l'idée de dualisme, et, curieusement, ce dualisme prend la forme d'un système cohérent et symétrique jusqu'au rigorisme. Nous nous trouvons donc là devant le même schématisme rudimentaire que nous avons déjà remarqué dans la langue, dans la musique et la poésie. Dans le paganisme yakoute et tchouvache on rencontre la même tendance au dualisme, mais mise en œuvre de façon moins conséquente et moins schématique que chez les Altaïques.

Ces traits spécifiques de la psychologie turke se retrouvent également dans le droit coutumier et en particulier dans le système de l'organisation clanique, mais, dans ce domaine, le schématisme est plutôt lié à la matière elle-même, ce qui se rencontre chez de nombreux autres peuples, si bien que ce phénomène n'est pas caractéristique. On ne peut pas négliger néanmoins le fait que le droit coutumier turk est, en général, plus élaboré et plus systématique que le droit coutumier des autres ethnies de la même zone géographique (à l'exception des Mongols).

III

On peut sans hésiter affirmer que toute la création des Turks est dominée par un trait psychique fondamental : la nette schématisation d'un matériau relativement pauvre et rudimentaire. Cela nous permet de tirer des conclusions sur la psychologie turke elle-même. Le Turk typique n'aime pas à s'embarrasser de subtilités et de détails compliqués. Il préfère manier des images générales, aisément compréhensibles, et regrouper ces images en des schémas simples et clairs. Il convient néanmoins de se garder d'interpréter ces affirmations de façon erronée. Ainsi, ce serait une erreur de penser que l'esprit turk est particulièrement enclin à l'abstraction schématique : les données ethnographiques concrètes dont nous avons tiré ces indications sur le type psychique turk ne nous permettent pas de faire une telle conclusion. En effet, les schémas sur lesquels se construit la création spirituelle turke ne sont aucunement le produit d'une abstraction philosophique et n'ont même rien d'intentionnel ou de prémédité. Au contraire, ils sont inconscients [m], et existent dans le psychisme comme une cause non reconnue consciemment de l'inertie psychique grâce à laquelle tous les éléments du matériau psychique se rangent tous seuls justement dans tel ordre et non dans un autre : cela est rendu possible par l'aspect particulièrement élémentaire et simple de ces schémas. D'autre part, il serait faux de penser que le caractère limité et systématique de la psychologie turke soit un obstacle pour l'envergure et l'envol de l'imagination. Le contenu des légendes épiques des tribus turkes contredit nettement une telle idée. L'imagination turke n'est ni pauvre ni timide, on y trouve une envergure audacieuse, mais cette envergure est rudimentaire : la force de l'imagination est dirigée non pas vers l'arrangement des détails, vers l'accumulation de détails variés, mais, pour ainsi dire, vers le développement en largeur et en longueur; le tableau que dessine cette imagination n'est pas chamarré par une variété de couleurs et de tons intermédiaires, il est peint dans les tonalités de base, avec des touches hardies, qui sont parfois colossales. Cette aspiration à croître en largeur, très caractéristique de la création turke, est conditionnée intérieurement par les mêmes caractéristiques, qui sont à la base du psychisme turk. On sait que le mot turk le plus long (par exemple, en turc ottoman : *vuruşturamamıştınız* [«vous ne les avez pas forcés à se battre // vous n'avez pas réussi à les faire se battre»]) est construit selon les mêmes règles phoniques et étymologiques que le mot le plus court, que la phrase la plus longue est construite selon les mêmes règles syntaxiques que la phrase minimale, que dans la chanson la plus longue dominent les mêmes règles de composition que dans la plus courte, que les poèmes longs reposent sur les mêmes règles que les distiques courts. Grâce au caractère élémentaire du matériau et à la simplicité précise des schémas, la construction peut facilement acquérir des dimensions imprévisibles. Et c'est dans cette extension que l'imagination du Turk trouve son plaisir.

La psychologie du Turk typique telle que nous l'avons dépeinte détermine le mode de vie et la vision du monde de ceux qui en sont porteurs. Le Turk aime la symétrie, la clarté et un équilibre stable; mais il aime que tout cela soit déjà donné, et non un but à atteindre, que tout cela détermine par inertie ses pensées, ses actes et son style de vie : il est toujours pénible pour le Turk de rechercher et de créer les schémas initiaux et fondamentaux sur lesquels doivent se bâtir sa vie et sa vision du monde, car cette recherche est toujours liée à un sentiment aigu de l'absence de stabilité et de clarté. C'est pour cela que les Turks ont toujours emprunté volontiers des schémas étrangers tout prêts et des religions étrangères. Mais il va de soi que toute vision du monde étrangère n'est pas acceptable pour le Turk. Pour qu'elle puisse l'être, elle doit inclure à titre de composantes nécessaires la clarté et la simplicité, et surtout, elle doit être un schéma commode, dans lequel on peut faire tout entrer, jusqu'au monde entier dans tout son caractère concret. Une fois que le Turk a acquis une vision du monde particulière comme croyance, qu'il l'a transformée en schéma général, en loi inconsciente qui détermine tous ses actes, et qu'il a ainsi atteint un état d'équilibre stable reposant sur une base claire, il se tranquillise et s'accroche fermement à sa croyance. Et comme le Turk considère la vision du monde précisément comme le fondement inébranlable de l'équilibre moral et matériel, il fait preuve de routine et de conservatisme obstiné dans sa vision du monde. Une foi qui entre dans le milieu turk ne peut manquer de se figer et de se cristalliser, car elle est appelée à y jouer le rôle d'un centre de gravité inébranlable, la condition principale d'un équilibre stable.

Sur cette particularité de la psychologie turke repose un phénomène curieux : l'attirance entre le psychisme turk et le psychisme sémite [n]. Il est difficile de trouver deux type de psychisme plus différents, plus opposés. On peut montrer, là encore à partir des données ethnographiques concrètes de la langue, de la musique et de l'ornementation, que la psychologie du Sémite est totalement opposée à celle du Turk. Et cependant ce n'est pas un hasard si la majorité des Turks sont musulmans, et si les Turks Khazares furent le seul peuple non sémite de l'histoire à avoir fait du judaïsme sa religion d'État. Le Sémite, qui trouve un plaisir particulier à découvrir des contradictions et à les résoudre de façon casuistique, qui se complaît dans des subtilités complexes et embrouillées et le Turk, qui déteste par dessus tout le sentiment inquiétant de contradiction interne et s'avère incapable de le surmonter, voilà deux natures non seulement dissemblables, mais encore aux antipodes l'une de l'autre. Mais c'est justement dans cette opposition que réside la cause de leur attirance : le Sémite fait pour le Turk le travail dont ce dernier est incapable : il résout les contradictions et présente au Turk une solution (même casuistique) libre de contradictions. Il n'est pas étonnant, dans ces conditions, que le Turk, à la recherche d'une base nécessaire à son équilibre, s'appuie constamment sur la création de l'esprit sémite. Mais, en empruntant cette création d'un esprit étranger, le Turk la simplifie immédiatement, se l'approprie statiquement, comme un produit fini, et, l'ayant transformé en fondement unique et intangible de toute sa vie intérieure et extérieure, la momifie une fois pour toutes, sans prendre aucunement part à son développement propre. C'est ainsi que les Turks n'ont donné à l'Islam aucun grand théologien, aucun juriste, aucun penseur : ils ont pris l'Islam comme une donnée accomplie.

IV

L'ensemble des caractéristiques psychologiques de l'ethnie turke peut être considéré, dans ses grands traits, comme pouvant caractériser également tous les «Touraniens» ou «Ouralo-Altaïques». Les *Mongols*, du point de vue ethno-psychologique, forment un tout avec les Turks. Tout ce qui a été dit plus haut sur les traits typiques des langues turkes, de la musique turke, de la poésie, du droit coutumier, sur l'imagination, la vision du monde et le mode de vie des Turks, est applicable aux Mongols. La seule différence est que ces traits typiques sont chez ces derniers encore plus nets que chez les Turks. Pour des raisons historiques, il n'y a pas eu de cas d'attirance entre la psychologie mongole et la psychologie sémite. Néanmoins les Mongols empruntent, tout comme les Turks, comme base de leur vision du monde et de leur mode de vie, le résultat tout prêt d'une création spirituelle étrangère, à ceci près que la source de l'emprunt est, dans ce cas, non pas l'islam sémite, mais le bouddhisme indien dans sa version sino-tibétaine. Si les Turks, comme nous l'avons dit, ont momifié et figé l'islam et n'ont pris aucune part au développement interne de la pensée musulmane, cela est d'autant plus vrai du rapport des Mongols au bouddhisme.

Si les Mongols se différencient des Turks par une manifestation plus vive des traits typiques de la psychologie touranienne, c'est l'inverse qui est vrai des Finno-Ougriens. Les traits de psychologie touranienne se manifestent certes nettement chez eux, mais toujours à un plus faible degré que chez les Turks. Les langues finnoises sont en général construites sur les mêmes principes de base que les langues turkes, mais ces principes sont mis en pratique de façon moins conséquente[9].

---

[9] Essentiellement, le matériau linguistique lui-même, l'ensemble des sons et des formes dans les langues finno-ougriennes, est moins rudimentaire, plus varié que dans les langues turkes : il y a des langues finnoises avec un système phonique assez riche, et de nombreuses langues finnoises ont des systèmes de conjugaison relativement complexes; par exemple, elles expriment au moyen d'indices personnels non seulement le sujet, mais encore le complément direct du verbe. Mais d'un autre côté, les lois fondamentales qui déterminent

Dans chaque langue, les irrégularités et les exceptions proviennent nécessairement de changements mécaniques inconscients, subis par la langue au cours de son histoire, et liés à la nature même de son évolution historique : chaque stade plus ancien de la langue est toujours plus «correct» qu'un stade plus récent. Mais l'esprit de soumission de la langue vivante aux lois schématiques inconscientes est si fort dans les langues turkes qu'il neutralise parfaitement cette action destructrice des processus historiques; c'est pour cela que les systèmes grammaticaux des langues turkes ne connaissent pas (ou presque pas) d'«exceptions», c'est pour cela également que les langues turkes actuelles sont si semblables les unes aux autres. Dans les langues finno-ougriennes, cet esprit contraignant dû à une forte régularité s'avère beaucoup plus faible. C'est pourquoi les systèmes grammaticaux de certaines de ces langues (par exemple le finnois proprement dit, ou «suomi») sont émaillés d'exceptions, et les langues finno-ougriennes diffèrent substantiellement entre elles. Une autre distinction entre le psychisme finno-ougrien et le psychisme turk réside en ce que les créations finnoises sont, disons, d'une envergure moindre que les créations turkes[10]. Enfin, si l'on compare les langues finno-ougriennes et les manifestations de la culture finno-ougrienne avec leurs équivalents turks, on note que les Finno-Ougriens sont psychiquement et culturellement beaucoup plus passifs que les Turks. Il y a bien, dans le lexique des langues turkes, des mots empruntés à d'autres langues, mais ces mots le sont la plupart du temps non pas à des voisins

---

la construction des mots ne sont pas mises en pratique de façon totalement conséquente : les lois d'harmonie vocalique et d'emploi des consonnes ne sont pas aussi claires, et surtout pas aussi détaillées que dans les langues turkes; la loi de la terminaison unique souffre de nombreuses exceptions, il s'agit des cas où deux terminaisons grammaticales se combinent; certaines langues finnoises admettent, en plus des suffixes, également des préfixes (préverbes) dans les verbes, etc.

[10] Cette affirmation trouve une illustration concrète et symbolique dans la musique. Il y a toutes les raisons de penser que la gamme finno-ougrienne fondamentale est faite des cinq premières notes de la gamme majeure. C'est dans cette gamme finno-ougrienne que jusqu'à présent sont composées les chansons des Vogoules et des Ostiaks, les chansons les plus anciennes des autres peuples finno-ougriens. Quant aux instruments à cordes les plus archaïques du type de la *gusla*, aussi bien chez les Finnois occidentaux («kantela») que chez les Vogoules et les Ostiaks («sanguldap»), ils ont cinq cordes accordées dans cette même gamme. Si l'on se souvient de ce qui a été dit plus haut sur les mélodies turkes, la comparaison peut s'établir ainsi : dans les unes comme dans les autres il n'y a que cinq tons, mais alors que dans les mélodies turkes ces cinq tons se répartissent dans les limites au moins d'une octave, les mélodies finno-ougriennes typiques se déploient dans les limites de la quinte. Lorsqu'on les écoute, les mélodies finno-ougriennes typiques produisent une impression de retenue et, surtout en comparaison avec les mélodies turkes, frappent par l'absence de toute envergure.

avec qui les Turks ont été en contact direct, mais à des peuples dont la culture a influencé celle d'un peuple turk donné, pour ainsi dire, «de loin», comme une mode étrangère : c'est pourquoi il y a toujours beaucoup plus de ces mots dans la langue savante que dans la langue populaire. En turc populaire de Turquie il y a passablement de mots arabes et persans, mais presque pas de mots grecs, arméniens ou slaves. En revanche, il y a toujours une masse de mots turks dans les langues des peuples avec qui les Turks ont été en contacts. C'est un tout autre tableau que présentent les langues finno-ougriennes sous ce rapport : leur lexique abonde littéralement en mots empruntés aux époques les plus différentes, depuis la plus haute antiquité jusqu'à aujourd'hui, à tous les peuples avec qui les Finno-Ougriens ont eu des contacts à un moment ou à un autre. Mais l'influence des langues finno-ougriennes sur le lexique des peuples qui ont été en contacts avec eux est extrêmement faible. Malgré la cohabitation séculaire des Grands-Russiens avec des Finno-Ougriens, on ne trouve en grand-russien qu'un très petit nombre de mots finnois, et encore s'agit-il de mots qui ne sortent pas des cadres d'un lexique régional géographiquement limité. Le magyar a eu une influence un peu plus grande sur les langues slaves voisines, mais surtout tardivement. En tout cas une chose est sûre, c'est que le nombre des mots slaves assimilés par le magyar est beaucoup plus grand que le nombre de mots magyars entrés, par exemple, en serbo-croate[11]. On observe la même passivité, la même ouverture aux influences étrangères dans tous les aspects de la culture spirituelle des Finno-Ougriens. On remarquera une influence slave, plus particulièrement russe, et de plus, une influence turke chez les Finno-Ougriens de la Volga et de la Kama et chez ceux de l'Est de l'Oural, une influence «balte» (lettone et lituanienne) et germanique chez les Finno-Ougriens occidentaux, à une époque plus ancienne une influence iranienne et caucasienne chez tous les Finno-Ougriens. S'il entreprend de détacher de la culture d'une ethnie finno-ougrienne tous ces éléments étrangers et, ainsi, de mettre au jour le noyau purement finno-ougrien de cette culture, le chercheur reste souvent les mains pratiquement vides. Et pourtant, malgré ces emprunts constants de toutes parts, la culture des ethnies finno-ougriennes a un caractère original, qui se distingue nettement de celle des peuples d'où proviennent les emprunts. Cette originalité réside avant tout en ce que, une fois qu'ils ont emprunté un élément de culture à un peuple, les Finno-Ougriens conservent cet

---

[11] Ce n'est que sur les langues samoyèdes que l'influence finno-ougrienne a été importante, encore que les langues finno-ougriennes (le zyriane, le vogoule et l'ostiak) aient elles-mêmes subi une influence samoyède en retour.

élément sous un aspect plus ancien, plus archaïque que la façon dont cet élément est conservé dans son milieu initial. Ainsi les Mordves ont gardé beaucoup d'éléments culturels empruntés aux Grands-Russiens, éléments qui chez les Grands-Russiens eux-mêmes soit sont tombés dans un total oubli, soit se sont transformés de façon méconnaissable, si bien qu'on ne peut conclure à leur origine slave que parce qu'ils se rencontrent encore chez certains autres Slaves. Cette originalité, d'autre part, vient aussi du fait que les Finno-Ougriens font la synthèse d'éléments empruntés à des cultures diverses. Enfin, s'ils empruntent des motifs et, disons, le matériau de construction de valeurs culturelles, les méthodes de construction et les fondements psychologiques des formes de création restent chez eux des formes autochtones, des formes touraniennes. En gros, on peut dire que les Finno-Ougriens conservent tous les traits typiques du psychisme touranien, mais sous un aspect quelque peu adouci, et avec moins d'activité psychique que les Turks et les Mongols.

Ainsi, bien que la parenté génétique entre les différentes familles de langues «ouralo-altaïques» ou «touraniennes» soit plus que douteuse, et que les différents peuples touraniens diffèrent grandement entre eux sous de nombreux rapports, on peut parler néanmoins d'un type ethnopsychologique touranien unique, dont les types ethnopsychologiques turk, mongol et finno-ougrien sont des nuances ou des variantes.

V

Pour répondre à la question de savoir comment et en quoi le type psychologique touranien peut se refléter dans le caractère national russe, et quelle importance ont eue les traits du psychisme touranien dans l'histoire russe, il faut au préalable se faire une idée claire et concrète du type psychologique touranien tel qu'il se manifeste dans la vie d'un individu. Cela peut se faire en partant de la définition du type psychologique touranien que nous avons donnée plus haut.

Le représentant typique du psychisme touranien se caractérise, dans son état normal, par la quiétude et le sens de la clarté. Non seulement sa pensée, mais encore toute sa perception de la réalité se rangent d'elles-mêmes dans les schémas simples et symétriques de ce qu'on peut appeler son «système philosophique inconscient»[12]. C'est dans les schémas de ce

---

[12] Tout en nous rendant compte de ce que ce terme a de paradoxal, nous nous sommes néanmoins résolu à l'employer, faute de mieux.

système philosophique inconscient que s'inscrivent ses actions, son comportement et son mode de vie. De plus, ce «système» n'est plus pensé comme tel, car il est enfoui dans l'inconscient, il est devenu le support de toute la vie spirituelle[13]. C'est grâce à cela qu'il n'y a pas de coupure entre la pensée et la réalité extérieure, entre le dogme et le mode de vie. Les impressions externes, les pensées, les actes et le mode de vie se fondent en un tout unique et indivisible. C'est de là que vient cette clarté, cette quiétude, et, en quelque sorte, cette autonomie. Dans la pratique, cet état d'équilibre stable couplé à une activité spirituelle faible peut amener à l'immobilisme et à la routine. Mais ce n'est nullement nécessaire, car ces traits sont tout à fait compatibles avec une activité spirituelle importante. La stabilité et l'harmonie du système n'excluent pas la créativité, mais, naturellement, cette créativité est réglée et dirigée par les mêmes fondements inconscients, et, grâce à cela, les produits de cette créativité entrent naturellement, d'eux-mêmes, dans le même système de vision du monde et de vie quotidienne, sans porter atteinte à son harmonie et à son intégrité.

En ce qui concerne la valeur sociale et culturelle des représentants du type psychologique touranien, on ne peut pas ne pas la reconnaître comme positive. Le psychisme touranien confère à une nation force et stabilité culturelle, renforce la continuité historico-culturelle et crée des conditions propices à l'économie des forces nationales, conditions favo-

---

[13] Il est important que le système soit bien *inconscient*. Dans les cas où le système, dans les schémas simples et clairs duquel tout doit prendre place (le monde extérieur, les pensées, le comportement, le mode de vie), est perçu comme tel et se trouve en permanence dans le champ de la conscience, il se transforme en «idée fixe» [o], l'individu qui est possédé par ce système devient un maniaque fanatique, privé de toute quiétude et de sens de la clarté. Cela a lieu lorsque le système est mal agencé et mauvais, faisant que l'être y trouve place non pas *spontanément*, mais par une violence sur la nature. Un tel cas est possible si un individu du type touranien refuse ce système de vision du monde et de vie quotidienne, fruit des efforts constants des générations successives, qui fait vivre les autres membres de son ethnie, et qu'il tente de créer lui-même un système totalement nouveau. Incapable de penser de façon créative (et, par conséquent, de chercher un nouveau système) sans avoir dans son inconscient un fondement stable et achevé, un tel individu, la plupart du temps, ne peut créer qu'un système mauvais, impraticable, modifiant grossièrement et simplifiant un système étranger. De tels cas, bien sûr, sont rares, et, par suite du caractère incommode du système créé par de tels individus, ce système n'a ordinairement aucun succès chez les autres représentants du type touranien. S'ils possèdent un tempérament particulièrement fort et des dons exceptionnels, les créateurs de semblables systèmes rustiques, ou *idées fixes* [o] peuvent réussir à rassembler autour d'eux tout au plus une petite secte de gens aussi fanatiques qu'eux de cette «idée».

rables à toute édification[14]. La réussite de cette construction dépend, bien sûr, du degré auquel une nation est douée et spirituellement active; ce degré peut varier, et il n'y pas de lien nécessaire entre le type psychologique touranien et un quelconque degré précis de talent ou d'activité psychique. En affirmant la valeur sociale et historico-culturelle du type psychologique touranien, nous ne faisons qu'affirmer qu'à chaque niveau auquel une nation peut être douée et psychiquement active, le type psychologique touranien crée pour l'évolution de cette nation des conditions favorables déterminées.

VI

L'aspect positif du psychisme touranien a joué, cela ne fait pas de doute, un rôle bénéfique dans l'histoire de la Russie. On ne peut pas ne pas remarquer des manifestations de cet aspect du psychisme touranien dans la Russie moscovite d'avant Pierre le Grand. Tout le style de vie, dans lequel la religion et les mœurs formaient un tout (la «confession de la foi dans l'existence quotidienne» [bytovoe ispovedničestvo]), les idéologies d'État, la culture matérielle, l'art et la religion étaient des parties inséparables d'un système unique, d'un système qui n'était pas exprimé en termes théoriques ni formulé consciemment, mais qui se trouvait néanmoins dans l'inconscient de chacun et déterminait la vie de chacun et l'être même de la totalité nationale; ce style de vie, cela ne fait aucun doute, portait la marque du type psychique touranien. Or c'est précisément sur ce fondement que s'appuyait la Russie ancienne, ce qui lui conférait force et stabilité. Certains observateurs étrangers superficiels n'ont remarqué dans la Russie ancienne rien d'autre que la servilité du peuple devant les agents du pouvoir et de ces derniers devant le Tsar,

---

[14] Il va de soi que cela ne vaut que pour l'aspect normal du psychisme touranien. Les représentants du type psychologique touranien dont le sytème n'admet sans violence ni le monde, ni les pensées, ni le comportement, ni le mode de vie actuels, autrement dit les fondateurs de sectes dont il a été question dans la note précédente, sont socialement néfastes. Par leur sectarisme ils détruisent, au lieu de créer, l'unité nationale. Leur créativité, fondée sur l'aspiration obstinée à accorder leur perception de la réalité, leur morale et leur mode de vie avec un schéma préconçu, simpliste et maladroit, introduisent dans la culture des éléments d'une valeur fort douteuse. A cause de leur fanatisme implacable, attisé par une idée obsédante, qui taraude en permanence le cerveau, ils détruisent plus qu'ils n'édifient, et ce qu'ils détruisent ou veulent détruire a d'ordinaire beaucoup plus de valeur que tout ce qu'ils peuvent proposer à la place. Mais il faut garder à l'esprit que de tels individus sont des exceptions, et se rencontrent rarement parmi les authentiques Touraniens.

mais il est tout à fait certain que cette observation était incorrecte. La soumission inconditionnelle est le fondement du système étatique touranien, mais, comme tout dans la pensée touranienne, elle va jusqu'au bout, de façon conséquente, et s'étend en principe jusqu'au gouvernant suprême, qui est immanquablement pensé comme soumis totalement à un principe supérieur, fondement directeur de la vie de chaque sujet. Dans la Russie ancienne ce principe directeur était la foi orthodoxe, comprise comme l'union organique des dogmes religieux et des rites avec une culture orthodoxe particulière, dont une des manifestations concrètes était le système étatique avec son échelle hiérarchique; et c'est précisément ce principe supérieur, valable pour chaque sujet comme pour le Tsar lui-même, et non, bien sûr, celui de l'esclavage à l'état pur, qui fondait la Russie et la soudait en une totalité unique. La foi orthodoxe, dans l'acception russe ancienne de ce terme, était précisément ce cadre de conscience dans lequel tout avait sa place : la vie privée, le système étatique et l'Univers tout entier. On ne peut manquer de voir une certaine analogie avec ce qui a été dit plus haut sur l'aspect normal du psychisme touranien dans le fait que ce cadre de conscience ne faisait pas l'objet d'une pensée théorique consciente, mais était la base inconsciente de toute la vie psychique. Même si l'Orthodoxie reçue par les Russes venait non pas des Touraniens mais de Byzance, même si elle s'opposait directement dans la conscience nationale russe à tout ce qui était tatare, l'attitude du Russe envers la foi orthodoxe et le rôle même que cette foi jouait dans sa vie étaient fondés, dans une certaine mesure, sur la psychologie touranienne. C'est justement à cause des traits touraniens de son psychisme que le Russe ancien ne pouvait pas séparer sa foi de son mode de vie, ne savait pas distinguer consciemment, dans les manifestation de sa religion, les éléments secondaires, et c'est pour cela qu'il s'est avéré un si piètre théologien lors de ses rencontres avec les Grecs. La différence psychologique entre l'attitude russe et l'attitude grecque envers la foi et le rite, qui s'est manifestée de façon si nette à l'époque du Schisme [p], résultait directement du fait que dans le caractère national russe ancien étaient profondément enracinés des éléments ethno-psychologiques touraniens totalement étrangers à Byzance.

L'État moscovite est né grâce au joug tatar. Les tsars de Moscou, avant même d'avoir terminé de «rassembler les terres russes» se sont mis à rassembler les terres de l'*oulous* [q] occidental de la grande monarchie mongole : la Moscovie ne devint un État puissant qu'après la prise de Kazan, d'Astrakhan et la conquête de la Sibérie[15]. Le tsar russe a été

---

[15] C'est de cette période que la tradition épique populaire fait partir le début de l'État moscovite : «apparut Moscou, ville de pierre, apparut le Tsar terrible Ivan Vassilevič».

l'héritier du khan mongol. Le «renversement du joug tatar» a mené au remplacement du khan tatar par le tsar orthodoxe et par le déplacement à Moscou du Quartier Général du khan. Une proportion importante de *boyars* et d'autres *hommes de service* du tsar moscovite était constituée de membres de l'aristocratie mongole. Le système étatique russe découle sur certains points du système tatare, et il est douteux que soient dans le vrai les historiens qui ferment les yeux sur ce fait ou qui essayent d'en diminuer la portée[16]. Mais si une telle ignorance des sources tatares du système étatique russe est possible, c'est bien sûr parce que dans le contenu et dans la justification idéologique de ce système apparaissent nettement des éléments que l'on ne peut directement rattacher au système étatique tatare. Il s'agit de l'orthodoxie et des traditions byzantines. Le miracle de la conversion du système étatique tatare en système russe a été rendu possible grâce à l'intensité du sentiment religieux orthodoxe qui a envahi la Russie à l'époque du joug tatar. Cet élan religieux a permis à la Russie d'ennoblir le système étatique tatare, de lui conférer un nouveau caractère éthique et religieux et de le faire sien. Il y a eu une russification et une orthodoxisation de tout ce qui était tatare, et le tsar de Moscou, qui a hérité de cette nouvelle forme de l'étatisme tatare, s'est vu auréolé d'un tel prestige que tous les autres khans de l'*oulous* occidental se sont inclinés et effacés devant lui. La conversion massive de l'aristocratie tatare à l'orthodoxie et son entrée au service du tsar de Moscou a été l'expression extérieure de cette force d'attraction morale.

Mais si dans la Russie moscovite le système étatique et l'idée même d'État, touraniens d'origine, ont acquis des traits orthodoxes, une consé-

---

Tout ce qui a eu lieu avant Ivan le Terrible, qui a soumis Kazan, Astrakhan et la Sibérie, est renvoyé par la tradition populaire dans une antiquité épique légendaire, à l'époque du Grand Prince Vladimir. Même un événement comme le refus d'Ivan III de payer le tribut aux Tatars a été fixé dans une *byline* (consacrée à Vassilij Kazimirovič) dans laquelle la «ville capitale» est la Kiev traditionnelle et le prince est Vladimir.

[16] En tant que linguiste et ethnographe, et non historien, l'auteur de ces lignes ne désire pas se fourvoyer dans un domaine scientifique qui n'est pas le sien. Il faut néanmoins souligner que des termes entrés en russe àl'époque du joug tatare, tels que *den'ga* «l'argent (monnaie)», *altyn* «pièce de trois kopecks», *kazna* «trésor public», *tamga* «sceau, marque» (qui a donné *tamožnja* «douane»), *jam* «relais de poste» (qui a donné *jamskaja gon'ba* «service obligatoire de la poste», *jamščina* «ce qui concerne le service de poste», *jamskoj* «de poste», etc.) sont d'origine tatare. Cela montre nettement que l'influence tatare a été déterminante dans des fonctions importantes de l'État comme l'organisation des finances et le réseau des communications par poste. Si l'on compare les particularités administratives de l'État moscovite avec les idées de Gengis Khan qui ont présidé à l'organisation de son État, certaines analogies sautent aux yeux. Ces questions méritent une étude détaillée de la part des historiens.

cration religieuse chrétienne et ont été idéologiquement liés aux traditions orthodoxes, une question se pose : n'y a-t-il pas eu un phénomène inverse, c'est à dire une certaine «touranisation» de la tradition byzantine elle-même et une introduction de traits du psychisme touranien dans la vision russe de l'orthodoxie? La Russie moscovite, malgré la force et l'intensité de l'élan religieux, qui déterminait non seulement son existence, mais aussi son origine même, n'a donné aucun grand théologien orthodoxe, exactement de la même façon que les Turks n'ont donné aucun théologien musulman de quelque importance, quand bien même ils ont toujours été plus pieux que les Arabes. On voit ici se manifester des traits communs de psychologie religieuse : dans les deux cas, le dogme de la foi est considéré comme une donnée, comme la base fondamentale de la vie psychique et du comportement, et non comme un objet de spéculation philosophique. Dans les deux cas, la pensée religieuse se caractérise par une certaine rigidité, un dédain de l'abstraction et une préférence pour le concret et l'enracinement des émotions et des idées religieuses dans les pratiques extérieures et le mode de vie. Au lieu d'un système théologique élaboré et construit, il y a eu dans la Russie ancienne un «système philosophique inconscient», non exprimé en mots, harmonieux, même si on n'en avait pas conscience formellement, et qui trouvait son expression non point dans des traités de théologie, mais dans tout le style de vie qui reposait sur ce système. C'est en cela que la religiosité russe se différenciait de la religiosité grecque, malgré son identité dogmatique avec cette dernière, et se rapprochait de la religiosité touranienne, avec laquelle elle n'avait pas et ne pouvait avoir de similitude dogmatique.

Il ne fait pas de doute que le mépris de l'abstraction et l'absence de créativité théologique orthodoxe, propres à la dévotion russe ancienne, étaient des défauts par rapport au caractère de la dévotion grecque. Mais, en même temps, on ne peut pas ne pas reconnaître que cette «confession de la foi dans la vie quotidienne», cette imprégnation de la culture et de la vie quotidienne par la croyance, qui étaient la conséquence des propriétés particulières de la dévotion russe ancienne, ont été positives. De toute évidence, quelque chose devait être fait. Une certaine hypertrophie des traits psychologiques touraniens a suscité dans la dévotion russe la routine et la rigidité de la pensée théologique, et il fallait se débarrasser de ces défauts[17]. Mais cela n'amoindrit en rien les propriétés positives

---

[17] Il était d'autant plus facile de s'en débarrasser que l'hypertrophie des traits psychiques touraniens a touché non pas l'ethnie russe dans sa totalité, mais seulement une partie, à

de la dévotion russe ancienne que l'on peut mettre au compte des traits du psychisme touranien. Cela est vrai du domaine religieux, cela ne l'est pas moins du domaine étatique : la greffe de traits touraniens caractéristiques sur le psychisme russe a permis aux Russes de forger la construction étatique grâce à laquelle la Russie moscovite est devenue l'une des puissances les plus étendues.

Si l'on dresse un bilan de tout ce qui a été dit sur le rôle des traits ethno-psychologiques touraniens dans le caractère national russe, on peut dire que dans l'ensemble ce rôle a été positif[18]. Les défauts étaient une rigidité excessive et un immobilisme de la pensée théorique. Il fallait se débarrasser de ces défauts, mais, bien entendu, sans aller jusqu'à sacrifier tous les traits positifs du type national russe, qui ont été engendrés par l'association du monde slave oriental et du monde touranien. Ne voir dans l'influence touranienne que des traits négatifs est une marque d'ingratitude et de mauvaise foi. Nous pouvons être fiers de nos ancêtres touraniens à un non moindre degré que de nos ancêtre slaves, et nous devons reconnaissance aux uns comme aux autres. La conscience d'être rattaché non seulement au type psychologique aryen, mais encore au type

---

savoir les Grands-Russiens. Les Petits-Russiens, qui ont été soumis à l'influence touranienne dans une bien moindre mesure que les Grands-Russiens, possèdent à un moindre degré certains traits d'origine touranienne (par exemple ils sont bien moins que les Grands-Russiens aptes à accueillir une construction étatique de grande envergure); en revanche ils font preuve, semble-t-il, d'une plus grande aptitude à la spéculation théologique, et ils ont donné à l'Église orthodoxe russe toute une série de grands théologiens, comme Dmitrij Rostovskij, Simon Tadorskij, Silvestr Kanevskij et toute l'école théologique de Mohyla, avec la tradition de l'Académie russe de théologie qui en est issue. Dans l'Église, tout comme dans d'autres domaines de l'expérience quotidienne, ces deux composantes principales de l'ethnie russe sont appelées à se compléter réciproquement. Si elles se détachaient l'une de l'autre, ces deux composantes risqueraient de tomber dans un exclusivisme unilatéral.

[18] Naturellement, on ne doit pas fermer les yeux sur le fait que des gens porteurs de propriétés anomales du psychisme touranien décrits plus haut ont aussi existé et existent encore dans le milieu russe. Ce sont les révoltés doctrinaires, fondateurs de sectes, les fanatiques obsédés par une seule idée, parmi lesquels beaucoup présentent même dans leur aspect extérieur des traits du type anthropologique touranien. Comme on pouvait s'y attendre, l'apport de telles personnes à l'histoire de la Russie est la plupart du temps négatif : elles divisent la nation au lieu de l'édifier, elles détruisent plus de valeurs qu'elles n'en créent. A cause du caractère non purement touranien, mais mixte, de la nation russe, de tels individus, extrêmement rares parmi les vrais Touraniens, sont un peu plus nombreux chez les Russes. Mais même parmi les Russes ils sont l'exception, et, bien entendu, ce n'est pas eux qu'il convient d'avoir en tête lorsqu'on examine le rôle du psychisme touranien dans l'histoire russe. Ce sont avant tout les cas normaux, et non les exceptions qu'il faut examiner.

touranien est indispensable pour chaque Russe qui aspire à une connaissance de soi au niveau individuel et national.

VII

Pour chaque nation, être sous un joug étranger n'est pas seulement un malheur, c'est aussi une école. Dans ses contacts avec les conquérants et les dominateurs étrangers, la nation emprunte aux dominants des traits psychiques et des éléments de la culture et de l'idéologie nationale. Si elle sait réélaborer organiquement et s'approprier ce qu'elle a emprunté, et qu'elle finit par se libérer du joug, on peut juger alors de l'impact bénéfique ou nuisible de ce joug selon la façon dont se présente la nation une fois libérée.

Le joug mongol a duré plus de deux siècles. La Russie a été soumise à ce joug alors qu'elle était un agglomérat de principautés liées par le système des apanages, aux tendances séparatistes, pratiquement dénuées du sens de la solidarité nationale et de l'État. Les Tatares sont venus, ils ont opprimé la Russie, et en même temps ils l'ont instruite. Un peu plus de deux siècles plus tard, la Russie est sortie du joug avec le vêtement d'un État orthodoxe, peut être «mal coupé», mais en tout cas «solidement cousu», soudé par une discipline spirituelle interne et par l'unité de sa «confession de la foi dans l'existence quotidienne», qui a montré sa force d'expansion vers l'extérieur. Tel a été le résultat du joug tatare, le fruit d'après lequel on peut juger de l'effet nuisible ou bénéfique de ce joug sur le destin du peuple russe.

Encore un peu plus de deux siècles plus tard est apparu Pierre le Grand, qui «a ouvert une fenêtre sur l'Europe». Par cette fenêtre se sont engouffrées des idées européennes. A commencé alors une période d'européanisation de la classe dirigeante, qui a attiré un grand nombre d'étrangers dans cette classe. Ce «système philosophique» harmonieux qui, dans la Russie moscovite, réunissait en un tout la religion, la culture, la vie quotidienne et l'organisation de l'État et sur lequel reposait toute la vie russe a commencé à être miné et à se détruire. A la suite de quoi le système étatique n'a pu que s'appuyer sur la seule contrainte. Le service militaire et le servage existaient dans la Russie d'avant Pierre le Grand, mais la Russie n'est devenue un pays militariste et esclavagiste *par excellence* [o] qu'à l'époque de l'européanisation. Et si l'on se souvient qu'à tout cela s'ajoutait parfois une répression acharnée de tout ce qui était russe, une prédominance spirituelle des idées européennes et le fait que la culture nationale russe était officiellement déclarée barbare, il ne sera sans doute pas exagéré de désigner cette période de l'histoire russe comme celle du «joug européen» ou «joug romano-germanique». Ce joug a duré lui aussi un peu plus de deux siècles. Maintenant la Russie en est sortie, mais sous un nouvel aspect, celui de l'URSS. Le bolchevisme est tout autant le fruit du joug romano-germanique bi-séculaire que le système étatique moscovite était celui du joug tatare. Le bolchevisme montre ce que la Russie a appris de l'Europe, comment elle a interprété les idéaux de la civilisation européenne, et la forme qu'elle donne à ces idéaux lorsqu'on les met en pratique. C'est d'après ce fruit qu'il faut juger de l'effet bénéfique ou nuisible du joug romano-germanique.

Et lorsqu'on compare les enseignements des deux écoles, tatare et romano-germanique, il apparaît que l'école tatare n'était pas si mauvaise...

NOTES DU TRADUCTEUR

[a] «O turanskom èlemente v russkoj kul'ture», *Evrazijskij vremennik*, n° 4, Berlin, p. 351-377, 1925, repris dans N.S. Trubeckoj, *K probleme russkogo samopoznanija*, Berlin, Evrazijskoe knigoizdatel'stvo, 1927, p. 34-53.
Dans sa présentation du recueil de 1927 Troubetzkoy indique que cet article «contient la définition de plusieurs traits fondamentaux du profil psychique touranien grâce à un examen ethnosophique synthétique du matériau ethnographique concret. Cela permet de déceler chez le peuple russe, dans le passé et le présent les traits psychiques qui l'apparentent au psychisme touranien, et de définir l'importance qu'ont eue et ont encore ces traits sur la personne du peuple russe. Certaines conclusions historiosophiques s'imposent d'elles-mêmes, qui sont en même temps des tâches à accomplir pour les recherches correspondantes des historiens.»
[b] *Plemja* : traduit ici par *ethnie* (le sens habituel de *tribu* ne convient pas ici, *cf.* russkoe plemja : ethnie russe).
[c] Dans son *Catalogue des langues de toutes les nations connues* (1800-1805) le jésuite et philologue espagnol Lorenzo Hervás nomme «touranienne» la famille de langues que l'on connaît aujourd'hui sous le nom d'ouralo-altaïque, et les éléments ethniques correspondants. Ce nom viendrait de *Tur*, dans la mythologie iranienne un des fils de Feridun, qui aurait reçu en apanage le *Touran*, ou Turkestan. A l'heure actuelle on ne parle plus de langue touranienne, mais Henri Vallois mentionne la race touranienne parmi les races de l'Asie (*Les races humaines*, Que Sais-je?, n° 146, 1976, p. 41. 1re édition : 1944). La solidarité imaginaire entre peuples touraniens (Bulgares et Turks du groupe turco-mongol, Magyars et Finlandais du groupe finnois) a alimenté dans les années 1900-1930 des mouvements nationalistes en Hongrie et en Turquie, aboutissant au pan-touranisme et visant en premier lieu à regrouper en un seul État les peuples turks de Turquie, d'Iran et d'URSS. L'idée que les Japonais sont d'origine touranienne a eu un certain succès au Japon à la même époque (*cf.* Akiyo Yuki : «Mémoire sociale et nationalisme au Japon»,

Le Genre Humain, n° 11, 1984, p. 158).
Une des grandes figures du diffusionnisme, le Père W. Schmidt, contemporain de Troubetzkoy, fondateur de l'«École de Vienne» en anthropologie, parlait également du «cercle culturel mongolo-touranien», qu'il opposait aux «Indo-Germains».
[d] Les Varègues sont un peuple scandinave qui, à la fin du 1er millénaire, tenait le commerce de l'ambre et du sel entre la Mer Baltique et la Mer Noire, le long des voies fluviales. Selon les premières chroniques russes, les princes varègues furent appelés par les Slaves de l'Est pour les diriger, ces derniers étant incapables d'établir l'ordre sur leurs propres terres. La dynastie régnante à Kiev à l'époque du «Baptême de la Russie» (988) serait d'origine varègue.
[e] «Grand-Russien» signifie ici «Russe proprement dit», «Petit-Russien» signifie «Ukrainien». Les uns comme les autres étaient considérés par Troubetzkoy comme des variantes de l'«ethnie russe». *Cf.* «Sur le problème ukrainien».
[f] Les équivalents français des noms de langues et de peuples ont été vérifiés d'après Denis Creissels : *Les langues d'URSS : aspects linguistiques et sociolinguistiques*, Paris : Institut d'Études Slaves, 1977. Mais un certain nombre des dénominations qu'utilise Troubetzkoy sont sorties de l'usage à l'heure actuelle.
[g] *Votiaks* : ancien noms des Oudmourtes.
[h] *Vogoules* : ancien nom des Mansi.
[i] *Ostiaks* : ancien nom des Khanty.
[j] A la différence des *Turcs*, habitants de Turquie, on désigne par *Turks* tous les peuples parlant des langues du groupe «turk» (azéri, turkmène, ouzbek, kazakh, kirghize, tatare, etc.).
[k] Troubetzkoy utilise les lettres de l'alphabet cyrillique pour noter les sons des langues turkes. On a tenté ici de retranscrire ces sons avec l'alphabet turc à base latine.
[l] Une *častuška* est une courte chanson rimée (habituellement faite de quatre vers), sur un thème de la vie quotidienne, parfois licencieux, genre très courant dans le folklore populaire russe à partir de la seconde moitié du xixe siècle.
[m] Le texte russe dit «subconscients». Il ne faut pas attribuer à Troubetzkoy une connaissance particulière de la terminologie freudienne, c'est pourquoi il a semblé plus clair de traduire ici par «inconscients».
[n] Selon B. Gasparov («The Ideological Principles of Prague School Phonology», in K. Pomorska *et al.* (ed.), *Language, Poetry and Poetics*, Berlin-New York-Amsterdam, Mouton de Gruyter, 1987, p. 62) on aurait là le tableau des relations intellectuelles de Troubetzkoy (le Touranien) et Jakobson (le Sémite).
[o] en français dans le texte.
[p] Schisme : *cf. Les sommets...*, note [k].
[q] *oulous* : union clanique chez les Mongols, caractérisée par un territoire et soumise à un Khan.

Le problème ukrainien (1926) [a]

Les réformes de Pierre le Grand constituent une frontière nette entre deux époques de l'histoire de la culture russe. Il semblerait, à première vue, que sous le règne de Pierre le Grand ait eu lieu une rupture radicale de la tradition, que la culture de la Russie post-pétrovienne n'ait rien de commun avec celle de la Russie pré-pétrovienne, et que nul lien n'existe entre ces deux cultures. Mais les impressions de cette sorte sont en général erronées. Là où l'on perçoit, à première vue, de brusques ruptures de la tradition dans l'histoire d'un peuple, un examen attentif permet d'établir la plupart du temps le caractère illusoire de cette rupture, et révèle la présence de liens initialement imperceptibles entre deux époques. Il en va ainsi de la culture russe avant et après l'époque de Pierre le Grand. On sait que les historiens de la culture russe mettent constamment en évidence toute une série de phénomènes reliant les périodes de la culture russe d'avant et d'après Pierre le Grand, et permettant d'affirmer que les réformes de ce dernier ont été préparées par certains courants de la culture pré-pétrovienne. Si l'on embrasse du regard tous ces liens entre les deux cultures identifiés par les historiens, on obtient le tableau suivant : il n'est possible de parler de rupture complète de la tradition que si l'on restreint le sens du terme de «culture russe» à sa variante grand-russienne. Mais aucune rupture brusque de la tradition n'a eu lieu dans la culture russe occidentale (en particulier dans la culture ukrainienne) à l'époque de Pierre le Grand. Et, dans la mesure où cette culture ukrainienne avait commencé à pénétrer la Russie moscovite dès avant

Pierre le Grand, y donnant naissance à des courants sympathisants avec elle, on peut considérer que les réformes culturelles de Pierre le Grand ont trouvé un terrain propice en Grande Russie.

Depuis le XVe siècle jusqu'au milieu du XVIIe siècle, la culture de la Russie occidentale et celle de la Russie moscovite ont évolué dans des voies si différentes que l'écart qui les séparait était devenu extrêmement important. Mais, en même temps, la vive conscience de l'unité pan-russe et de l'héritage culturel byzantin qu'elles avaient en commun ne permettaient pas de les considérer comme totalement indépendantes l'une de l'autre, et faisait voir en elles deux «variantes», des individuations différentes d'une seule et même culture pan-russe. Après le rattachement de l'Ukraine [b], la question s'est posée de la fusion de ces deux variantes en une seule. Cette question, cependant, se posait d'une manière offensante aussi bien pour l'amour-propre national grand-russien que petit-russien[1] : il était moins question de faire fusionner les deux variantes de la culture russe que d'éliminer l'une d'entre elles comme variante «pervertie», et de conserver l'autre comme unique variante «correcte» et authentique. Les Ukrainiens considéraient que la variante moscovite de la culture russe avait été corrompue par l'analphabétisme des Moscovites, à qui ils reprochaient l'absence d'écoles et devant qui ils se targuaient de leurs réalisations en matière d'éducation. Les Moscovites, quant à eux, considéraient comme corrompue la variante ukrainienne (et en général russe occidentale), du fait de l'influence hérétique du catholicisme polonais. Les gens raisonnables comprenaient sans doute que les deux parties avaient tout à la fois raison et tort, que les Grands-Russiens feraient bien d'ouvrir des écoles et les Ukrainiens de se débarrasser de bien des traits empruntés aux Polonais. Mais les gens raisonnables étaient peu nombreux et les majorités de part et d'autre campaient sur des positions irréconciliables. C'est pourquoi, dans la pratique, le problème se réduisait à savoir laquelle des deux variantes de la culture russe devait être adoptée ou rejetée en totalité. C'était au gouvernement, c'est-à-dire, en fin de compte, au tsar, de trancher. Le gouvernement prit le parti des Ukrainiens, ce qui était parfaitement correct du point de vue politique : l'inévitable mécontentement des Grands-Russiens pouvait déboucher tout au plus sur des révoltes de caractère localisé, tandis que celui des Ukrainiens pouvait rendre très difficile, voire impossible, le rattachement de

---

[1] Nous utilisons les termes de «petit-russien», et d'«ukrainien», alors que dans les deux cas il serait plus correct de dire «russe occidental». Pendant la période considérée, on ne faisait pas de différence entre Petits-Russiens et Blancs-Russiens (Biélorusses) dans les couches supérieures (au sens culturel) de la société de Russie occidentale.

l'Ukraine, qui était en cours de réalisation. Or, une fois qu'il eut pris le parti des Ukrainiens, le gouvernement moscovite ne fit que les premiers pas vers la reconnaissance du caractère «correct» de la variante ukrainienne de la culture russe. Il est vrai que c'étaient les pas les plus importants, qui consistaient à «corriger» les livres de la liturgie (c'est-à-dire à remplacer la version moscovite de ces livres par une version ukrainienne); il s'agissait des réformes du Patriarche Nikon [c]. Dans ce domaine l'unification fut totale, en ce sens que tout ce qui était grand-russien fut remplacé par ce qui était ukrainien. Mais dans les autres domaines de la culture et de la vie, l'unification ne fut pas réalisée avant Pierre le Grand. En Ukraine régnait une variante purement occidentale de la culture russe, sans aucune adjonction grand-russienne; en Grande-Russie il y avait un mélange de culture moscovite et russe occidentale. Du reste, certains représentants de la classe supérieure (les «occidentalistes» de l'époque) allaient assez loin dans l'adoption des éléments russes occidentaux par la culture grand-russienne, alors que d'autres (les nationalistes moscovites d'alors) essayaient de maintenir la pureté de la tradition grand-russienne.

Le tsar Pierre s'était donné pour but d'européaniser la culture russe. Il est clair que seule la variante russe occidentale, ukrainienne, de la culture russe pouvait être utilisée à cette fin, puisqu'elle avait déjà absorbé certains éléments de la culture européenne (dans sa variante polonaise) et quelle manifestait une tendance à évoluer dans cette même direction. Au contraire, la variante grand-russienne de la culture russe, à cause de son europhobie très prononcée et de sa tendance à l'autarcie, non seulement était inadaptée aux buts fixés par Pierre le Grand, mais encore elle était un obstacle à leur réalisation. C'est pourquoi Pierre le Grand essaya de déraciner et d'anéantir la variante grand-russienne de la culture russe et fit de la variante ukrainienne la seule variante de la culture russe, en l'instaurant comme point de départ de son évolution future.

C'est ainsi que mourut la vieille culture grand-russienne, moscovite, sous le règne de Pierre le Grand. La culture qui depuis cette époque vit et se développe en Russie est le prolongement organique et direct non pas de la culture moscovite, mais de la culture kiévienne, ukrainienne. On peut l'observer dans tous les domaines. Prenons, par exemple, la littérature. La *langue normative* [litteraturnyj jazyk] utilisée dans les belles-lettres comme dans la littérature religieuse et scientifique aussi bien en Russie occidentale qu'en Russie moscovite était le slavon d'Église [d]. Mais les variantes de cette langue à Kiev et à Moscou avant le XVIIe siècle différaient quelque peu, aussi bien en matière de lexique que de syntaxe et de stylistique. Dès le patriarcat de Nikon, la variante kiévienne évinça la variante moscovite dans les livres liturgiques. On peut observer plus tard le même processus d'éviction dans les autres types de littérature, si bien que le slavon d'Église qui servit de base à la langue normative «slavo-russe» de l'époque de Pierre le Grand était le slavon d'Église dans sa variante kiévienne. Il existait dans la Russie moscovite une riche tradition poétique (versifiée), mais cette tradition était essentiellement orale. Il ne nous est parvenu qu'un très petit nombre d'œuvres poétiques écrites, mais à partir de celles qui nous sont connues (par exemple *Povest' o Gore-Zločastii* «Récit du Chagrin et du Malheur»), on peut se faire une idée précise des particularités de cette tradition poétique. La langue était du grand-russien presque pur, avec quelques éléments de slavon d'Église, agrémentée de certaines conventions poétiques traditionnelles; sa versification n'était ni syllabique ni tonique, mais reposait sur les mêmes principes que ceux des chants folkloriques grand-russiens. En Russie occidentale, en revanche, c'est une autre tradition poétique, purement livresque, qui s'est établie; s'appuyant sur la tradition polonaise, elle se caractérisait par une versification syllabique et l'usage de la rime. En Russie occidentale ces «vers» (*virši*) étaient écrits en slavon d'Église ou dans le jargon russo-polonais (ou plus exactement biélorusso-polonais) qui servait de langue de la conversation et de langue des affaires aux classes supérieures de la société russe. La poésie russe occidentale avait pénétré en Grande-Russie avant Pierre le Grand (écrite bien sûr en slavon d'Église, c'est-à-dire dans la langue normative pan-russe de l'époque). Populaires, par exemple, étaient les poèmes de Simeon Polockij. On vit même apparaître à Moscou des imitateurs locaux de ce genre de poésie; citons ne serait-ce que Silvestr Medvedev. A partir de l'époque de Pierre le Grand, la poésie russe de l'ancien type grand-russien se retira définitivement «chez le peuple» : dans les couches supérieures (au sens culturel) de la société il n'existait plus dès lors qu'une tradition poétique qui prenait sa source dans les *virši* syllabiques écrits en slavon d'Église. La *prose narrative* existait tant en Moscovie qu'en Russie occidentale, mais dans ce dernier cas l'écrasante influence polonaise ne permettait pas le développement d'une tradition indépendante, et, par conséquent, la prose narrative consistait presque exclusivement en traductions. En Russie moscovite, en revanche, il y avait une tradition indépendante de récit en prose, qui était devenue particulièrement forte au XVIIe siècle, et laissait espérer une évolution florissante (*cf.*, par exemple, *Le récit de Savva Grudcyn*). En même temps, durant tout le XVIIe siècle, la Russie moscovite était inondée par les récits traduits en provenance de la Russie occidentale. C'est bien à cette tradition russe occidentale qu'adhère la prose narrative russe de l'époque post-pétrovienne : la tradition moscovite autochtone était morte avant d'avoir pu atteindre son plein épanouissement. Il est hautement probable que l'*art oratoire* existait en Russie moscovite. Le style des œuvres de l'archiprêtre Avvakum [e] est nettement oratoire et, malgré son apparente absence d'artifice, suppose une ancienne tradition orale de prédication. Mais cette tradition n'a rien de commun avec celle de la rhétorique scolastique implantée en Russie occidentale par les confréries [f] et l'Académie Mohylienne [g]. Moscou avait été en contact avec cette tradition ukrainienne de prédication dès avant Pierre le Grand. C'est durant le règne de celui-ci que les célèbres orateurs ukrainiens Feofan Prokopovič et Stefan Javorskij assurèrent le triomphe définitif de cette tradition. Toute la tradition rhétorique (religieuse aussi bien que séculière) de la période post-pétrovienne remonte précisément à cette tradition ukrainienne, et non à la tradition moscovite, qui s'était définitivement éteinte, sans laisser derrière elle d'autres témoignages que les quelques indications qu'on peut tirer des œuvres d'écrivains Vieux-Croyants [h] comme Avvakum. Finalement, ce n'est qu'en Russie occidentale qu'existait une littérature *dramatique* avant Pierre le Grand. Il n'y avait pas de tradition dramaturgique indépendante à Moscou. En de rares occasions on donnait à la cour des œuvres dramatiques d'auteurs ukrainiens (par exemple Simeon Polockij). La littérature dramatique russe d'après Pierre le Grand est génétiquement liée à l'école dramatique ukrainienne. Nous voyons ainsi que la littérature russe post-pétrovienne est le prolongement direct de la tradition littéraire russe occidentale, ukrainienne.

On peut observer la même situation dans les autres formes d'art : dans la musique vocale (avant tout religieuse) et instrumentale, en peinture (où la tradition grand-russienne n'a été maintenue que chez les Vieux-Croyants, alors que toute la peinture d'icônes et le portrait remontent en Russie post-pétrovienne à la tradition russe occidentale), et dans l'architecture religieuse (c'est à dire le seul type d'architecture pour lequel on reconnaissait certains droits au «style russe»[2]). Mais cette adhésion aux traditions russes occidentales et le rejet des traditions moscovites ne s'observent pas seulement dans l'art, mais également dans tous les autres aspects de la culture spirituelle de la Russie post-pétrovienne. L'attitude envers la religion et l'évolution de la pensée ecclésiastique et théologique devaient naturellement se fondre dans la tradition russe occidentale, une fois que la version russe occidentale de la liturgie fut reconnue comme

---

[2] Sur la tradition russe occidentale dans l'architecture, la peinture et la sculpture russes après Pierre le Grand, *cf.* P.N. Savickij : «Velikorossija i Ukraina v russkoj kul'ture», *Rodnoe Slovo*, Varsovie, 1926, n° 8 [La Grande-Russie et l'Ukraine dans la culture russe].

seule correcte sous le patriarcat de Nikon, que l'Académie Mohylev de Kiev devint le foyer pan-russe des plus hautes lumières spirituelles, au point que la majorité des dignitaires de l'Église russe furent pendant longtemps issus de cette Académie. C'est aussi à la tradition russe occidentale qu'était redevable la pédagogie après Pierre le Grand (dans les écoles, dans l'esprit et le contenu de l'enseignement). Enfin, l'attitude envers l'ancienne culture grand-russienne telle qu'elle était dominante durant la période post-pétrovienne était typiquement d'origine russe occidentale : c'était chose convenue (et ça l'est encore) de porter les mêmes jugements sur cette culture que ceux qui étaient proférés par les Ukrainiens «lettrés» au XVIIe siècle...

II

C'est ainsi qu'au tournant des XVIIe et XVIIIe siècles eut lieu une *ukrainisation de la culture spirituelle grand-russienne*. La différence entre la variante russe occidentale et la variante moscovite de la culture russe fut éliminée par éradication de cette dernière. Il n'y avait plus qu'une culture russe *unique*.

Cette culture russe unique de l'ère post-pétrovienne était d'origine russe occidentale, ukrainienne, mais le système étatique russe était, lui, d'origine grand-russienne, c'est pourquoi le centre de la culture devait se déplacer de l'Ukraine en Grande-Russie. La conséquence en fut que cette culture devint ni spécifiquement grand-russienne, ni spécifiquement ukrainienne, mais *pan-russe*. Toute son évolution ultérieure fut déterminée dans une large mesure par ce passage d'une situation limitée, locale, à une autre, englobante et nationale à un niveau supérieur. La variante russe occidentale de la culture russe s'était formée à une époque où l'Ukraine était une province polonaise et où la Pologne, du point de vue culturel, était une province (une province lointaine) de l'Europe romano-germanique. Mais à partir de l'époque de Pierre le Grand cette variante russe occidentale de la culture russe, devenue la seule culture pan-russe, fut par là même celle de la capitale, au moment où la Russie commençait à aspirer à jouer un rôle en «Europe». La culture ukrainienne, en quelque sorte, se déplaçait d'une insignifiante petite ville provinciale vers la capitale. Il lui fallut donc fortement modifier son apparence provinciale. Elle s'efforça de se débarrasser de tout ce qui était spécifiquement polonais, et de le remplacer par les éléments correspondants des cultures romano-germaniques originelles (allemande, française, etc.). L'ukrainisation devint ainsi un pont vers l'européanisation. La base linguistique de la culture changea également. Il existait autrefois en Russie occidentale, parallèlement au slavon d'Église normatif livresque, un jargon russo-polonais, qui servait de langue de la conversation et de langue séculière [delovoj jazyk] pour les classes supérieures de la société. Mais, après que la variante ukrainienne de la culture russe fut devenue pan-russe, ce jargon russo-polonais, emblème du joug polonais et de l'esprit provincial, ne pouvait, naturellement, continuer à exister. La langue séculière grand-russienne dominante en Grande-Russie, élaborée dans le milieu des clercs moscovites, subissait fortement l'influence de ce jargon russo-polonais, mais elle finit par le supplanter, et devint la seule langue séculière des classes supérieures, et cela non seulement en Grande-Russie, mais encore en Ukraine. Entre cette langue et le slavon d'Église, qui continuait à jouer son rôle de langue normative, se nouaient des relations d'osmose, d'infiltration mutuelle : la langue de la conversation des classes supérieures se «slavonisait» fortement, alors que le slavon, lui, se russifiait. Finalement, les deux se sont fondus pour devenir le russe moderne, à la fois langue normative, langue de la conversation courante et langue séculière de tous les Russes cultivés, qui est la base linguistique de la culture russe.

L'ukrainisation culturelle de la Grande-Russie et la transformation de la culture ukrainienne en culture pan-russe eurent pour conséquence naturelle que cette culture perdit son caractère provincial spécifiquement ukrainien. Or elle ne pouvait pas acquérir un caractère spécifiquement grand-russien, pour la simple raison que, comme on l'a indiqué plus haut, la continuité de la tradition culturelle spécifiquement grand-russienne avait été définitivement et irrévocablement interrompue, et seule la langue de chancellerie des clercs moscovites s'était maintenue. C'est de là que provient le caractère pan-russe abstrait de toute la culture «pétersbourgeoise» post-pétrovienne.

Mais la prédominance de ce caractère pan-russe abstrait menait en pratique au rejet de ce qui était spécifiquement russe, c'est à dire à un auto-dénigrement national. Et cet auto-dénigrement devait naturellement provoquer une réaction de ceux qui possédaient un sentiment national sain.

Cette situation, dans laquelle, au nom de la grandeur de la Russie, tout ce qui était authentiquement russe était persécuté et éradiqué, était trop absurde pour ne pas provoquer une protestation. Il n'est pas étonnant que soient apparues dans la société russe des tendances qui affirmaient la singularité du caractère national russe et mettaient en évidence la physionomie nationale russe. Cependant, comme ces courants étaient dirigés contre le caractère abstrait de la culture pan-russe et qu'ils s'efforçaient de le remplacer par quelque chose de concret, ils avaient inévitablement un caractère régionaliste bien marqué : toute tentative pour donner à la culture russe une identité nationale plus concrète amenait nécessairement à choisir une individuation du peuple russe (grand-russienne, petit-russienne ou biélo-russienne), puisque n'existent concrètement que les Grand-Russiens, les Petits-Russiens et les Biélorusses, alors que les «Pan-Russes» ne sont qu'une abstraction. Et effectivement, on voit que les courants engagés en faveur d'une culture russe nationale concrète suivent deux lignes parallèles : grand-russienne et petit-russienne[3]. C'est justement le strict parallélisme de ces deux lignes qui est remarquable; on peut l'observer dans toutes les manifestations des courants susmentionnés. Ainsi, dans le domaine de la littérature, on trouve à partir de la fin du XVIIIe siècle toute une série d'œuvres écrites volontairement dans la langue et le style populaires; ces œuvres se rangent sur deux lignes d'évolution étroitement parallèles, une grand-russienne et l'autre petit-russienne. On observe dans les deux initialement une tendance parodique et humoristique (par exemple *Le preux Elisej* [Bogatyr' Elisej] de V. Majkov dans la ligne grand-russienne, l'*Enéide* de Kotljarevskij dans la ligne petit-russienne), qui est remplacée par la suite par une tendance romantico-sentimentaliste mettant l'accent sur la stylistique de la chanson populaire (le point culminant dans la tradition grand-russe est Kol'cov, dans la tradition petit-russienne Ševčenko). Au milieu du XIXe siècle, cette tendance est remplacée à son tour par la littérature accusatrice et celle du «mal civique» [graždanskaja skorb'] (forme spécifiquement russe du «mal du siècle» européen). L'idéalisation romantique de l'époque ancienne d'avant Pierre le Grand, qui s'exprimait dans la littérature, l'historiographie et l'archéologie, et découlait aussi de cette recherche du concret national, se manifeste simultanément et parallèlement dans ces deux lignes parallèles, grand-russienne et ukrainienne. On peut en dire tout autant du populisme et des différentes sortes de «marche au peuple» [i]. Tout populiste, pour autant qu'il s'intéressât à un peuple réel, concret, devenait inévitablement un «régionaliste» à un certain degré, et un partisan enflammé des caractéristiques populaires et des formes de vie spécifiquement grand-russiennes ou ukrainiennes.

Bien que l'attirance envers le concret national à l'époque pétersbourgeoise ait revêtu des formes régionalistes ou d'insistance sur une certaine individuation de l'ethnie russe (grand-russienne, ukrainienne, etc.), ce

---

[3] Une tendance biélorusse a toujours existé, mais elle a toujours été développée plus faiblement.

phénomène était pan-russe par nature, parce que ses causes étaient elles-mêmes pan-russes. La Russie post-pétrovienne se distinguait par la coupure entre l'élite culturelle et les fondations concrètes dans le peuple, et cette coupure provoquait à la fois la séparation de l'intelligentsia et du peuple et le désir ardent de les réunir. Le problème de la réforme de la culture ou de la construction d'un nouvel édifice culturel, dans lequel les étages supérieurs s'élèveraient organiquement à partir des fondations populaires, était pan-russe par nature. Ce problème se pose encore à l'heure actuelle à toutes les composantes de l'ethnie russe, aux Grands-Russiens comme aux Ukrainiens et aux Biélorusses.

III

Une question se pose en relation avec la réforme de la culture : la nouvelle culture doit-elle être pan-russe, ou bien une telle culture ne doit-elle pas exister du tout, et doit-on alors créer de nouvelles cultures pour chaque sous-groupe de l'ethnie russe?

Cette question se pose de façon aiguë pour les Ukrainiens. Elle est grandement compliquée par des considérations politiques, et va généralement de pair avec celle qui consiste à se demander si l'Ukraine doit être un État entièrement indépendant, ou un membre d'une fédération russe, ou encore une entité faisant partie de la Russie. Pourtant, dans ce cas particulier, il n'est nullement nécessaire de faire un lien entre l'aspect politique et l'aspect culturel de la question. On sait qu'il existe une culture pangermanique, alors que toutes les parties de l'ethnie allemande ne sont pas réunies en un seul État; on sait également que les Hindous ont une culture tout à fait indépendante, bien qu'ils soient depuis longtemps privés de leur indépendance politique. Le problème de la culture ukrainienne et de la culture pan-russe doit donc être envisagé en dehors de la question des relations politiques et juridiques entre l'Ukraine et la Grande-Russie.

Nous avons vu plus haut que la culture pan-russe de l'ère post-pétrovienne souffrait de plusieurs défauts importants, qui avaient entraîné le désir de la réformer dans une voie concrète nationale. Certains partisans du séparatisme culturel ukrainien s'efforcent de montrer que la culture qui a existé en Russie jusqu'à présent est une culture grand-russienne, et non pan-russe. Mais cela est incorrect dans les faits; nous avons vu plus haut que la création d'une culture pan-russe dans la période post-pétrovienne a eu pour base l'ukrainisation de la Grande-Russie, que cette culture pan-russe n'a des liens de continuité qu'avec la culture russe occidentale, ukrainienne, d'avant Pierre le Grand, et non avec l'ancienne culture grand-russienne, dont la tradition a été interrompue à la fin du XVIIe siècle. On ne peut nier ce fait absolument évident que les Ukrainiens ont pris une part active non seulement à la création, mais encore au développement de cette culture pan-russe, et qu'ils l'ont fait en tant qu'Ukrainiens, sans renier leur appartenance à l'ethnie ukrainienne. Au contraire, ils ont affirmé leur identité : on ne peut exclure Gogol de la littérature russe, Kostomarov [j] de l'historiographie russe, Potebnja [k] de la philologie russe, etc. Il est tout simplement impossible de nier que la culture russe de l'époque post-pétrovienne est une culture pan-russe, ou d'affirmer que c'est une culture étrangère pour les Ukrainiens. Et si cette culture a été perçue par certains Ukrainiens comme n'étant pas entièrement la leur, et même si le fossé qui sépare l'élite culturelle des masses est évident lorsqu'on considère les modèles de pensée et le mode de vie du simple peuple en Ukraine, le même phénomène peut être observé en Grande-Russie. Par conséquent, ce n'est pas dans le fait que la culture était grand-russienne qu'il faut chercher les causes de ce phénomène.

Toute culture doit avoir deux composantes, l'une orientée vers son fondement ethnographique concret enraciné dans le peuple, et l'autre vers les hauteurs de la vie spirituelle et intellectuelle. Pour assurer la stabilité et la vitalité de la culture, il faut d'abord un lien organique entre ces deux composantes, et ensuite que chacune accomplisse sa fonction inhérente, c'est à dire que celle qui est du côté des racines populaires reflète les traits individuels de son fondement ethnographique concret, et que celle qui est orientée vers les hauteurs spirituelles corresponde aux aspirations spirituelles des plus éminents représentants de la nation.

Dans la culture pan-russe de l'époque d'après Pierre le Grand, ces deux composantes, ou ces deux «étages» n'étaient pas développés de façon identique. L'«étage inférieur»[4], qui était tourné vers les fondements

---

[4] Pour éviter tout malentendu, nous devons immédiatement préciser que nous ne mettons aucun jugement de valeur dans les termes «supérieur» et «inférieur». Non seulement nous ne voulons pas répondre à la question de savoir lequel de ces deux étages a le plus de «valeur», mais encore nous pensons que cette question est mal posée. L'image de l'étage «supérieur» et «inférieur» ne renvoie pas à des degrés différents de perfection ou de valeur culturelle, mais seulement à deux fonctions différentes de la culture. Les degrés de valeur et de perfection ne dépendent pas de ces fonctions, mais de l'activité des créateurs individuels, qu'ils travaillent à l'étage «supérieur» ou «inférieur». La poésie de Kol'cov a une plus grande valeur esthétique que celle de Benediktov, et pourtant Kol'cov se trouvait à l'étage «inférieur», et Benediktov à l'étage «supérieur».

culturels enracinés dans le peuple, était très mal adapté aux traits concrets du type ethnologique russe et, par conséquent, accomplissait mal sa fonction. Une personne «du peuple» ne pouvait s'associer à cette culture qu'à condition de perdre complètement (ou presque complètement) son individualité, en réprimant et en perdant certains traits essentiels précisément pour le «peuple». Au contraire, l'«étage supérieur» de la culture pan-russe, orienté vers les hauteurs de la vie spirituelle et intellectuelle, permettait au moins de satisfaire complètement les besoins spirituels de l'intelligentsia russe.

Essayons maintenant d'imaginer ce qui se passerait si en Ukraine on remplaçait cette culture pan-russe par une culture ukrainienne nouvelle, spécialement créée, qui n'aurait rien de commun avec la culture pan-russe précédente. La population ukrainienne devrait «opter» pour l'une ou l'autre. Si la nouvelle culture ukrainienne réussissait à adapter son «étage inférieur» au fondement ethnographique concret, les couches populaires opteraient bien sûr pour cette nouvelle culture ukrainienne, puisque, comme nous l'avons vu, dans l'ancienne culture pan-russe cette orientation vers les racines populaires était mal développée, et mal adaptée aux traits spécifiques individuels du peuple. Mais, pour que cette nouvelle culture ukrainienne soit choisie non seulement par les masses populaires mais aussi par les élites cultivées (c'est-à-dire par la plus haute intelligentsia), il faut que l'«étage supérieur» de cette culture réponde aux plus hautes demandes intellectuelles de l'intelligentsia ukrainienne cultivée, dans une plus grande mesure encore que dans le cas de l'ancienne culture pan-russe. Dans le cas contraire, l'intelligentsia ukrainienne (et plus précisément l'intelligentsia cultivée, celle qui a le plus de poids du point de vue de la création culturelle) restera fidèle, dans son écrasante majorité, à la culture pan-russe. Une culture ukrainienne autonome qui serait privée de la collaboration de cette composante la plus précieuse du peuple ukrainien serait condamnée à la dégénérescence et à la mort.

Si l'on considère la question de façon impartiale, on en vient à la conclusion que, s'il est vraisemblable qu'une nouvelle culture ukrainienne parviendrait de façon satisfaisante à adapter l'«étage inférieur» de l'édifice culturel aux racines populaires, il est, en revanche, peu vraisemblable que cette culture puisse satisfaire ne serait-ce que partiellement à l'autre condition, à savoir créer un nouvel «étage supérieur» capable de mieux répondre aux plus hautes demandes de l'intelligentsia que ne le faisait l'ancienne culture pan-russe. La nouvelle culture ukrainienne ne sera jamais capable de concurrencer la culture pan-russe pour répondre aux besoins spirituels les plus élevés. D'abord, elle ne possédera pas la riche tradition culturelle de la tradition pan-russe. Or l'insertion dans cette tradition et son utilisation comme point de départ facilite grandement le travail de ceux qui créent les plus hautes valeurs spirituelles, même s'il s'agit de créer des valeurs entièrement originales. De plus, lorsqu'il s'agit de créer de hautes valeurs culturelles, une sélection qualitative des créateurs est de première importance. Il est, par conséquent, vital que se développe cet aspect de la culture, que la totalité ethnique dans laquelle évolue la culture soit la plus large possible : plus les porteurs d'une culture sont nombreux, plus grand (toutes choses étant égales par ailleurs) sera le nombre absolu des gens talentueux qui naîtront parmi ces porteurs de la culture; et plus les gens talentueux seront nombreux, plus l'«étage supérieur» de la culture se développera intensivement, plus forte sera la concurrence. La concurrence élève la qualité de l'édification culturelle [1]. Ainsi, toutes choses étant égales par ailleurs, l'«étage supérieur» de la culture commune d'une grande unité ethnologique sera toujours qualitativement plus parfait et quantitativement plus riche que dans les autres cultures que pourraient élaborer des parties isolées de la même unité ethnologique, travaillant chacune pour elle-même, indépendamment des autres. Tout représentant impartial de cette totalité ethnologique doit bien le reconnaître; et, s'il en a le choix, il optera naturellement pour la culture de la totalité ethnologique (dans ce cas particulier, la culture pan-russe), et non pour la culture d'une partie de cette totalité (dans ce cas particulier, la culture ukrainienne). Il s'ensuit que seuls des préjugés ou l'absence de choix peuvent faire opter pour la culture ukrainienne. Tout ce qui vient d'être dit concerne aussi bien les créateurs des hautes valeurs culturelles que les «consommateurs», c'est à dire ceux qui les évaluent. La nature même de son activité fait que tout créateur de biens culturels de haute valeur (s'il a véritablement du talent et qu'il a conscience de ses forces) s'efforce de rendre les produits de sa création accessibles au plus grand nombre possible d'évaluateurs compétents. Et chaque «consommateur» de ces biens culturels s'efforce à son tour de jouir du produit de l'activité créatrice du plus grand nombre de créateurs possible. Cela explique que les uns et les autres soient intéressés à élargir, et non pas à rétrécir le champ de la culture en question. La limitation de ce champ ne peut être souhaitable que pour des créateurs privés de talent ou médiocres, qui veulent se protéger de la concurrence (un talent authentique ne craint pas la concurrence!) ou pour des régionalistes chauvins, bornés et fanatiques, qui ne se sont jamais élevés jusqu'à pouvoir évaluer une haute culture pour elle-même, et ne peuvent apprécier un produit de l'activité culturelle que dans la mesure où il se trouve à l'intérieur des limites de la variante régionale particulière d'une culture. Ce sont des gens de ce type qui, en général, opteront non pour la culture pan-russe, mais pour une culture ukrainienne complètement indépendante. Ils deviendront les principaux adeptes et les dirigeants de cette nouvelle culture et y imprimeront leur marque, celle de la mesquine vanité provinciale, de la médiocrité triomphante, de la banalité, de l'obscurantisme, sans parler de l'atmosphère de constante suspicion, d'éternelle crainte de la concurrence. Et bien sûr, ces gens feront tout pour restreindre ou abolir la possibilité de choisir librement entre la culture pan-russe et une culture ukrainienne indépendante. Ils essaieront d'empêcher les Ukrainiens de connaître le russe normatif, de lire des livres russes, de s'intéresser à la culture russe. Mais même cela ne sera pas suffisant : il faudra encore inculquer à toute la population de l'Ukraine une haine ardente et farouche envers tout ce qui est russe, et maintenir cette haine au moyen de l'école, de la presse, de la littérature, de l'art, même au prix de mensonges et de calomnies, du rejet de son propre passé historique, allant jusqu'à fouler aux pieds les valeurs nationales les plus sacrées. En effet, si les Ukrainiens ne sont pas animés de *haine* envers tout ce qui est russe, il restera toujours la possibilité d'opter pour la culture pan-russe. Or il n'est pas difficile de comprendre qu'une culture ukrainienne créée de la sorte sera de très mauvaise qualité. Elle ne sera pas une fin en soi, mais seulement l'instrument d'une politique, d'une politique mauvaise, agressivement chauvine, bavarde et provocatrice. Les moteurs principaux de cette culture ne seront pas les véritables créateurs de biens culturels, mais des maniaques fanatiques, des politiciens hypnotisés par leurs propres idées obsédantes. Tous les éléments de cette culture : science, littérature, art, philosophie, etc., seront donc tendancieux, au lieu d'être une valeur en soi. La porte sera ouverte aux incapables, qui ramasseront des lauriers à bon marché en se pliant aux platitudes partisanes, alors que les authentiques talents, qui ne pourront se contenter des œillères de ces platitudes, seront réduits au silence.

Mais, par-dessus tout, on peut fortement douter que semblable culture puisse être véritablement *nationale*. Seuls de vrais talents, qui sont mus par une force intérieure irrationnelle et non par des objectifs politiques secondaires, sont capables d'incarner complètement l'esprit de la personnalité nationale dans des biens culturels. Mais il n'y aura pas de place pour de tels talents dans cet environnement chauvin malveillant. Les politiciens n'auront qu'une chose en tête : créer leur culture ukrainienne le plus vite possible, n'importe laquelle, pourvu qu'elle ne ressemble pas à la culture russe. Cela entraînera immanquablement une activité fiévreuse d'*imitation* : plutôt que de créer du neuf, n'est-il pas plus simple d'importer de l'étranger des biens culturels déjà existants (à condition qu'ils ne viennent pas de Russie!), après leur avoir inventé à la va-vite des noms ukrainiens! Une «culture ukrainienne» créée de cette façon ne sera pas l'expression organique de la nature propre de la personnalité nationale ukrainienne, et ne se distinguera guère des «cultures» qui sont en train d'être créées en hâte par les différents «jeunes peuples», qui jouent le rôle de figurants à la Ligue des Nations. Une telle culture combinera une mise en avant démagogique de quelques éléments isolés, choisis au hasard et, en fait, inessentiels du mode de vie populaire, avec la négation en pratique des fondements les plus profonds de ce mode de vie. Le «dernier cri» de la civilisation européenne (adopté mécaniquement et mis en place maladroitement) côtoiera les aspects les plus criants des vieilleries provinciales et de l'arriération culturelle. Et tout cela, avec un vide spirituel masqué par une autoglorification arrogante, une publicité tapageuse, des phrases grandiloquentes sur la culture nationale et les particularismes, etc., ne sera qu'un misérable succédané, non pas une culture, mais une caricature.

Telles sont les perspectives peu attrayantes qui s'ouvrent devant la culture ukrainienne si elle décide de *remplacer* la culture pan-russe ou de l'*éliminer*, ou d'entrer en *compétition* avec elle. Une situation dans laquelle chaque Ukrainien cultivé doit choisir entre être Russe ou Ukrainien aura pour conséquence une sélection de travailleurs culturels extrêmement désavantageuse pour l'évolution de la culture ukrainienne. En posant la question des rapports entre la culture ukrainienne et la culture pan-russe sous forme de *dilemme* («ou bien / ou bien»), les Ukrainiens condamnent leur culture future à l'état peu enviable que nous avons décrit. Cette formulation de la question est essentiellement défavorable pour les Ukrainiens. Afin d'éviter cet avenir lamentable, la culture ukrainienne doit être édifiée de façon à compléter la culture pan-russe, au lieu de se trouver en concurrence avec elle; en d'autres termes, *la culture ukrainienne doit devenir une individuation de la culture pan-russe.*

Nous avons déjà indiqué que l'étage «inférieur» (c'est à dire proche des fondations populaires) de l'édifice culturel devait être entièrement reconstruit, et que, dans cet édifice, la culture ukrainienne pouvait et devait manifester tout naturellement son individualité; nous avons d'autre part montré qu'à l'«étage supérieur» de la culture, qui inclut les plus hautes valeurs culturelles, il était impossible à la culture ukrainienne de concurrencer la culture pan-russe. On observe donc ici une délimitation naturelle entre le domaine de la culture pan-russe et celui de la culture ukrainienne. Cette délimitation, bien sûr, ne se résume pas à ce qui vient d'être dit, puisque, en plus de l'étage «supérieur» et de l'étage «inférieur» la culture a aussi des étages «du milieu», ou «intermédiaires». Quoi qu'il en soit, le principe même de différenciation a été expliqué.

IV

Ce sont les mêmes considérations qui doivent servir de base pour différencier le domaine de la culture pan-russe et ceux des cultures biélorusse, grand-russienne, et autres cultures régionales. Comme il a été dit, l'inadéquation entre l'«étage inférieur» de l'édifice culturel et les fondations populaires a été un phénomène général dans la culture russe d'après Pierre le Grand. Il convient à l'avenir de remédier à ce défaut, d'harmoniser la part de la culture russe tournée vers les racines populaires avec l'individualité nationale concrète du peuple russe. Une meilleure adéquation de la culture avec le peuple garantira la participation ininterrompue des «représentants du peuple» à l'édification culturelle. Et puisque cette partie de la culture doit être adaptée aux traits individuels *spécifiques* du peuple russe, il est bien naturel que cette entreprise soit fortement différenciée selon les domaines régionaux et ethniques. En effet, le «peuple russe en général» est une abstraction, il n'existe concrètement que les Grands-Russiens (avec leurs subdivisions : Grands-Russiens du Nord, du Sud, Pomores, Russes du bassin de la Volga, Sibériens, Cosaques, etc.), les Biélorusses, les Petits-Russiens, ou Ukrainiens (qui possèdent également leurs subdivisions). L'étage inférieur de l'édifice culturel doit s'adapter dans chaque région à la variante individuelle concrète du peuple russe (c'est à dire à l'individuation régionale de la personnalité nationale russe). C'est sur cette base que la culture russe doit se différencier fortement à l'avenir en fonction des régions et des provinces, et qu'en lieu et place de l'homogénéité abstraite, impersonnelle et bureaucratique du passé doit apparaître un arc-en-ciel aux teintes locales nettement différenciées.

Ce serait pourtant une grave erreur de considérer le développement de ces variantes locales comme le seul ou principal but du travail culturel. Il ne faut pas oublier que, en plus de son côté orienté vers ses racines populaires, chaque culture doit aussi avoir un autre côté, orienté vers les hauteurs spirituelles. Et malheur à la culture où ce côté est insuffisamment développé, au point que l'élite culturelle de la nation est obligée de subvenir à ses plus hauts besoins spirituels non pas avec ses propres biens culturels, mais avec ceux d'une culture étrangère! C'est pourquoi l'élaboration et le développement des aspects de la culture orientés vers les racines populaires doit s'accompagner d'un travail intense dans le domaine des valeurs culturelles «supérieures». Et si la nature même du travail effectué dans l'étage inférieur de la culture russe nécessite une différenciation en fonction des régions et groupes ethniques russes, celui effectué dans l'étage supérieur nécessite, là aussi de par sa nature même, la collaboration de tous les groupes ethniques russes. Autant les frontières régionales sont naturelles et essentielles à l'étage inférieur pour réussir une adaptation optimale de la culture aux spécificités de son fondement ethnographique, autant ces frontières à l'étage supérieur sont artificielles, superflues et néfastes. L'essence même de cette partie de la culture exige un diapason d'activités aussi large que possible, et toute limitation de ce diapason par des barrières régionales sera perçue comme une gêne inutile par les créateurs des biens culturels comme par leurs consommateurs. Seuls des chauvins régionaux maniaques et fanatiques, des créateurs médiocres et craignant la concurrence peuvent désirer qu'on élève des barrières régionales dans ce domaine de la culture. Mais si, pour plaire aux créateurs médiocres et aux consommateurs mal dégrossis de biens culturels, des barrières culturelles doivent être érigées non seulement à l'étage inférieur, mais encore à l'étage supérieur de l'édifice culturel, il régnera dans certaines régions du pays une atmosphère si étouffante de stagnation provinciale et d'étroitesse triomphante que tous ceux qui possèdent un vrai talent et qui sont intellectuellement mûrs fuiront la province pour la capitale. Et, en fin de compte, il ne restera plus dans les provinces ces travailleurs culturels dont l'activité est indispensable au travail dans les étages inférieurs de l'édifice culturel.

Ainsi, la différenciation ethnique et régionale de la culture russe ne doit pas toucher le sommet de l'édifice culturel, elle ne doit pas porter atteinte aux valeurs d'ordre supérieur. Il ne doit pas y avoir de frontières ethniques et régionales à l'«étage supérieur» de la future culture russe. C'est ce qui le distinguera de l'«étage inférieur», dans lequel les barrières ethniques et régionales doivent être fortement développées et clairement délimitées. Bien sûr, il ne saurait y avoir de frontière nette entre ces deux étages; ils doivent se fondre graduellement et imperceptiblement l'un dans l'autre. Autrement, la culture ne serait pas un *système unique*, elle ne serait pas une culture au vrai sens du terme. Les frontières régionales, nettement dessinées dans la partie inférieure de l'édifice culturel, s'estomperont graduellement à mesure qu'on s'élève et qu'on s'éloigne des fondations populaires; et au sommet de l'édifice, ces limites ne seront plus du tout apparentes. Il est important qu'il y ait une interaction constante entre le haut et le bas de l'édifice culturel. Les biens culturels nouvellement créés à l'étage supérieur doivent indiquer la direction que prendront les biens culturels individualisés et régionalement différenciés créés à l'étage inférieur. A l'inverse, les créations culturelles des individuations régionales de la Russie, une fois mises ensemble, doivent neutraliser les traits locaux et particuliers et souligner ceux qu'elles ont en commun, définissant ainsi l'esprit du travail culturel de l'étage supérieur. La fonction, la forme et les dimensions des barrières régionales doivent être déterminées par la nécessité d'assurer une constante interaction entre le haut et le bas de l'édifice culturel : ces barrières doivent garantir une individuation régionale correcte de la culture, mais ne doivent en aucun cas gêner l'interaction entre le haut et le bas. Il est évidemment impossible de réglementer tout cela avec précision. Les barrières régionales peuvent être importantes pour une question donnée, moins importantes pour une autre. L'important est seulement de comprendre correctement le sens de ces barrières et de ne pas en faire des fins en soi.

Pour que la culture russe soit un système unique, malgré la différenciation régionale et ethnique de sa partie inférieure, une condition doit être remplie : un seul et même principe organisateur doit soutenir aussi bien le sommet que toutes les variantes régionales de l'étage inférieur de la culture russe. Ce principe est la foi orthodoxe. Elle appartient en propre à chaque individuation ethnique du peuple russe, elle est profondément enracinée dans l'âme du peuple, et elle est en même temps capable de devenir le fondement des valeurs culturelles supérieures destinées aux représentants qualifiés de la plus haute culture russe. C'est ce principe qui était autrefois le nerf vital de toute la culture russe, et c'est grâce à lui que l'individuation russe occidentale et l'individuation moscovite de la culture russe ont été capables de se réunifier. Plus tard, l'engouement aveugle pour la culture européenne, sécularisée, athée, anti-chrétienne[5], caractéristique de l'époque post-pétrovienne, a sapé et détruit chez l'élite culturelle de la nation cet ancien pilier de la vie russe hérité des ancêtres, sans le remplacer par quoi que ce soit d'autre. Et, dans la mesure où l'attitude de cette élite culturelle a pénétré les masses populaires avec son rejet des principes orthodoxes, elle y a provoqué une véritable dévastation culturelle. Mais les meilleurs représentants du simple peuple comme ceux de l'intelligentsia ressentaient douloureusement ce vide spirituel; c'est une des raisons pour lesquelles la quête religieuse, prenant parfois les formes les plus paradoxales, est une caractéristique de la vie du peuple russe et de l'intelligentsia de toute l'époque post-pétrovienne. Cette quête ne pouvait trouver satisfaction tant que la culture russe est restée en dehors de la religion et que l'Église, placée par le gouvernement dans une position subordonnée [m] se trouvait en dehors de la culture (ou en tout cas en dehors du courant principal de la culture pan-russe). C'est ainsi que ceux qui étaient engagés dans une quête religieuse marchaient

---

[5] Ce n'est qu'au Moyen Âge que la culture européenne a été chrétienne (ou a voulu l'être); depuis ce qu'on appelle la «Renaissance» elle s'est placée en opposition au Christianisme. C'est cette forme de culture, opposée à l'Église, et finalement à toute religion, qui a été assimilée par la Russie européanisée après Pierre le Grand.

en désordre, et seulement certains d'entre eux «découvraient» accidentellement l'Orthodoxie au cours de leur quête. Maintenant, après l'époque de domination du communisme, quand la vacuité spirituelle de la culture séculière (et donc antireligieuse) s'est montrée sous son aspect le plus cru et qu'elle a atteint son point culminant, une réaction décisive doit nécessairement avoir lieu, avec l'aide de Dieu. La future culture russe doit devenir religieuse de haut en bas. L'Orthodoxie doit pénétrer non seulement la vie du peuple, mais encore toutes les parties de l'édifice de la culture russe, jusqu'à ses plus hauts sommets. Ce n'est qu'à ce moment-là que chaque Russe trouvera dans la culture russe une parfaite sérénité et la satisfaction de ses besoins spirituels les plus profonds; ce n'est qu'à ce moment-là que la culture russe constituera de haut en bas un système unique, en dépit de sa différenciation externe par ethnies et par régions.

V

A l'heure actuelle, nous assistons à une considérable différenciation régionale de la culture russe. En particulier dominent en Ukraine des aspirations à un total séparatisme culturel. Cela peut s'expliquer dans une large mesure par la politique soviétique, qui fait preuve d'indulgence envers le séparatisme culturel pour mieux désarmer le séparatisme politique. Il faut également tenir compte du fait que la majorité des intellectuels ukrainiens les plus qualifiés ont été empêchés de jouer un rôle décisif dans le travail culturel, ainsi que de l'afflux de membres de l'intelligentsia de Galicie [n], dont la conscience nationale a été complètement pervertie par des siècles de contact avec le catholicisme et par l'asservissement aux Polonais, et enfin de l'atmosphère de lutte nationale (ou plus exactement linguistique) séparatiste et provinciale qui a toujours caractérisé l'ancien Empire austro-hongrois. En ce qui concerne la population ukrainienne, certains groupes sympathisent moins avec les formes concrètes de l'ukrainisation qu'avec le fait qu'elle est orientée vers la séparation d'avec Moscou, d'avec Moscou la communiste. Le séparatisme culturel se nourrit ainsi des sentiments anti-communistes («petits-bourgeois» dans la terminologie soviétique) de certains milieux ukrainiens. Ces sentiments n'ont pas de liens inhérents, logiques avec le séparatisme culturel; au contraire, sous l'ancien régime ils avaient servi de support au centralisme. De plus, l'activité créatrice à l'étage supérieur de la culture, là où l'unité russe peut et doit se manifester le plus nettement, est entravée et artificiellement restreinte par l'hégémonie politique du communisme, qui interdit à qui que ce soit de non communiste de créer des biens culturels, mais est lui-même incapable de créer des valeurs supérieures qui pourraient répondre à des besoins spirituels tant soit peu développés.

Mais l'explication principale de cet engouement pour l'ukrainisation est naturellement le charme de la nouveauté et le fait que les ukrainomanes, qui ont pendant longtemps été opprimés et forcés de vivre dans la clandestinité, ont maintenant une pleine liberté d'action. Quoi qu'il en soit, on observe à l'heure actuelle dans ce domaine beaucoup de choses monstrueuses. L'ukrainisation est en train de devenir une fin en soi et donne lieu à une dépense inefficace et inutile des forces vives de la nation. A l'avenir il est évident que la vie apportera ses corrections et nettoiera le mouvement ukrainien de l'élément de caricature qui a été apporté par les maniaques fanatiques du séparatisme culturel. Bien des choses qui ont été et sont encore créées par ces nationalistes zélés sont destinées à la mort et à l'oubli. Mais l'opportunité de créer une culture ukrainienne particulière, distincte de la culture grand-russienne, ne peut plus être niée. Une conscience nationale correctement développée montrera aux futurs créateurs de cette culture ses limites naturelles comme sa véritable essence et sa véritable tâche : devenir une individuation ukrainienne particulière de la culture pan-russe. Ce n'est qu'à ce moment-là que le travail culturel en Ukraine acquerra un caractère qui permettra aux meilleurs éléments du peuple russe d'y participer en toute connaissance de cause.

Cela se passera lorsqu'à la base de la vie nationale en Ukraine (comme dans les autres régions de la Russie-Eurasie) la complaisance envers les instincts égoïstes et l'affirmation crue de la nature biologique de l'homme auront été supprimées, et remplacées par le *primat de la culture*, et par la connaissance de soi, aussi bien au plan personnel que national. L'eurasisme appelle tous les Russes (non seulement les Grands-Russiens, mais aussi les Biélorusses et les Ukrainiens) à lutter pour ces idéaux.

NOTES DU TRADUCTEUR

[a] «K ukrainskoj probleme», *Evrazijskij vremennik*, n° 5, 1927, Paris-Berlin, Evrazijskoe knigoizdatel'stvo, p. 165-184.
[b] Après la retraite des Tataro-Mongols au XIV[e] siècle, les territoires correspondant à l'actuelle Ukraine passent sous la juridiction de la Principauté de Grande Lituanie, qui incorporait aussi la Pologne. Celle-ci favorise dans ce pays la pénétration de Rome, qui

impose l'Église uniate (de rite oriental mais reconnaissant l'autorité du Pape), appelée à devenir Église nationale. Attachés au souvenir glorieux de l'ancienne Russie de Kiev, les habitants se disent «Russes», ce que l'Église romaine traduit par «Ruthènes». Pour les Moscovites, dont le tsar adopte finalement pour le pays le nom de «Russie», le pays du Dniepr n'est que la «Petite Russie»; plus tard on lui donnera le nom de sa zone frontière, qui fait face aux tatars : «Ukraine» (la Marche). Au XVIe siècle les révoltes de paysans contre l'ordre féodal polonais sont incessantes. A la suite de la guerre menée contre le pouvoir polonais, le rebelle Bogdan Khmelnitsky accepte la suzeraineté du tsar (accord de Perejaslav en 1654). C'est sans doute cet accord qu'a en vue Troubetzkoy lorsqu'il parle du «rattachement» de l'Ukraine. Mais il ne concerne que la rive gauche du Dniepr ainsi que Kiev et sa proche banlieue. La rive droite ne fut rattachée qu'à la fin du XVIIIe siècle, à la suite des partages de la Pologne, sauf une partie des Ruthènes occidentaux (Ruthénie subcarpatique, Bucovine, Galicie), qui firent partie de l'Empire austro-hongrois. Le dialecte (ou la langue?) ukrainien était interdit en territoire administré par l'Empire russe, mais favorisé, dans un but anti-russe, dans la partie autrichienne.
[c] *Cf.* note [g] dans *Les sommets...*
[d] On appelle «slavon d'Église» la langue livresque utilisée dans tous les types d'écrits, théologiques aussi bien que profanes (à peu d'exceptions près), dont la base est le «vieux-slave», langue créée par Cyrille et Méthode en 863 sur la base du dialecte bulgaro-macédonien de la région de Salonique, pour évangéliser les Slaves de Pannonie-Moravie. Au cours des siècles, des variantes locales de cette langue livresque originaire sont apparues dans les différentes régions du monde slave orthodoxe, donnant ainsi naissance au «slavon russe», «slavon serbe», «slavon bulgare», etc.
[e] Le protopope Avvakum (1620-1682) fut l'un des adversaires les plus acharnés des réformes du patriarche Nikon, et l'un des plus grands idéologues du Grand Schisme (*cf.* note [h] dans *Les sommets...*). *Cf.* P. Pascal, *Avvakum et les débuts du raskol*, Paris-La Haye, Mouton, 1969.
[f] Les confréries étaient des organisations laïques, fondées dans les villes lituaniennes à population ruthène à partir du XVIe siècle, et dont le but principal était l'ouverture d'écoles et d'imprimeries destinées à combattre l'influence «latine» en Ukraine. C'est dans ces imprimeries que furent publiés, à destination des écoles, les plus anciens manuels de grammaire du slavon (*cf.* Ľ. Ďurovič : «Émergence de la pensée grammaticale en Russie ancienne», *Histoire Épistémologie Langage*, t. XVII, fasc. 2, 1995, p. 17-32).
[g] A Kiev l'école de la confrérie devint l'«Académie spirituelle» fondée en 1630 par Pierre Mohyla, «Kievo-Mogiljanskaja Akademija», première école supérieure dans les pays slaves orientaux.
[h] *Cf.* note [k] dans *Les sommets...*
[i] La «Marche au peuple» (xoždenie v narod) : mouvement populiste utopique de jeunes intellectuels révolutionnaires qui pensaient pouvoir soulever les masses paysannes contre le pouvoir. En 1873 et 1874 des milliers de ces jeunes populistes «allèrent au peuple», c'est à dire à la campagne, où ils furent accueillis par la plus totale incompréhension de la part de ceux qu'ils pensaient délivrer de leur oppression. Ils furent arrêtés et condamnés à de lourdes peines.
[j] N.I. Kostomarov (1817-1885) : historien et écrivain russo-ukrainien. Partisan de l'autonomie culturelle et nationale ukrainienne, il était un des dirigeants de la *Société Cyrillo-Méthodienne* (Société secrète qui en 1845-47 préparait la libération nationale de l'Ukraine. Ses membres furent tous arrêtés sur dénonciation). Les travaux de Kostomarov portent sur l'histoire socio-politique et économique de la Russie et de l'Ukraine, ainsi que sur le folklore ukrainien. Ses œuvres littéraires étaient écrites en russe et en ukrainien.
[k] A.A. Potebnja (1835-1891) : linguiste slaviste russo-ukrainien. Il s'est consacré à l'étude de questions de langue et littérature (langue et pensée, nature de la poésie, poétique

des genres littéraires, problème de la «forme interne du mot»), de folklore, d'ethnographie, de linguistique générale, de phonétique, de grammaire et de sémasiologie des langues slaves. *Cf.* J. Fontaine : «A.A. Potebnja, figure de la linguistique russe du XIXe siècle», *Histoire Épistémologie Langage. Une familière étrangeté : la linguistique russe et soviétique*, t. XVII, fasc. 2, 1995, p. 95-112.

[l] L'expression «édification culturelle» (kul'turnoe stroitel'stvo) est faite sur le même modèle que les grands slogans des années 20-30 en URSS tels que «édification du socialisme» (socialističeskoe stroitel'stvo), «édification en matière de langue» (jazykovoe stroitel'stvo).

[m] En 1721 Pierre le Grand remplaça le patriarcat de Moscou (siège de l'Église orthodoxe russe autocéphale) par le Saint-Synode, organisme collégial dirigé par un *Ober-Prokuror* nommé par le tsar. L'Église était ainsi sous la tutelle directe du pouvoir politique et perdait toute indépendance.

[n] *Cf.* note [b]

Sur le problème de la connaissance de la Russie par elle-même (1927) [a]

L'un des concepts les plus importants de la théorie eurasiste, le plus important sans doute, est celui de *personne*. C'est sur lui que reposent la philosophie, l'historiosophie, la sociologie et la théorie politique eurasistes. En fait, l'eurasisme approfondit et élargit notablement le concept de personne, puisqu'il lui donne non seulement une portée individuelle, mais aussi collective : la personne «symphonique». Ainsi, du point de vue eurasiste, les individus, mais aussi les peuples sont des personnes. Qui plus est, même un ensemble de peuples ayant créé, créant ou susceptibles de créer une culture spécifique est considéré comme une *personne*. En effet, une culture, en tant qu'ensemble systématique de biens culturels, suppose une orientation vers un but, qui suppose à son tour la personne, elle est impensable sans la notion de personne. Il existe ainsi, à côté des personnes *individuelles*, des personnes *collectives*, formées d'*un seul peuple* ou de *plusieurs peuples*. Toute personne se manifeste concrètement dans un état défini, ou *individuation*. Observée de l'extérieur, la vie d'une personne individuelle apparaît comme une succession continue d'individuations, dont chacune (par exemple l'individuation d'un être humain dans son enfance, sa jeunesse, son âge mûr et sa vieillesse) peut être très différente des autres. Mais si l'on y regarde de plus près, on remarque que dans la vie de toute personne individuelle il y plusieurs «séries d'individuations», car chaque personne possède plusieurs facettes [liki], qui coexistent en tout temps, mais se manifestent concrètement dans telle ou telle des individuations qui se succèdent dans le temps. Il y a ainsi «moi dans le cercle familial» et «moi au travail», qui sont deux facettes différentes de la même personne individuelle. Mais chacune de ces facettes se modifie avec le temps, c'est à dire qu'elle n'a pas, par exemple, exactement les mêmes individuations que dix ans auparavant, etc. Mais la personne ne coïncide avec aucune de ces facettes et avec aucune de ces individuations : la personne en constitue *l'ensemble*. Cela est vrai de la personne individuelle comme de la personne collective. Mais, alors que la personne individuelle ne peut avoir d'individuations que se succédant dans le temps, la personne collective peut avoir aussi des individuations coexistantes. Les individuations synchroniques d'une personne faite de plusieurs peuples sont les différents peuples qui en font partie, etc. Ainsi, chaque personne individuelle peut être l'individuation (synchronique) d'une personne collective, chaque personne collective faite d'un seul peuple peut être celle d'une personne faite de plusieurs peuples, etc. Un peuple, en tant que personne, peut avoir plusieurs individuations synchroniques de caractère local (dialectal), dont chacune, considérée comme une personne, peut à son tour avoir plusieurs individuations plus particulières, etc. Ainsi, entre le peuple d'un côté et la personne individuelle de l'autre se trouvent plusieurs cercles concentriques d'individuations successives[1]. On obtient un tableau analogue si l'on considère un peuple comme l'individuation d'une personne faite de plusieurs peuples : un peuple peut n'être pas simplement l'individuation de cette personne faite de plusieurs peuples, mais l'individuation de l'une de ses individuations «dialectales», etc. En principe, toute personne est (réellement ou potentiellement) l'individuation d'une autre personne plus large englobante. Il existe une *hiérarchie de personnes* par inclusions successives. Chaque personne n'existe concrètement que dans cette hiérarchie de personnes, c'est à dire qu'elle n'existe empiriquement que dans la mesure où elle possède des individuations particulières, tout en étant l'individuation synchronique d'une autre personne. A côté de ce système statique de hiérarchie des personnes il existe, comme nous l'avons dit plus haut, pour chaque personne un «système dynamique» d'individuations diachroniques successives. A tout moment tout individu est membre de l'un et l'autre systèmes.

La personne est indécomposable et unique, elle ne peut donc être appréhendée totalement par la raison humaine. Elle peut et doit pourtant

---

[1] En ce qui concerne les classes, les couches sociales, etc., il n'est pas toujours possible de les considérer comme des individuations de personnes faites d'un seul peuple. Dans la majorité des cas, les groupes sociaux à l'intérieur d'un même peuple correspondent non pas à des individuations, mais à des facettes (au sens indiqué plus haut).

faire l'objet d'une étude scientifique et philosophique. On peut étudier soit les lois générales qui régissent l'existence de la personne et ses relations au monde et aux autres personnes, soit les formes empiriques de manifestation de la personne en général ou d'une personne en particulier. Cette étude se répartit entre plusieurs sciences, qui doivent être coordonnées par une science de la personne, ou *personologie*. Cette science n'existe pas encore concrètement. Son absence est une lacune importante de la pensée scientifique européenne, qui, précisément à cause de cette lacune, n'est pas capable de concevoir un tel système de sciences. Mais cette lacune est significative et révélatrice du défaut majeur de la culture et de la civilisation européennes, qui est l'oubli et la perversion de la nature de la personne. Il appartient à la culture future de créer les conditions permettant à la personne (individuelle ou collective) de réaliser pleinement sa véritable nature. C'est en fonction de cette tâche que doivent se transformer tous les aspects de la culture, y compris la science. Dans cette perspective, la création d'une personologie scientifique est une tâche pressante. Comme nous l'avons dit, cette science doit coordonner plusieurs autres sciences, qui ont jusqu'à présent évolué de façon tout à fait indépendante l'une de l'autre. C'est pourquoi, pour créer une personologie scientifique, il faut que les sciences qui doivent par la suite être coordonnées par la personologie essayent dès maintenant de s'accorder entre elles, de s'aligner les unes sur les autres, et prennent comme base le concept de personne (individuelle et collective) dans leurs constructions théoriques.

Concrètement, la personne (individuelle et collective) n'est pas une réalité exclusivement psychique. Elle est faite d'esprit et de chair, et se manifeste dans la sphère spirituelle comme dans la sphère charnelle. Il y a un lien fonctionnel si étroit entre l'esprit et la chair de chaque personne que l'étude séparée d'un seul de ces aspects ne produit qu'une abstraction. En revanche, il est possible d'étudier synthétiquement deux aspects de la personne considérée comme totalité psychophysique. Mais il y a plus. La personne existe concrètement dans un environnement physique déterminé, et entre elle et cet environnement s'établissent des liens très étroits. Pour les personnes collectives (qu'elles soient faites d'un ou de plusieurs peuples) ce lien avec l'environnement physique (la nature du territoire) est si fort que l'on peut affirmer que cette personne collective est inséparable de son environnement physique, et considérer celui-ci comme le prolongement de la personne collective, en tout cas comme une sorte de corrélat. Ce lien doit être considéré comme fonctionnel, sans qu'on ait à se demander si c'est la personne qui a choisi l'environnement physique qui lui convenait ou si, au contraire, c'est l'environnement qui a exercé une influence sur la personne en l'adaptant à lui. Ainsi, l'objet d'étude peut être la personne associée à son environnement physique; l'*étude descriptive* d'une personne collective concrète doit, en fin compte, porter sur cet objet le plus large qu'est la personne comme totalité psychophysique, unie à son environnement physique.

Naturellement, la division du travail fait que cette étude se répartira entre plusieurs disciplines scientifiques : l'une étudiera l'environnement physique, l'autre l'aspect charnel d'une personne collective, ses caractéristiques anthropologiques, etc. On peut avoir besoin de subdivisions plus fines. Par exemple, parmi les sciences qui étudient l'environnement physique, l'une peut concentrer son attention sur le sol, l'autre sur la végétation, etc. L'étude descriptive d'une personne se fait, bien sûr, à partir de ses manifestations extérieures : ses individuations et ses facettes, et là encore a lieu une division du travail entre les différentes disciplines. Les unes ne s'occupent que du système dynamique, elles étudient la successivité des individuations d'une personne dans le temps, sa biographie (ou bien son histoire, s'il s'agit d'une personne collective), les autres étudient les différentes formes de manifestation de cette personne statiquement, à un moment donné. Enfin, lorsque l'objet d'étude est une personne collective, il est utile d'étudier séparément chacune des individuations synchroniques de cette personne, c'est à dire chacun des peuples qui forment le groupe ethnique en question. L'étude est alors menée simultanément par plusieurs sciences : géographie, anthropologie, archéologie, ethnographie, statistique, histoire, histoire de l'art, etc. Mais il est important que les chercheurs qui effectuent ce travail aient conscience que leur enquête n'est qu'une partie de l'étude générale, et que l'objet commun de cette étude est la personne collective dans son environnement physique. Dans cette perspective, il sera nécessaire d'accorder les résultats obtenus dans les différentes disciplines, et de se pénétrer de leur sens. A côté d'études purement descriptives apparaîtront des études interprétatives du matériau factuel : à côté de l'histoire, une historiosophie, à côté de l'ethnographie, une ethnosophie, à côté de la géographie, une géosophie, etc. Sur la base de ces travaux interprétatifs doit se former une «théorie d'une personne concrète [b]», établissant le lien interne entre les différentes caractéristiques de cette personne, et définissant ses traits spécifiques. Cette théorie d'une personne concrète procède organiquement des études descriptives réalisées dans les différents domaines, tout en en déterminant l'orientation.

Pour les scientifiques qui adhèrent au mouvement eurasiste, l'objet principal de l'étude descriptive est la personne collective que les eurasistes appellent «Eurasie», considérée comme formant un tout avec son environnement physique, son territoire. L'étude scientifique de cette personne doit être menée de la façon indiquée plus haut, à savoir que cette personne doit être au centre des préoccupations de chaque chercheur étudiant une partie ou un aspect de cette personne, et que les travaux de tous les spécialistes doivent être coordonnés entre eux. Il faut donc que soit organisé de manière structurée le travail en commun des spécialistes des divers domaines. Le but de ce travail est de parvenir à une synthèse philosophique et scientifique, prenant forme à mesure de l'avancement de ce travail et grâce à lui. Et cette synthèse déterminera non seulement le sens, mais encore toute l'orientation du travail collectif comme de chaque étude particulière.

Toutefois, la tâche scientifique de l'eurasisme ne se borne pas à cette *étude descriptive* de l'Eurasie. Il convient d'étudier non seulement les propriétés et les particularités d'une personne donnée, mais encore les lois générales de la vie de toute personne, ce qui nécessite aussi d'organiser le travail commun des spécialistes de tout un ensemble de disciplines. Par la suite, à côté de ces investigations théoriques, seront nécessaires des études appliquées, de nature à établir quelles conditions politiques, économiques, etc., sont les plus propices à la vie et à l'évolution de la personne en général et d'une personne concrète en particulier. Et comme le concept de personne se trouve au centre de tous ces travaux théoriques et appliqués, ceux-ci doivent tous être accordés entre eux et constituer un système unique de sciences subordonnées à la personologie. Mais la tâche de l'eurasisme comme *système de vision du monde* ne se réduit pas non plus à cela. L'idée de personne, dominante dans le système des sciences, n'est pas épuisée par les sciences, elle est, au-delà de la science, le point de départ d'un système *philosophique*. Cette idée de personne est appelée à jouer un rôle tout aussi déterminant dans le système théologique, où sa nature se révélera pleinement et définitivement. Ainsi, au lieu d'une encyclopédie, c'est-à-dire d'un conglomérat anarchique d'idées scientifiques, philosophiques, politiques, esthétiques, non coordonnées entre elles, doit être créé un *système d'idées* harmonieux et cohérent. A ce système doit correspondre un système d'*actions pratiques*.

NOTES DU TRADUCTEUR

[a] «Ot avtora», *K probleme russkogo samopoznanija*, Paris, Evrazijskoe knigoizdatel'stvo, 1927, p. 3-9.
Michel Viel, qui a étudié avec beaucoup de finesse ce passage, note : «chacun est libre de trouver que Trubetzkoy apporte une contribution originale à l'étude des rapports entre

individu et société, ou au contraire de rejeter comme oiseux et réducteurs les efforts de classification des individualités» (Michel VIEL, *La notion de "marque" chez Trubetzkoy et Jakobson*, Paris, Didier-érudition, 1984, p. 169).

Outre le fait que M. Viel traduit *ličnost'* par «individualité», perdant ainsi le lien entre «personne» et «personologie», ce texte serait fort peu compréhensible si on le lisait uniquement ainsi. Il faut bien voir qu'il ne s'agit nullement d'élaborer une théorie de la personne, du moins que ce n'est pas un but abstrait, un but en soi. Ce texte n'a rien d'oiseux. Il faut simplement comprendre qu'il répond à un objectif fort concret, pratique, bien précis : chercher par tous les moyens possibles à prouver que l'Eurasie-URSS est un *tout indécomposable et naturel. Cf.* note suivante.

[b] Il s'agit bien d'une «théorie d'*une* personne concrète», et non d'une «théorie de *la* personne concrète». Ainsi, il doit y avoir une «théorie de la Russie-Eurasie», l'eurasisme étant la science synthétique se définissant par son objet : l'Eurasie en tant que personne.

Le nationalisme pan-eurasien (1927) [a]

I

Avant la Révolution, la Russie était un pays où le maître officiel de tout le territoire de l'État était le peuple russe. En outre, on ne faisait aucune distinction de principe entre les régions à population proprement russe et celles à population «allogène» : le peuple russe était le propriétaire et le maître des unes et des autres, et les «allogènes» n'étaient que des membres de la maisonnée.

La situation a changé avec la Révolution. Dans le processus de décomposition anarchique propre à la période révolutionnaire, la Russie aurait menacé de se désintégrer, si le peuple russe n'avait sauvé l'unité de l'État en sacrifiant sa position de maître unique. Ainsi, l'impitoyable logique de l'histoire a modifié la relation entre le peuple russe et les allogènes. Les peuples non-russes de l'ancien Empire russe ont acquis une position qu'ils n'avaient pas auparavant. Le peuple russe n'est plus qu'un des peuples égaux en droits qui occupent le territoire. Certes, comme il dépasse tous les autres peuples par son nombre et qu'il possède une longue tradition de système étatique, il joue naturellement et doit jouer le premier rôle parmi les peuples de l'État. Pourtant, ce n'est plus le maître de la maisonnée, mais seulement le *premier parmi les égaux*.

Ce changement survenu dans la situation du peuple russe doit être pris en compte par tous ceux qui réfléchissent à l'avenir de notre patrie. On ne doit pas supposer que la nouvelle situation du peuple russe parmi les autres peuples de l'ancien Empire russe et de l'actuelle URSS, situation qui s'est créée avec la Révolution, soit transitoire et provisoire. Les droits dont disposent désormais les peuples non russes de l'URSS ne peuvent plus être repris. Le temps renforce cette situation existante. Toute tentative de reprendre ou de réduire ces droits provoquerait une résistance acharnée. Si le peuple russe s'avise un jour de reprendre ou de réduire ces droits par la force, il se condamnera par là même à une lutte longue et pénible avec tous ces peuples, et à un état de guerre ouverte ou larvée avec eux. Il ne fait pas de doute qu'une telle guerre serait très opportune pour les ennemis de la Russie, et que, dans leur lutte contre les prétentions du peuple russe, les peuples de l'ancien Empire russe et de l'actuelle URSS devenus autonomes trouveraient un soutien et des alliés parmi les puissances étrangères. Et cela d'autant plus que, du point de vue moral, la position du peuple russe serait très désavantageuse, presque indéfendable. Cette lutte pour reprendre les droits des autres peuples serait impopulaire au sein même du peuple russe, du fait même qu'elle serait privée de tout fondement moral. Quelle que soit l'issue de cette lutte, elle signifierait pour le peuple russe la perte de son sens étatique au profit d'une auto-affirmation chauvine, ce qui serait dans tous les cas le signe que l'État est près de se désintégrer.

Il est donc hors de question de reprendre ou d'amoindrir les droits acquis par les différents peuples de l'ancien Empire russe avec la Révolution. La Russie où le seul maître de toute l'étendue du territoire de l'État était le peuple russe est maintenant du domaine du passé. Désormais, le peuple russe est et sera seulement un des peuples égaux en droits qui occupent le territoire de l'État et qui prennent part à sa direction.

Ce changement de rôle du peuple russe dans l'État pose une série de problèmes à la conscience nationale russe. Auparavant, le nationaliste russe *le plus extrémiste* était malgré tout un patriote. Maintenant, l'État dans lequel vit le peuple russe n'est plus la propriété exclusive de celui-ci, et le nationalisme russe exclusif est un facteur de déséquilibre pour les composantes de l'État, et aboutit par conséquent à détruire son unité. Un orgueil national russe excessif peut soulever contre le peuple russe tous les autres peuples de l'État, ce qui reviendrait à isoler le peuple russe. Si, autrefois, même un orgueil national russe extrême était un facteur sur lequel l'État pouvait s'appuyer, maintenant cet orgueil, *s'il atteint une certaine limite*, peut s'avérer un facteur antiétatique, qui, loin d'édifier l'unité de l'État, la fait éclater. Vu le rôle que joue désormais le peuple russe dans l'État, le nationalisme russe extrémiste peut mener au séparatisme russe, ce qui aurait été autrefois impensable. Un nationaliste extrémiste, qui désire à tout prix que le peuple russe soit le seul maître dans son État et que cet État appartienne en propriété pleine et entière au seul peuple russe, doit accepter dans les circonstances actuelles que toutes les «marches» se détachent de sa Russie, c'est à dire que les frontières de cette «Russie» coïncident approximativement avec celles de la population grand-russienne compacte de la Russie en-deçà de l'Oural : ce n'est que dans ces limites géographiques restreintes que ce rêve nationaliste radical est réalisable. Le nationaliste russe extrémiste est ainsi à l'heure actuelle un séparatiste, exactement de la même façon que tous les nationalistes séparatistes ukrainiens, géorgiens, azerbaïdjanais, etc.

II

Si, autrefois, le facteur fondamental qui soudait l'Empire russe en une totalité était l'appartenance de tout le territoire à un seul maître : le peuple russe, dirigé par son tsar russe, maintenant ce facteur a été anéanti. La question se pose alors de savoir quel autre facteur peut désormais souder toutes les parties de cet État en une totalité.

La Révolution a voulu faire de la réalisation d'un certain idéal social ce facteur unificateur. L'URSS n'est pas seulement un groupement de républiques, c'est un groupement de républiques *socialistes*, qui cherchent à réaliser le même idéal de système social, et c'est précisément cette communauté d'idéal qui réunit toutes ces républiques en une totalité.

La communauté d'idéal social et, par conséquent, de direction vers où tend la volonté étatique de toutes les parties de l'URSS est, certes, un puissant facteur d'unification. Et même si, avec le temps, le caractère de cet idéal vient à changer, le principe même de la présence nécessaire d'un idéal commun de justice sociale et d'orientation commune vers cet idéal doit rester à la base du système étatique des peuples et des régions qui se trouvent maintenant réunis dans l'URSS. On peut néanmoins se demander si ce facteur est suffisant pour réunir différents peuples en un même État. En effet, le fait que la République d'Ouzbékistan ou celle de Biélorussie soient toutes deux guidées dans leur politique intérieure par l'aspiration à atteindre le même idéal social n'implique nullement qu'elles doivent nécessairement être réunies à l'ombre du même État. Qui plus est, ce fait n'empêche même pas ces républiques d'être en relations hostiles ou de se faire la guerre. Il est clair que la communauté d'idéal social ne suffit pas, et que quelque chose d'autre doit contrebalancer les tendances séparatistes nationalistes des différentes parties de l'URSS.

Dans l'URSS contemporaine, l'antidote contre le nationalisme et le séparatisme est la haine de classe et la conscience de solidarité qu'a le prolétariat devant le danger qui le menace en permanence. Dans chaque peuple constituant l'URSS seuls les prolétaires sont reconnus comme des citoyens à part entière, et, en fait, l'URSS est composée non pas de peuples, mais des prolétaires de ces peuples. Tout en ayant conquis le pouvoir et en exerçant sa dictature, le prolétariat des différents peuples de l'URSS se sent constamment menacé par ses ennemis, aussi bien intérieurs (le socialisme n'est pas encore instauré, et, pendant la période actuelle de «transition» [b], il faut admettre l'existence de capitalistes et de bourgeois à l'intérieur même de l'URSS) qu'extérieurs (c'est-à-dire le reste du monde, qui se trouve entièrement aux mains du capitalisme mondial et de l'impérialisme). Et, pour maintenir leur pouvoir contre les machinations de leurs ennemis, les prolétaires de tous les peuples de l'URSS n'ont pas d'autre choix que de s'unir en un seul État. Cette façon de donner un sens à l'existence de l'URSS permet au gouvernement soviétique de combattre le séparatisme : les séparatistes cherchent à détruire l'unité étatique de l'URSS, mais cette unité est indispensable au prolétariat pour défendre son pouvoir; par conséquent, les séparatistes sont les ennemis du prolétariat. Pour la même raison il est possible et nécessaire de s'opposer au nationalisme, puisque ce dernier peut facilement être interprété comme un séparatisme latent. De plus, selon la doctrine marxiste, le prolétariat est dépourvu d'instincts nationalistes, qui ne sont que les attributs de la bourgeoisie et le produit de l'ordre bourgeois. La lutte contre le nationalisme se réalise déjà dans le fait même de déplacer l'attention du peuple des préoccupations nationales vers les préoccupations sociales. La conscience de l'unité nationale, prémisse de tout nationalisme, est ruinée par l'intensification de la haine de classe, tandis que la majorité des traditions nationales sont dénigrées pour leur lien avec l'ordre bourgeois, avec la culture aristocratique ou les «préjugés religieux». D'autre part, l'orgueil de chaque peuple est flatté dans une certaine mesure par le fait que dans les limites du territoire qu'il occupe sa langue est déclarée langue officielle, les fonctions administratives et autres sont occupées par des gens issus de son milieu, et que, bien souvent, la région elle-même reçoit le nom du peuple qui l'habite.

On peut ainsi dire que le facteur qui rassemble toutes les parties de l'URSS en une totalité étatique est, une fois encore, la présence d'un seul maître officiellement reconnu pour tout le territoire de l'État; mais autrefois ce maître était le peuple russe gouverné par son tsar, alors que maintenant c'est le prolétariat de tous les peuples de l'URSS, gouverné par le parti communiste.

III

Les défauts de la présente solution du problème sont évidents. Sans parler du fait que la division en prolétariat et bourgeoisie est intenable pour de nombreux peuples de l'URSS, ou privée de sens et artificielle, il y a que cette solution est essentiellement provisoire. En effet, l'union étatique de peuples et de pays où le pouvoir a été pris par le prolétariat est opportune uniquement à l'étape actuelle, celle de la lutte du prolétariat contre ses ennemis. Et le prolétariat lui-même, en tant que classe opprimée, est, selon Marx, un phénomène transitoire, appelé à disparaître. On peut en dire tout autant de la lutte des classes. Dans ces conditions, l'unité de l'État repose sur une base non pas permanente, mais transitoire. Cela produit une situation absurde, et donne naissance à bien des phénomènes anormaux. Pour justifier son existence, le gouvernement central doit gonfler artificiellement les dangers qui menacent le prolétariat, il doit créer lui-même des objets de haine de classe, en prenant pour cible la nouvelle bourgeoisie, pour exciter le prolétariat contre elle, etc. Bref, il doit constamment entretenir dans le prolétariat l'idée que sa situation en tant que seul maître est hautement fragile.

Le but de cet article n'est pas de faire la critique du parti communiste en tant que tel. On examine ici l'idée de dictature du prolétariat sous un seul de ses aspects, à savoir comme facteur servant à unifier tous les peuples de l'URSS en une totalité étatique et à contrer les mouvements nationaux et séparatistes. Or, sous cet aspect, l'idée de dictature du prolétariat, quelque efficace qu'elle se soit avérée jusqu'à présent, ne peut pas être une solution stable et permanente. Le nationalisme des différents peuples de l'URSS se développe à mesure que ces peuples s'accoutument à leur nouveau statut. Le développement de l'instruction et de l'alphabétisation dans les différentes langues nationales et le fait que les fonctions administratives et autres soient occupées par des indigènes intensifient les distinctions nationales entre les régions, et font naître chez les intellectuels locaux une peur jalouse des «éléments venus de l'extérieur» et le désir de renforcer leur propre position. Or, dans le même temps, les barrières de classe à l'intérieur de chaque peuple de l'URSS tendent à s'effacer et les contradictions de classe à s'estomper, ce qui crée les conditions les plus favorables à l'émergence d'un nationalisme à tendance séparatiste pour chaque peuple de l'URSS. Contre cela, l'idée de dictature du prolétariat est impuissante. Le prolétariat arrivé au pouvoir se trouve posséder, parfois à un degré extrême, ces instincts nationalistes qui, selon la doctrine communiste, devraient lui être totalement étrangers. Et ce prolétaire au pouvoir se sent concerné à un degré infiniment moindre par les intérêts du prolétariat mondial que ce qui était prévu par la doctrine communiste...

Ainsi, l'idée de dictature du prolétariat, la conscience de solidarité du prolétariat et le fait d'attiser la haine de classe sont, en fin de compte, des moyens inefficaces pour lutter contre les aspirations nationalistes et séparatistes des peuples de l'URSS.

IV

La solution actuelle pour l'unification étatique des parties de l'ancien Empire russe découle logiquement du dogme marxiste de la nature de classe de l'État et du dédain, typiquement marxiste, du substrat national de la notion même d'État. Les partisans de ce dogme n'ont d'autre choix que de remplacer la domination d'un *peuple* par la dictature d'une *classe*, c'est-à-dire de remplacer le substrat national de l'État par un substrat de classe. De cette substitution, tout le reste découle de soi-même. Les communistes sont ainsi beaucoup plus cohérents que les démocrates, qui nient tout substrat national unique de l'État russe, tout en prônant une large autonomie régionale ou une fédération, *sans* dictature de classe, sans comprendre que, dans ces conditions, l'existence d'un État unique est impensable.

Pour que les différentes parties de l'ancien Empire russe continuent à exister comme parties d'un même État, il doit exister un substrat unique du système étatique. Ce substrat peut être national (c'est à dire ethnique) ou de classe. Le substrat de classe ne peut unifier que temporairement les parties de l'ancien Empire russe. Une unification stable et permanente n'est donc réalisable que sur la base d'un substrat national (ethnique). Avant la révolution, ce substrat était le peuple russe. Mais on ne peut plus revenir à la situation où le peuple russe était le seul maître de tout le territoire de l'État. Et il est clair qu'aucun autre peuple ne peut jouer ce rôle. Par conséquent, *le substrat national de l'État qui s'appelait autrefois l'Empire russe et qui s'appelle maintenant l'URSS, ne peut être que l'ensemble des peuples qui habitent cet État, considérés comme une nation particulière, faite de plusieurs peuples, et qui, en tant que telle, possède son nationalisme.*

Nous appelons cette nation *eurasienne*, son territoire *l'Eurasie*, et son nationalisme *l'eurasisme*.

V

Tout nationalisme est issu d'une conscience aiguë de la nature personnelle, individuelle, d'une unité ethnique donnée, qui lui fait affirmer avant tout *l'unité* organique et *l'unicité* de cette entité ethnique (peuple, groupe de peuples ou parties d'un peuple). Mais en fait il n'y a pas (ou pratiquement pas) de peuples parfaitement monolithiques ou homogènes; dans tout peuple, même très petit, il y a toujours plusieurs subdivisions ethniques, qui se différencient souvent de manière nette par la langue, le type physique, le caractère, les coutumes, etc. De même, il n'y a pas (ou pratiquement pas) de peuples, entièrement spécifiques ou isolés : chaque peuple fait toujours partie d'un groupe de peuples à qui il est lié par certains traits généraux. De plus, un même peuple fait partie d'un groupe de peuples par une série de caractéristiques, et d'un autre groupe par une autre série. On peut dire que l'unité d'une entité ethnique est inversement proportionnelle à son importance numérique, alors que sa spécificité lui est directement proportionnelle. Seules les plus petites entités ethniques (par exemple une petite sous-division tribale d'un peuple) approchent la pleine homogénéité et l'unité totale, et seules des grandes entités ethniques (par exemple un groupe de peuples) approchent l'unicité totale. Le nationalisme s'abstrait ainsi toujours dans une certaine mesure de l'hétérogénéité et de l'indistinction de son entité ethnique, et, selon le degré de cette abstraction, on pourra distinguer différentes sortes de nationalisme.

Dans tout nationalisme, on trouve à la fois des éléments *centralisateurs* (affirmation de l'unité de l'entité ethnique) et des éléments *séparatistes* (affirmation de l'unicité et de la distinctivité). Comme une entité ethnique est incluse dans une autre (un peuple fait partie d'un groupe de peuples tout en comportant des sous-divisions tribales ou régionales), il peut exister des nationalismes d'amplitude variable, d'échelle variable. Ces nationalismes sont aussi «inclus» l'un dans l'autre comme des cercles concentriques, en conformité avec les entités ethniques vers lesquelles ils sont orientés. Il est clair que les éléments centralistes et séparatistes d'une même nationalisme ne sont pas contradictoires, alors que ceux de deux nationalismes concentriques s'excluent mutuellement : si une entité ethnique A est «incluse» dans l'entité ethnique B, l'élément séparatiste du nationalisme A et l'élément centraliste du nationalisme B s'excluent mutuellement.

Pour que le nationalisme d'une entité ethnique ne dégénère pas en pur séparatisme, il est nécessaire qu'il se combine avec celui d'une entité ethnique plus grande, incluant cette entité. En ce qui concerne l'Eurasie, cela veut dire que le nationalisme de chaque peuple de l'Eurasie (l'actuelle URSS) doit se combiner avec le nationalisme pan-eurasien, c'est à dire avec l'eurasisme. Chaque citoyen de l'État eurasien doit avoir conscience d'appartenir non seulement à un peuple donné, ou à un sous-groupe d'un peuple, mais aussi de ce que ce peuple appartient à la nation eurasienne. Et la fierté nationale de ce citoyen doit trouver satisfaction dans l'un et l'autre de ses aspects. C'est en fonction de cela que doit se construire le nationalisme de chacun de ces peuples : le nationalisme pan-eurasien doit naître de l'élargissement du nationalisme de chaque peuple de l'Eurasie, de la fusion de tous ces nationalismes en un tout.

VI

Parmi les peuples de l'Eurasie ont toujours existé (et s'établissent facilement) des relations fraternelles, qui supposent l'existence d'attirances et de sympathie inconscientes (les cas inverses, c'est à dire les cas de répulsion et d'antipathie inconscientes entre deux peuples de l'Eurasie sont très rares). Certes, ces sentiments inconscients ne suffisent pas. Il faut que la fraternité des peuples d'Eurasie devienne un fait conscient essentiel. Il faut que chaque peuple de l'Eurasie soit conscient de lui-même avant tout comme membre de cette fraternité, occupant une place déterminée dans cette fraternité. Et il faut que cette conscience de son appartenance à la fraternité eurasienne des peuples devienne pour chacun de ces peuples plus forte et plus claire que la conscience de son appartenance à quelque autre groupe de peuples. Il est certain que, par certains traits, tout peuple de l'Eurasie peut être inclus dans un autre groupe de peuples non exclusivement eurasien. Ainsi, si l'on prend le critère de la langue, les Russes font partie du groupe des peuples slaves, les Tatares, les Tchouvaches, les Tchérémisses et autres font partie du groupe des peuples appelés «touraniens»; si l'on prend celui de la religion, les Tatares, les Bachkires, les Sartes [c], etc., font partie du groupe des peuples musulmans. Mais ces liens doivent être pour eux moins forts que ceux qui les unissent à la famille eurasienne : ce n'est pas le panslavisme pour les Russes, ni le pantouranisme pour les Touraniens de l'Eurasie, ni le panislamisme pour les musulmans de l'Eurasie qui doivent se trouver au premier plan, mais l'eurasisme. Tous ces «pan-ismes», qui intensifient les forces centrifuges des nationalismes ethniques particuliers, mettent en avant le lien unilatéral entre un peuple et d'autres peuples par un seul ensemble de critères; c'est pourquoi ils sont incapables de faire de ces peuples une vraie nation multiethnique vivante : une individualité personnelle. Mais dans la fraternité eurasienne les peuples sont reliés entre eux non par un ensemble unilatéral de critères, mais par leur *communauté de destin historique*[1]. L'Eurasie est une totalité géographique, économique et historique. Les destins des peuples eurasiens sont entrelacés, ils forment un immense écheveau qu'on ne peut plus défaire, au point que l'arrachement d'un peuple à cette unité ne peut se faire que par un acte de violence contre la nature, qui ne peut apporter que de la souffrance. On ne peut rien dire de semblable des groupes de peuples qui forment la base du panslavisme, du pantouranisme ou du panislamisme. Aucun de ces groupes n'est uni à un tel degré par l'unité de destin historique des peuples qui en font partie. Aucun de ces «pan-ismes» n'a une valeur pragmatique comparable à celle du nationalisme pan-eurasien. Ce nationalisme n'a pas seulement une valeur pragmatique, il est tout simplement une nécessité vitale : seul l'éveil de la conscience de l'unité de la nation eurasienne multiethnique peut donner à la Russie-Eurasie le substrat ethnique du système étatique sans lequel elle commencera tôt ou tard à éclater en morceaux, causant des souffrances et des malheurs infinis à toutes ses parties.

Pour que le nationalisme pan-eurasien puisse jouer efficacement son rôle de facteur unifiant l'État eurasien, il faut rééduquer la conscience des peuples de l'Eurasie. Bien sûr, on peut dire que la vie elle-même se charge de cette rééducation. Le seul fait que tous les peuples eurasiens (et aucun autre peuple au monde) depuis tant d'années endurent ensemble le régime communiste et tentent de s'en débarrasser crée entre eux des milliers de liens psychologiques et historico-culturels nouveaux et les force à percevoir le plus clairement la communauté de leur destin historique. Mais ce n'est pas tout. Il est indispensable que les individus qui ont déjà pleinement et clairement conscience de l'unité de la nation eurasienne multiethnique répandent leur conviction, chacun dans la nation eurasienne dans laquelle il travaille. Voilà un terrain vierge à explorer pour les philosophes, les essayistes, les poètes, les écrivains, les peintres, les musiciens et les scientifiques dans les domaines les plus divers. Il faut revoir un certain nombre de disciplines scientifiques du point de vue de l'unité de la nation eurasienne multiethnique, et construire de nouveaux systèmes scientifiques pour remplacer les anciens, devenus obsolètes. En particulier il faut reconsidérer de façon absolument nouvelle l'histoire des peuples de l'Eurasie, y compris celle du peuple russe...

---

[1] *Cf.* l'article du Prince K.A. Čxeidze dans *Evrazijskaja Xronika*, n° 4.

Dans ce travail de rééducation de la conscience nationale, visant à établir l'unité symphonique (chorale) de la nation multiethnique d'Eurasie, c'est sans doute au peuple russe de faire le plus d'efforts. En premier lieu, il devra plus que les autres lutter contre les anciens points de vue, qui ont formé la conscience nationale russe en dehors du contexte réel du monde eurasien et qui ont isolé le passé du peuple russe de la perspective générale de l'histoire de l'Eurasie. Ensuite, le peuple russe, qui était avant la révolution le seul maître de la Russie-Eurasie et qui est maintenant le premier (en nombre et en importance) parmi les peuples eurasiens, doit naturellement montrer l'exemple aux autres.

Le travail de rééducation de la conscience nationale que font les eurasistes se déroule à l'heure actuelle dans des conditions exceptionnellement difficiles. Il est bien sûr impossible de mener ouvertement ce travail sur le territoire de l'URSS, et dans l'émigration la plupart des gens sont incapables de prendre conscience des mutations dues à la révolution et de leurs conséquences objectives. Pour eux, la Russie est encore un ensemble d'unités territoriales conquises par le peuple russe et appartenant à ce peuple russe en propriété pleine et entière. Ils ne peuvent comprendre ni l'enjeu de la construction d'un nationalisme pan-eurasien, ni l'idée de l'unité de la nation eurasienne multiethnique. Pour eux, les eurasistes sont des traîtres, qui ont remplacé la notion de «Russie» par celle d'«Eurasie». Ils ne se rendent pas compte que ce n'est pas l'eurasisme, mais la vie elle-même qui est responsable de cette substitution; ils ne comprennent pas que leur nationalisme russe dans les conditions actuelles n'est que du séparatisme grand-russien, que la Russie purement russe qu'ils voudraient faire «renaître» n'est possible qu'à condition que se séparent toutes ses provinces extérieures, ce qui signifie qu'elle ne peut exister que dans les limites de la Grande-Russie ethnique. D'autres mouvements émigrés attaquent l'eurasisme du point de vue opposé, ils exigent l'abandon de toute spécificité nationale et pensent qu'on peut réorganiser la Russie sur les principes de la démocratie européenne, sans aucun substrat ethnique ou de classe. En tant que représentants des attitudes occidentalisantes abstraites des anciennes générations de l'intelligentsia russe, ils ne veulent pas comprendre que, pour qu'un État existe, il faut avant tout que les citoyens de cet État aient conscience de leur appartenance organique à une totalité unique, à une unité organique qui ne peut être qu'ethnique ou de classe, et qu'il n'y a à l'heure actuelle que deux solutions : soit la dictature du prolétariat, soit la conscience de l'unité et de l'unicité de la nation eurasienne multiethnique et le nationalisme pan-eurasien.

NOTES DU TRADUCTEUR

[a] «Obščevrazijskij nacionalizm», *Evrazijskaja Xronika*, 9, 1927, p. 24-31.
[b] La N.E.P. (Nouvelle politique économique), qui admettait l'existence d'un secteur privé, n'a pris fin qu'en 1929, l'année du «Grand Tournant».
[c] Les *Sartes* sont une partie des Ouzbeks, sédentarisés depuis plus longtemps que les autres.

Sur le racisme (1935) [a]

I

Pour différentes raisons, sur lesquelles nous ne nous attarderons pas ici, pendant la Révolution, la guerre civile, la première période du communisme et la N.E.P., une couche importante de l'intelligentsia russe a été gagnée par l'antisémitisme. Mais la chute de Trotski et l'élimination qui s'en est suivie des communistes juifs les plus en vue des postes de commandement qu'ils occupaient ont quelque peu ébranlé l'idée que le bolchevisme s'identifie à l'«emprise juive». De nombreux représentants de l'intelligentsia russe, aussi bien dans l'émigration qu'en URSS, se sont mis à observer attentivement les événements et à se familiariser avec les Juifs, et ont abandonné les sentiments antisémites qui les dominaient il y a encore peu de temps. Pourtant, une part importante de l'intelligentsia et de la quasi-intelligentsia russe reste antisémite. Ces derniers temps, cet antisémitisme russe est activement soutenu depuis l'Allemagne. Une grande partie des émigrés russes installés en Allemagne et dans les pays de la sphère d'influence de la culture allemande rêvent d'introduire en Russie l'ordre hitlérien [b]. Les idées «racistes» sont l'objet d'une intense propagande dans le milieu russe, avec, bien sûr, l'appui du gouvernement allemand. Le Quartier général allemand, qui se prépare à attaquer l'URSS pour conquérir l'Ukraine, est intéressé à avoir en Russie et en Ukraine le plus grand nombre possible de gens qui soient de son côté.

Et comme l'idée de domination allemande à l'état pur ne peut séduire personne à part les Allemands (plus quelques propriétaires terriens aux intérêts mercantiles à courte vue), c'est l'antisémitisme qui est mis en avant pour attirer la sympathie des Russes envers l'Allemagne actuelle. Bien entendu, la majorité des Russes et des Ukrainiens impliqués dans cette politique et qui propagent des théories racistes auprès de leurs compatriotes ne soupçonnent même pas qu'ils sont un simple instrument, un jouet aux mains de l'impérialisme allemand, qui ne veut qu'une chose : les terres noires ukrainiennes. Mais tel est le sort des agents de tout impérialisme étranger, quel qu'il soit : dans leur majorité ils sont toujours intimement persuadés qu'ils ne se soucient que des intérêts de leur propre peuple...

Quoi qu'il en soit, l'antisémitisme de type allemand fait l'objet d'une intense propagande dans le milieu russe à l'heure actuelle. Et comme il y a eu des tentatives pour impliquer l'eurasisme dans cette entreprise, il n'est pas inutile d'approfondir ce thème dans les pages des éditions eurasistes.

II

Le raisonnement des antisémites russes qui ont essayé d'attirer l'eurasisme de leur côté se ramène aux considération suivantes. La population originelle de la plus grande partie de l'URSS se compose de représentants de trois races (selon Von Eickstedt [c]) : la race européenne orientale, la race touranienne et la race tounguide. Ces trois races, fortement mélangées entre elles et ayant de fortes affinités, possèdent un ensemble de traits psychologiques communs, qui déterminent toute l'histoire et la physionomie culturelle de la Russie-Eurasie. Les Juifs, en revanche, n'appartiennent à aucune de ces races, et sont un corps totalement étranger pour la Russie-Eurasie. Les traits psychiques propres à leur race sont étrangers à l'histoire et à la physionomie culturelle de la Russie-Eurasie, et exercent une influence pernicieuse sur la population originelle. C'est pourquoi il faut interdire aux Juifs d'occuper en Russie-Eurasie quelque fonction que ce soit, et interdire à la population originelle de contracter mariage avec les Juifs ou avec des représentants d'autres races étrangères à l'Eurasie, par exemple avec des Noirs, des Hindous, etc. (puisque, lors du métissage, les traits raciaux, selon les lois de Mendel, se divisent, mais ne persistent pas moins en tant que tels). Tout ce raisonnement a les apparences de la scientificité, et ses auteurs prétendent s'appuyer sur des données «scientifiquement établies». Sans aborder la question de la fiabilité des données de l'anthropologie contemporaine, qui, comme la majorité des sciences actuellement, se trouve en état de crise (la classification de von Eickstedt, justement, ne peut en aucune façon être considérée comme acceptée unanimement), il faut noter que dans cette question le dernier mot n'appartient pas à l'anthropologie, mais à une autre science : la psychologie. Car, en fait, si les antisémites rejettent les Juifs, ce n'est pas pour la forme de leur nez, de leurs mâchoires ou des os de leur bassin, mais à cause des traits psychologiques qui sont censés être propres à la race juive. C'est pourquoi c'est précisément ce lien entre des traits psychologiques et des caractéristiques raciales qui doit être vérifié scientifiquement.

Or, en ce domaine, tout n'est pas aussi simple que le pensent les «racistes». Il ne fait pas de doute qu'une partie des traits psychiques de chaque individu est héritée de ses ancêtres et qu'une autre partie est acquise. On peut tenir pour établi que les «talents» et les «tempéraments» sont innés et non pas acquis. Mais il n'est nullement prouvé que la voie dans laquelle s'oriente le «talent» ou le «tempérament» soit transmise par héritage; au contraire, la psychologie de l'individu et l'étude des biographies des personnalités éminentes aboutissent à la conclusion que la voie dans laquelle s'oriente le talent est conditionnée par l'histoire personnelle.

Ainsi, le lien entre les traits psychiques et l'hérédité est infiniment plus complexe qu'il n'apparaît à première vue. Lorsqu'on étudie un problème aussi délicat que le caractère national, il ne faut pas partir de la supposition infondée que tous les traits du caractère national sont conditionnés par la race, de même qu'il ne faut pas expliquer tous les traits du caractère national par la seule hérédité.

III

Il découle clairement de ce qui vient d'être dit que, dans le caractère national juif, certains traits sont le résultat de l'hérédité et que d'autres sont acquis. Pour établir quels traits du caractère national juif sont héréditaires et quels traits sont acquis, il faudrait organiser un grand nombre d'expériences et d'observations systématiques sur des Juifs isolés depuis leur enfance du milieu juif et ne soupçonnant pas leur origine juive. A notre connaissance, semblables expériences et observations n'ont jamais été effectuées à une échelle quelque peu importante. On n'a même pas étudié systématiquement les matériaux concernant les cantonistes juifs [d] (qui, d'après le projet de Nicolas I, devaient justement être élevés en dehors de tout contact avec le milieu juif). Il faut se contenter d'observations éparses sur des cas de ce genre (qui sont fort rares, naturellement). Il est, bien sûr, impossible de faire des généralisations sur la base d'un tel matériau.

Si le nombre des personnes d'origine juive ayant perdu dès leur plus tendre enfance tout contact avec le milieu juif est très restreint, en revanche le nombre de personnes issues de mariages mixtes ou ayant une «grand-mère juive» est assez important, et ce matériau se prête facilement à des observations psychologiques. Il est vrai qu'aucune étude systématique sur cette question n'a été entreprise à ce jour, mais, semble-t-il, quiconque observe ses connaissances et relations «demi-juives» ou «un quart-juives», ne manquera pas de remarquer qu'il n'existe aucun parallélisme entre la conservation d'un type physique et la conservation de traits typiques du caractère juif. En particulier, les traits psychologiques que les antisémites considèrent comme particulièrement dangereux et nuisibles ne sont que très rarement perceptibles chez les Juifs à sang mêlé, et, lorsque cela est le cas, on peut presque toujours trouver des circonstances biographiques particulières qui font que les personnes en question ont des liens étroits avec leurs parents purement juifs ou avec le milieu juif. Dans l'immense majorité des cas, chez les personnes métissées les traits de «sang juif» se conservent pendant de nombreuses générations, tandis que les traits de caractère juif sont tout simplement indécelables.

Cela s'explique, bien sûr, par le fait que les traits de caractère transmis héréditairement sont, en eux-mêmes, moralement neutres (à l'exception de certains traits pathologiques qui, cela va sans dire, peuvent se trouver chez les représentants de différentes races, mais ne peuvent en aucune façon être considérés comme des caractéristiques d'une race particulière). Parmi les traits transmissibles héréditairement on peut trouver, par exemple, l'activité ou la passivité intellectuelles, l'aptitude ou l'inaptitude à la musique et aux mathématiques, le sens de l'humour ou son absence, etc. Mais l'orientation de l'activité intellectuelle, des aptitudes ou de l'humour ne se transmettent pas héréditairement. Or, s'il existe dans le caractère juif des traits qui ont une influence néfaste ou destructrice sur la population autochtone, ces traits consistent précisément dans l'orientation des prédispositions reçues héréditairement par les Juifs. N'étant pas innée, mais acquise, cette direction destructrice du talent juif, du tempérament juif et de l'humour juif n'a rien à voir avec la race, mais est déterminée par le *milieu*, c'est-à-dire la situation particulière qu'occupent les Juifs au sein d'un autre peuple et les conditions d'existence découlant de cette situation. Dès que cette situation particulière est modifiée, c'est-à-dire dès que le lien entre un Juif (ou un demi-Juif) et la tradition juive est rompu, les traits innés du psychisme sont susceptibles de se développer dans une toute autre direction.

IV

Pour bien comprendre l'orientation particulière des traits du caractère juif, il faut tenir compte du fait que les Juifs sont des émigrés depuis deux mille ans, et ont une forte tradition d'émigration. Si l'on observe l'émigration russe, il n'est pas difficile d'y remarquer les formes embryonnaires de traits psychiques qui, dans des circonstances «favorables», deviendront des traits typiquement juifs. Malgré leurs célèbres dissensions, les émigrés russes manifestent fréquemment face aux étrangers une remarquable cohésion. Il suffit qu'un émigré russe reçoive une bonne place dans une quelconque administration ou entreprise étrangère pour qu'il commence à y faire venir ses compatriotes, si bien qu'au bout de quelque temps on peut observer dans cette administration une véritable «domination russe». Les émigrés russes ont deux normes éthiques : une pour «les siens», l'autre pour la population autochtone (qu'il s'agisse de Yougoslaves, de Tchèques, d'Allemands, de Français, etc.); exactement comme les Juifs ont deux morales : l'une pour les fils d'Israël, l'autre pour les goïm. Tromper un «autre», un non-Russe (ou un goï), n'est pas considéré comme répréhensible, on n'est pas exclu pour autant du milieu émigré; au contraire, ceux qui ont la réputation de tromper les «indigènes» finissent parfois même par en vivre, et jouissent d'honneur et de respect dans le milieu émigré. Mais que quelqu'un roule un des «siens», un Russe, il est aussitôt traité de gredin et de misérable, et est exclu du milieu émigré. En apparence, l'attitude des émigrés russes envers les étrangers parmi lesquels ils vivent est non seulement respectueuse, mais encore parfois carrément obséquieuse. Mais lorsque ces émigrés parlent de ces mêmes étrangers dans leur milieu, à huis clos, il apparaît alors qu'ils les considèrent comme des êtres vils et méprisables.

Chez les émigrés de l'ancienne génération, tout cela est encore très rudimentaire et simple. Dans ce domaine (comme par de nombreux traits de la vie quotidienne) ils rappellent les simples Juifs «des petits bourgs». Mais chez les jeunes émigrés russes on peut déjà déceler les marques d'une certaine complexification de ces caractéristiques psychologiques, qui rappelle la psychologie des membres de l'intelligentsia juive. La conscience que les jeunes émigrés ont d'eux-mêmes et leur attitude envers la population autochtone qui les entoure constituent un mélange inextricable d'émotions, d'attirance et de répulsion contradictoires. D'un côté, on dirait qu'ils ont honte d'être russes, de l'autre, on dirait qu'ils en sont fiers. D'un côté, ils ont un ardent désir d'être «comme les autres», de se fondre dans le milieu étranger qui les entoure et qui leur est familier depuis leur enfance, de l'autre, ils sont comme révulsés par ce milieu, et ils le méprisent. Cela crée chez la jeune génération de l'émigration russe cet état psychologique particulier qui, associé à une certaine activité intellectuelle, aura inévitablement des effets «destructeurs». Il suffit pour cela qu'un jeune émigré qui a grandi au sein d'un autre peuple, qui parle la langue de ce peuple comme la sienne et a complètement assimilé la culture de ce peuple, n'en partage pas l'enthousiasme patriotique, et regarde avec un regard distant, «objectif», tout ce qui est le plus cher à ce peuple. Ce point de vue objectif ne manque pas de révéler l'absurdité et la théâtralité spontanée qui ressortent de toute manifestation d'un sentiment étranger que nous ne ressentons pas et ne partageons pas (*cf.* le procédé préféré de L. Tolstoï : ne décrire que les détails superficiels de ce envers quoi on n'éprouve pas de sympathie, sans faire de différence entre ce qui est essentiel et ce qui ne l'est pas). Ce regard est source de l'ironie caustique et destructrice qui caractérise les Juifs. Cette ironie est une façon de se venger du fait qu'«ils» (les étrangers, les goïm) connaissent un enthousiasme national, et ont une véritable et concrète chose sacrée — leur patrie —, alors que les jeunes générations de l'émigration russe ont perdu tout cela. Mais cette ironie est aussi une forme d'autodéfense instinctive : sans elle l'émigré cesserait d'être lui-même et serait assimilé par le peuple étranger.

Ce dernier élément doit être particulièrement souligné. Un émigré «de la deuxième génération» ne peut préserver sa spécificité nationale qu'à condition que sa répulsion psychologique envers le peuple qui l'entoure prédomine dans son esprit sur le désir de s'assimiler. Et la prédominance de la répulsion crée précisément cette psychologie destructrice, faite à la fois d'ironie et de cynisme, dont nous venons de parler. Peut-on ne pas reconnaître comme destructeur tout homme qui vit parmi un autre peuple et a parfaitement assimilé la culture de celui-ci (et qui n'en a, en fait, aucune autre), mais qui, en même temps, éprouve de la répulsion envers les éléments de la culture et du mode de vie qui sont tenus comme particulièrement chers et précieux par ce peuple? La psychologie destructrice est le prix que doivent payer les émigrés de seconde génération pour maintenir leur spécificité nationale.

V

Les émigrés russes doivent faire face à des conditions particulièrement défavorables pour maintenir leur spécificité nationale. Il n'y a pas de barrières insurmontables qui puissent empêcher leur assimilation aux peuples avec qui ils sont amenés à vivre, et ils n'ont à subir aucune véritable persécution de la part de ces peuples.

Les Juifs, en revanche, depuis le début de leur «grande diaspora», ont été séparés des autres peuples par des barrières religieuses, à quoi se sont ajoutées par la suite toutes sortes de persécutions. Malgré cela, il s'est toujours trouvé parmi les Juifs un grand nombre de gens chez qui le désir d'assimilation totale était plus fort que leur répulsion d'émigrés. Mais ces gens se sont éloignés du judaïsme, se sont fondus dans le milieu étranger, et leurs descendants ne comptent plus désormais parmi les Juifs. Seuls ceux chez qui la psychologie d'émigrés s'est avérée la plus forte sont restés Juifs. Transmise de génération en génération, cette psychologie d'émigrés constitue l'élément destructeur que les Juifs, aux dires des antisémites, introduisent dans la vie des autres peuples. Cette psychologie n'a rien à voir avec la race, et elle ne se transmet pas héréditairement. Elle provient, d'une part, de l'influence du milieu juif et des conditions psychologiques semblables dans lesquelles se trouve plus ou moins tout Juif dès qu'il entre en contact avec des non-Juifs. Les Juifs acquièrent héréditairement l'agilité d'esprit, des facultés de débrouillardise (la ruse et l'astuce) et un tempérament passionné, tous traits qui, s'ils n'étaient pas associés à la psychologie acquise d'émigrés, non seulement ne porteraient aucun préjudice aux peuples d'accueil, mais encore leurs seraient fort utiles.

VI

On ne peut nier purement et simplement l'existence chez les Juifs d'une psychologie destructrice, comme ont tendance à le faire de nombreux sémitophiles. Il faut reconnaître que de nombreux Juifs, et justement les plus typiques, trouvent effectivement du plaisir à rabaisser les idéaux d'autres peuples, à remplacer des mouvements d'idées sublimes par des calculs froids et cyniques, à découvrir des soubassements sordides à tout ce qui est beau et bien, à se complaire dans la pure négation, qui prive la vie de tout sens[1]. Mais, pour expliquer l'orientation que

---

[1] On reproche souvent aux Juifs leur «matérialisme». C'est une affirmation infondée. Le Juif typique trouve un égal plaisir dans la négation de l'esprit comme dans celle de la matière. Et dans la civilisation contemporaine, les Juifs réussissent particulièrement bien là où il s'agit d'abolir la substance matérielle et de la remplacer par des relations abstraites (aussi bien en physique qu'en matière financière). Ayant perdu leur enracinement dans un sol, ces émigrés de deux mille ans n'ont d'inclination ni pour le matérialisme ni pour le spiritualisme, mais pour le relativisme.

prend l'activité des Juifs au milieu des autres peuples, il n'est nullement utile de brandir l'hypothèse d'un quelconque complot juif international, ou d'un plan mis à exécution par un gouvernement juif secret; il suffit de prendre en considération une tradition d'émigration vieille de plus de deux mille ans et ses inévitables conséquences. Il ne fait pas de doutes que, dans certaines limites, l'activité destructrice des Juifs peut être bénéfique pour les peuples chez lesquels ils vivent. La dialectique du processus historique a besoin de négation comme d'affirmation; aucun mouvement vers l'avant n'est possible sans contestation de l'autorité, sans destruction des certitudes traditionnelles généralement acceptées. Il faut cependant reconnaître que la psychologie destructrice des Juifs dépasse d'ordinaire la mesure dans laquelle elle pourrait être utile, et que dans l'immense majorité des cas elle constitue un grand malheur. Il faut encore constater que cette psychologie destructrice est un malheur non seulement pour les autres peuples, mais encore pour les Juifs eux-mêmes. Elle est, en effet, le symptôme de l'état psychologique malsain dans lequel tout Juif, ou presque, se trouve depuis son enfance; elle est une sorte de soupape pour les déchirants complexes inconscients et les convulsions morales qui le tourmentent.

Ce qui est malsain doit être soigné, et le traitement dépend d'un diagnostic correct. Lorsqu'on traite les névroses, il arrive souvent que le seul diagnostic suffise pour que le patient prenne pleine conscience de la cause de son état et conçoive le désir véritable de le combattre. La psychologie destructrice des Juifs est une névrose, une névrose d'un type particulier, qui tire son origine du sentiment qu'il existe une relation anormale entre les Juifs et les goïm, sentiment renforcé par l'influence du milieu juif, qui souffre de la même névrose.

VII

Comment soigner cette névrose? C'est une question difficile, qui mérite une attention toute particulière. Aucun traitement de fond ne peut être entrepris à moins de modifier les conditions de vie qui donnent naissance à cette névrose. Quoi qu'il en soit, les mesures proposées par les adeptes russes du national-socialisme n'apportent aucune solution à ce problème. Réinstaurer des restrictions et renforcer les barrières entre Juifs et non-Juifs ne peut que renforcer les traits pernicieux de la psychologie juive, qui, à la moindre occasion, ne manqueront pas de porter grand tort à la population indigène. Si la jeunesse allemande mal informée peut penser que semblables mesures ont quelque efficacité, nous, les Russes, devrions faire preuve de plus de clairvoyance et nous souvenir que les restrictions imposées aux Juifs ont existé en Russie jusqu'à la Révolution de février et n'ont eu aucun résultat heureux. La prohibition des mariages mixtes est encore plus inopportune. En effet, chez un Juif ou une Juive l'intention même de contracter un tel mariage prouve que son désir de fusion avec le peuple goï qui l'entoure est plus fort que sa répulsion envers ce peuple. L'interdiction des mariages mixtes ne ferait que renforcer cet élément de répulsion et les complexes démoralisateurs de la psychologie des Juifs en question[2].

VIII

Pour ce qui est des points du programme «raciste» qui ne concernent pas les Juifs, il serait tout simplement ridicule que nous, les Russes, nous les abordions. Les Noirs ne se sont que très rarement croisés avec des Russes, mais dans les rares cas où cela s'est produit, nous, les Russes, nous n'avons pas eu à nous en plaindre : du sang noir coulait dans les veines de notre plus grand poète A. S. Pouchkine [e]. Autrefois les mariages entre nobles russes et tsiganes n'étaient pas rares. Pour autant que je sache, leurs descendants ne manifestaient pas particulièrement de traits de génie, mais n'étaient en rien inférieurs aux Russes moyens qui n'avaient pas de sang tsigane (c'est à dire indien). En ce qui concerne les mariages entre les Russes et les montagnards du Caucase, Géorgiens et Arméniens, ils ont toujours donné les meilleurs résultats, et les interdire reviendrait à dresser une muraille de Chine entre le Caucase et le reste de la Russie-Eurasie, et à favoriser la vision du Caucase comme une colonie, vision partagée par de nombreux administrateurs d'avant la Révolution, mais qui a maintenant, heureusement, disparu. L'idée d'une si sage mesure n'a pu venir qu'à un impérialiste allemand rêvant d'arracher à la Russie non seulement l'Ukraine, mais encore le Caucase.

Le racisme allemand repose sur un matérialisme anthropologique, sur la conviction que l'homme n'est pas libre, qu'en dernière instance toutes les actions de l'homme sont déterminées par ses caractéristiques physiques transmises génétiquement, et que grâce à une hybridation méthodique on peut parvenir à élaborer le type humain le plus propice au triomphe d'une entité anthropologique nommée peuple. L'eurasisme, parce qu'il rejette le matérialisme économique, ne voit aucune raison d'accep-

---

[2] En abordant la question juive, je laisse délibérément de côté le point de vue religieux, pour rendre mon argumentation accessible même à ceux qui ne partagent pas mes convictions religieuses.

ter le matérialisme anthropologique, dont le fondement philosophique est encore plus faible. Dans les questions concernant la culture, domaine de la création libre et réfléchie de la volonté humaine, la parole doit être non pas à l'anthropologie, mais aux sciences de l'esprit : la psychologie et la sociologie.

NOTES DU TRADUCTEUR

[a] «O rasizme», *Evrazijskie tetradi*, V, Paris, 1935, p. 43-54 (reproduit dans *Letters and Notes*, 1985, p. 467-474).
[b] Sur les mouvements nazis parmi les émigrés russes de l'entre-deux-guerres, on peut consulter : John J. STEPHAN, *The Russian Fascists, Tragedy and Farce in Exile, 1925-1945*, New York, Harper & Row, 1978.
[c] Egon von Eickstedt (1892-1965) : anthropologue allemand, directeur de l'Institut d'anthropologie de l'Université de Breslau, en Silésie, sous le régime nazi. Sa classification des races est donnée dans son ouvrage : *Rassenkunde und Rassengeschichte der Menschheit*, Stuttgart, Enke, 1934.
[d] Les «cantonistes» (de l'allemand *Kantonist* : recrue militaire) : on appelait ainsi en Russie entre 1805 et 1865 les «fils de soldats», enrôlés dès leur naissance dans l'administration militaire.
[e] Pouchkine avait un arrière-grand-père originaire d'Abyssinie, esclave noir acheté au marché de Constantinople par un proche de Pierre le Grand. Connu à la Cour comme «l'Arabe de Pierre le Grand» (*Arap Petra Velikogo*), il fut marié par le Tsar à une dame de la noblesse russe.

Sur l'idée-dirigeante de l'État idéocratique (1935) [a]

I

Une des thèses fondamentales de l'eurasisme est que la démocratie moderne doit laisser la place à l'idéocratie. On entend par démocratie un régime politique dans lequel la couche dirigeante est sélectionnée en fonction de sa popularité dans certains cercles, les formes essentielles de la sélection étant, au plan politique, la campagne électorale et, au plan économique, la concurrence. L'idéocratie, en revanche, est un régime dans lequel la couche dirigeante est sélectionnée en fonction de son dévouement à une seule idée dirigeante commune. L'État démocratique n'a pas de convictions en propre (puisque ses dirigeants appartiennent à différents partis), et ne peut donc pas diriger la vie culturelle et économique du pays; c'est pourquoi il s'efforce d'intervenir le moins possible dans ces domaines (c'est la «liberté du commerce», «liberté de la presse», «liberté de l'art», etc.) et en laisse la conduite à des facteurs incontrôlables tels que la presse et le capital privé. Au contraire, l'État idéocratique possède son propre système de convictions, son idée-dirigeante (dont l'expression est la couche dirigeante, unie en une seule et unique organisation idéologique d'État), et, en vertu de cela, doit lui-même organiser activement et contrôler tous les aspects de la vie. Il ne peut admettre l'interférence de facteurs irresponsables, qui ne lui seraient pas soumis et sur lesquels il n'aurait pas de contrôle (il s'agit avant tout du capital privé) dans la vie politique, économique et culturelle; c'est pour cela qu'un État idéocratique est nécessairement, dans une certaine mesure, socialiste.

II

Une question se pose : toute idée peut-elle devenir dirigeante, et sinon, à quelles exigences doit répondre l'idée-dirigeante d'un État authentiquement idéocratique? Jusqu'à présent on ne trouve pas de réponse claire et exhaustive dans les écrits eurasistes.

Le facteur déterminant de la sélection idéocratique doit être non seulement une commune vision du monde, mais encore l'empressement à se sacrifier pour l'idée-dirigeante. Cet élément de sacrifice, de mobilisation constante, de lourde charge liée à l'appartenance à l'élite dirigeante est indispensable pour contrebalancer les privilèges qui sont également liés à cette appartenance. Aux yeux de leurs compatriotes, les membres de l'élite dirigeante doivent jouir d'un prestige moral. Dans tout type de régime un certain prestige moral est attaché à l'élite dirigeante, mais dans un régime idéocratique il est particulièrement fort, et ce, précisément en vertu du fait que le fait d'être prêt à se sacrifier au nom de l'idée-dirigeante est l'un des principaux critères de sélection des dirigeants. Il en découle que l'idée-dirigeante doit être digne qu'on se sacrifie pour elle, et que ce sacrifice doit être considéré par tous les citoyens comme un acte moralement valable.

Dans la mesure où l'égoïsme et la cupidité sont toujours considérés comme immoraux ou, au mieux, comme de faible valeur morale, il est clair que ni l'un ni l'autre ne peuvent se trouver à la base de l'idée-dirigeante. Et cela ne change rien à l'affaire s'il s'agit d'une sorte d'égoïsme ou de cupidité «élargis» : que je désire le bien-être et le profit pour moi tout seul ou bien aussi pour ma famille ou mes compagnons, l'égoïsme reste toujours de l'égoïsme, et la cupidité est toujours de la cupidité, et ils n'en acquièrent aucune valeur morale. Sacrifier mon égoïsme personnel au nom de celui du groupe biologique ou social auquel j'appartiens est dépourvu de sens, ou bien trouve sa source dans les instincts les plus bas : c'est ainsi qu'agissent les animaux. A un certain niveau de développement, l'homme ne peut considérer ce type de sacrifice comme ayant une valeur morale. Il ne considère comme valable que le sacrifice au nom d'une «cause commune», c'est à dire un sacrifice justifié par le bien de la totalité, et non de la partie à laquelle appartient celui qui se sacrifie.

En quoi consiste cette totalité pour le bien de laquelle on peut faire un sacrifice moralement valide? Il est clair, avant tout, que cette totalité ne peut être une classe sociale, parce que, par définition, une classe n'est toujours que la partie d'un tout; de plus, comme l'appartenance à une classe est déterminée par une communauté d'intérêts matériels, toute activité déployée au profit de cette classe et au détriment d'autres classes est une forme élargie de cupidité. Mais un peuple ne peut pas non plus être considéré comme une totalité dans le sens ou nous l'avons envisagé plus haut. Un peuple est un individu ethnique, et, par conséquent, biologique. La différence entre un peuple et une famille n'est pas de principe, mais seulement de degré. Et si le souci de sa seule famille au détriment des autres est considéré comme un immoral égoïsme élargi, le service (tout désintéressé qu'il soit) des intérêts de son propre peuple au détriment des autres doit être considéré de même.

Ainsi, ni le bien-être d'une classe ni celui d'un peuple ne peuvent servir de contenu à l'idée-dirigeante d'un État idéocratique. Et si les idéocraties modernes se choisissent pour idée-dirigeante la dictature de classe ou le nationalisme, il en est ainsi parce que dans ces États on ne trouve qu'une forme extérieure, et non le contenu interne d'une authentique idéocratie et que, par conséquent, elles sont obligées de remplacer ce contenu interne par des idéologies correspondant à une autre forme de régime, à savoir la démocratie. Effectivement, il est tout à fait approprié d'avancer des slogans tels que «tout pour ma classe» ou «tout pour mon peuple» dans un régime démocratique, orienté vers l'individualisme et la lutte des égoïsmes en politique intérieure et extérieure. En régime idéocratique, semblables slogans sont des anachronismes, et les tentatives pour les «fonder» sont naïves et vouées à l'échec. Il est impossible de prouver qu'un peuple ou une race sont meilleurs que les autres. Mais il est également absurde de vouloir prouver la supériorité du prolétariat sur les autres classes, surtout quand une bonne moitié de ceux qui insistent sur cette supériorité ne sont pas eux-mêmes des prolétaires. Même si le prolétariat était véritablement porteur de l'idée du socialisme, cela ne prouverait encore rien, car le socialisme en soi n'est ni un bien absolu, ni le contenu ou la tâche de l'idéocratie, mais seulement sa conséquence logique.

III

Mais si ni la classe ni le peuple ne sont la totalité pour laquelle on peut être appelé à se sacrifier, on peut en dire tout autant de l'«humanité». Toute créature se révèle à l'investigateur dans son opposition à d'autres créatures du même ordre. La classe a certains contours, une certaine individualité, pour autant qu'elle s'oppose à d'autres classes, le peuple de même, pour autant qu'il s'oppose aux autres peuples. Mais à quoi l'humanité peut-elle bien s'opposer? Serait-ce à d'autres espèces de mammifères? mais en ce cas il s'agit d'une unité zoologique, pour laquelle on ne peut se sacrifier que pour «maintenir l'espèce», obéissant en cela à un instinct animal rudimentaire et non à un devoir moral. Mais si l'humanité n'est opposée à rien, elle ne possède pas les traits déterminants d'une personne vivante, ni un être individuel, et elle ne peut en aucun cas servir de stimulus à une conduite morale.

Ainsi : ni une classe, ni un peuple, ni l'humanité. Mais entre le peuple, qui est trop concret, et l'humanité, qui est trop abstraite, existe le concept de «monde séparé». L'ensemble des peuples habitant un lieu de développement [b] économiquement autonome (autarcique) et liés ensemble non par la race, mais par une communauté de destin historique, un travail commun de création d'une même culture ou d'un même État, voilà la totalité qui répond aux exigences précitées. Il ne s'agit pas d'une unité biologique, parce que cette totalité est faite de plusieurs peuples, et que le lien qui maintient ses membres n'est pas de nature anthropologique. Les efforts déployés pour le bien-être de cette totalité ne proviennent pas d'une cupidité élargie, parce que, puisque ce lieu de développement est autarcique, son bien-être ne peut porter préjudice à aucune autre collectivité humaine. Mais, en même temps, cette totalité n'est pas une masse informe et impersonnelle telle que l'«humanité». Elle a toutes les marques d'une existence individuelle, étant un sujet de l'histoire. Le service de cette «humanité concrète» habitant un monde séparé suppose la répression non seulement des égoïsmes personnels, mais encore de l'égoïsme de classe et de l'égoïsme national, tout comme de toute forme d'auto-exaltation égocentrique. Pour autant, il n'exclut pas, mais au contraire renforce le soutien de l'individualité de chaque peuple, cette individualité ne portant en elle aucun principe destructeur. Le sentiment vivant de son appartenance à une totalité faite de plusieurs peuples doit inclure le sentiment d'appartenir à un peuple déterminé, conçu comme un membre de cette totalité faite de plusieurs peuples. Le fait d'être prêt à sacrifier ses intérêts personnels ou familiaux au nom des intérêts de la totalité, ce qui implique d'accorder une plus haute valeur aux liens sociaux qu'à ceux de nature biologique, a pour effet nécessaire une attitude semblable envers son propre peuple : ce qui lie un peuple aux autres habitants d'un même lieu de développement reçoit une plus haute évaluation que ce qui lie ce peuple à ses «frères» par le sang ou la langue n'appartenant pas à ce lieu de développement (il y a un primat de la parenté spirituelle et culturelle, de la communauté de destin, sur la parenté biologique).

IV

Ainsi, l'idée-dirigeante d'un État authentiquement idéocratique ne peut être que le bien de l'ensemble de peuples qui habitent un monde séparé autarcique donné. Il s'ensuit que le territoire d'un État véritablement idéocratique doit coïncider avec un monde séparé autarcique. Les autres exigences associées au concept d'autarcie : économie planifiée et contrôle par l'État de la culture et de la civilisation, mènent à la même conclusion, car ce n'est que dans ces conditions que l'État peut se garantir de l'ingérence du capital étranger.

On voit que, de différents points de vue, l'autarcie est nécessaire à l'État idéocratique. Mais il n'en découle aucunement que tout État autarcique puisse devenir une idéocratie dans le sens véritable de ce terme. Un empire colonial, dont les différentes parties sont habitées par des peuples n'ayant rien de commun entre eux si ce n'est le fait d'être soumis au même peuple dirigeant, peut être parfaitement autonome dans le domaine économique sans toutefois être une idéocratie, car il ne suffit pas du simple lien économique entre ses parties pour créer une idée-dirigeante. Pour cela, il faut encore une vive conscience de la communauté de traditions culturelles et historiques, de la continuité du lieu de développement, et, par-dessus tout, l'absence d'inégalité nationale, ce qui est inaccessible dans un empire colonial.

V

Il découle de ce qui précède que tout État ne peut pas devenir une idéocratie. Et comme l'instauration d'un régime idéocratique dans le monde entier est inévitable, dans un avenir proche la carte du monde va subir de profonds changements. Des changements non moins importants vont se produire dans la psychologie, l'idéologie et la conscience de soi des peuples du monde. Le collectivisme moderne s'arrête, pour ainsi dire, au milieu du chemin : l'homme se considère comme un membre d'une collectivité organique, qu'il s'agisse d'une classe ou d'un peuple, mais son attitude envers cette collectivité est identique à celle de l'individualiste envers sa propre personne. Mais dans un régime idéocratique devront disparaître ces dernières traces d'individualisme, et l'homme considérera non seulement lui-même, mais encore sa classe et son peuple comme une partie d'une totalité organique, unie en un État et y accomplissant une fonction définie. Tout cela doit être non seulement accepté en théorie, mais encore être profondément compris et ancré dans le psychisme de ceux qui vivront dans l'époque idéocratique à venir.

Les États idéocratiques modernes sont encore fort loin de la véritable idéocratie. L'URSS est un peu plus près du but, ne serait-ce que parce que son territoire est un monde séparé, potentiellement autarcique, habité par des peuples non apparentés, mais partageant un destin historique commun. Cependant, si l'on prend en considération le fait que les dirigeants de l'URSS persistent à prendre les conséquences de l'idéocratie (le socialisme) pour son contenu, que l'éducation, la presse, les pseudo-sciences et la littérature diffusent dans les masses soviétiques des représentations faussées sur la nature de la période historique actuelle, et, enfin, qu'une partie importante de l'intelligentsia non-russe de l'URSS est contaminée par des aspirations séparatistes étroitement nationalistes, il deviendra clair que l'URSS est encore loin d'atteindre la véritable idéocratie, et qu'elle n'y parviendra, sans doute, qu'au prix de dures épreuves.

En ce qui concerne les États idéocratiques européens, ils ont un chemin encore plus long à parcourir. A l'étape actuelle de leur évolution, ils se laissent emporter par un nationalisme zoologique centré étroitement sur un seul peuple, et ils combattent l'idée d'une culture européenne commune. Il est paradoxal que le «pan-européisme» qui, seul, aurait pu devenir l'idée-dirigeante de l'idéocratie européenne (car aucun pays européen ne peut à lui tout seul prétendre à l'autarcie) soit à l'heure actuelle l'idéologie du libéralisme et de la démocratie, c'est à dire des plus féroces adversaires de l'idéocratie. Et si l'on ajoute à cela que notre formulation de l'idée-dirigeante d'un État authentiquement idéocratique est irréconciliable avec l'impérialisme colonial, dont les mouvements idéocratiques actuels en Europe (les mouvements «fascistes») ne peuvent se débarrasser[1], il deviendra clair que l'Europe ne pourra atteindre une véritable idéocratie qu'après de profonds et sanglants bouleversements.

Et néanmoins, malgré la perspective de ces bouleversements, inévitables lors de toute transition d'un type d'organisation socio-politique à un

---

[1] D'ailleurs, les pan-européanistes sont encore moins désireux d'abandonner l'impérialisme colonial. Sur la carte de la «Pan-Europe» dessinée par Coudenhove-Kalergi [c], l'Europe proprement dite ne constitue qu'une infime partie, et la part du lion est constituée par l'Afrique de l'Ouest et du Nord-Ouest (les colonies italiennes, espagnoles, portugaises, belges et tout spécialement françaises); les colonies françaises et hollandaises y sont également incluses dans la «Pan-Europe».

autre, l'existence des États idéocratiques modernes (même si c'est avec des idées-dirigeantes faussées), n'est pas dépourvue de sens. L'expérience politique accumulée par la couche dirigeante de ces États, les nouvelles formes de leur vie quotidienne et de leur vie socio-politique, tout cela trouvera son utilité dans la future idéocratie authentique, et atténuera peut-être les douleurs de l'enfantement de cette véritable idéocratie.

NOTES DU TRADUCTEUR

[a] «Ob idee-pravitel'nice ideokratičeskogo gosudarstva», *Evrazijskaja Xronika*, XI, Paris, 1935, p. 29-37.
[b] «lieu de développement» : le terme de *mestorazvitie* a été forgé par le géographe P.N. Savickij (1895-1968), l'un des fondateurs de l'eurasisme, proche ami de N. Troubetzkoy et de R. Jakobson, au point d'être le parrain de ce dernier lorsqu'il se fit baptiser orthodoxe à Prague en 1936. *Mestorazvitie* a été traduit par Savickij lui-même par «lieu de développement» («Les problèmes de la géographie linguistique du point de vue du géographe»,*TCLP*-1, 1929) et par «développement local» («L'Eurasie révélée par la linguistique», *Le Monde Slave*, n° 3, 1931. La traduction par «topogénèse», proposée par J. Toman («The Ecological Connection : A Note on geography and the Prague School», *Lingua e Stile*, n° 16, 1981, p. 280), insiste sur le *processus*, mais il s'agit bien tout à la fois d'un *lieu* et d'un *processus*, par lequel *coïncident* des phénomènes n'ayant aucune relation génétique : «une sphère socio-historique et son territoire» (Jakobson : «K xarakteristike evrazijskogo jazykovogo sojuza», 1931, in *Selected Writings*, I, Mouton, 1971, p. 147). Savickij insiste sur le fait qu'il est indifférent de savoir si le milieu géographique détermine le caractère de la culture ou du type socio-historique, ou si, au contraire, un type socio-historique choisit, ou même modifie son milieu géographique, et qu'il y a en fait concomitance des deux types de relation (Savickij : *Rossija osobyj geografičeskij mir*, Prague, 1927, p. 31). Le milieu socio-historique et son territoire se fondent en une *totalité*, en une «individualité géographique», ou *landšaft*. Dans cette théorie, rien *n'est fortuit*.
[c] Richard N. Coudenhove-Kalergi, *Pan-Europa*, Wien-Leipzig, Pan-Europa Verlag, 1924.

Réflexions sur le problème indo-européen (1936) [a]

Les Indo-Européens sont les individus dont la langue maternelle appartient à la famille de langues indo-européenne. Il découle de cette définition, la seule possible du point de vue scientifique, que la notion d'«indo-européen» est une notion purement linguistique, dans la même mesure que les notions de «syntaxe», de «génitif» ou d'«accent tonique». Il existe des langues indo-européennes et il existe des peuples qui parlent ces langues. Le seul trait commun à tous ces peuples est que leurs langues appartiennent à la famille de langues indo-européenne.

A l'heure actuelle, il existe de nombreuses langues indo-européennes et de nombreux peuples indo-européens. Si l'on se tourne vers le passé, on s'aperçoit qu'il en fut également ainsi autrefois, aussi loin que l'on puisse remonter dans la profondeur des siècles. A côté des ancêtres des langues indo-européennes actuelles, il existait à une époque ancienne encore toute une série d'autres langues indo-européennes, qui se sont éteintes sans laisser de descendance. Certains chercheurs supposent qu'à une époque extrêmement lointaine il existait une langue indo-européenne unique, dénommée le proto-indo-européen, dont seraient issues toutes les langues indo-européennes historiquement attestées. Mais cette hypothèse est contredite par le fait que, aussi loin que l'on puisse remonter dans la profondeur des temps, on trouve toujours une grande quantité de langues indo-européennes. Certes, on ne peut affirmer que l'hypothèse d'une langue indo-européenne primitive unique soit rigoureusement impossible.

Mais elle n'est nullement indispensable, et l'on peut parfaitement s'en passer.

La notion de «famille de langues» n'implique nullement l'origine commune d'un ensemble de langues à partir de la même protolangue. Par «famille de langues» on entend un groupe de langues qui, en plus de caractéristiques communes de structure, présentent également des «coïncidences matérielles» : c'est un groupe de langues dans lesquelles un nombre important d'éléments grammaticaux et lexicaux présentent des correspondances phoniques régulières. Mais, pour expliquer le caractère régulier des correspondances phoniques, il n'est point besoin de recourir à l'hypothèse d'une origine commune pour les langues de ce groupe, puisque on trouve la même régularité lors d'emprunts massifs d'une langue à une autre, non apparentée. Ainsi, par exemple, à date ancienne, dans les emprunts des langues finnoises occidentales au slave (oriental), les occlusives sonores *b, d, g* en position intervocalique sont régulièrement rendues en finnois par les consonnes sourdes courtes *p, t, k*; les occlusives sourdes slaves *p, t, k* deviennent en finnois les sourdes longues (géminées) *pp, tt, kk*; le slave *ĭ* devient en finnois *i*, le slave *ŭ* devient en finnois *u* (mais en finale après les consonnes slaves sourdes il devient *i* en finnois), le slave *o* devient en finnois *a*, le slave *e* devient en finnois *ä*, etc. La coïncidence dans les éléments de base du lexique et de la morphologie n'est pas plus la preuve d'une langue mère commune, car, en principe, tous les éléments de la langue peuvent être empruntés, et il arrive très souvent que, aux niveaux inférieurs de l'évolution, les éléments de base du lexique passent d'une langue à une autre. Paul Kretschmer, dans son *Einleitung in die Geschichte der grieschischen Sprache* [b], a autrefois affirmé avec juste raison qu'entre les notions de parenté et d'emprunt il n'existe, du point de vue linguistique, qu'une distinction d'ordre chronologique. Nous reconnaissons comme empruntés les mots passés d'une langue indo-européenne à une autre après un certain changement phonétique parce que la régularité des correspondances phoniques est rompue. Ainsi le mot slave *tynŭ* «palissade» est, à l'évidence, un emprunt du germanique *tûnas* (all. *Zaun*, angl. *town*), car dans les mots «originellement apparentés» le germanique *t* (all. *z*, angl. *t*) doit correspondre au slave *d* (*cf.*, par exemple, all. *zwei*, angl. *two* / slave *dŭvě, dŭva* «deux»; all. *zu*, angl. *to* / slave *do* «jusqu'à»; all. *zwingen* / slave *dvigati* «mettre en mouvement»; all. *sitzen*, angl. *sit* / slave *sěděti* «être assis»; all. *Zahl* / slave *dolja* «part, partie»; angl. *tear*, all. *zerren* / slave *dĭrati* «déchirer», *dira* «trou»; all. *zergen* / russe *dergat'* «tirer», etc.). Dans le cas présent ce n'est que parce que l'emprunt s'est produit après le changement de *d* en *t* dans le domaine germanique que nous voyons qu'il s'agit d'un emprunt : si l'emprunt avait eu lieu avant ce changement, on aurait eu en slave non pas *tynŭ*, mais *dynŭ*, que nous devrions considérer comme «originellement apparenté» à l'allemand *Zaun* et à l'anglais *town*. Il est parfaitement plausible, ainsi, que le mot germanique qui a servi de source au slave *tynŭ* «palissade» ait été lui-même emprunté au celte (*cf.* le gaulois *dunum* dans les noms de places fortes comme *Neviodunum*, *Mellodunum*, *Eburodunum*, *Uxellodunum*, etc.). Mais comme cet emprunt s'est produit avant le passage de *d* à *t* dans le domaine germanique, le germanique *tûnas* (all. *Zaun*, angl. *town*) ne manifeste pas son origine celte et doit être considéré comme «originellement apparenté» au celte *dûnum*. A proprement parler, on attribue à la «langue originaire indo-européenne» tous les éléments (lexicaux et grammaticaux) qui se rencontrent dans plusieurs langues indo-européennes et qui ne donnent aucune indication sur la direction dans laquelle ils sont passés d'une langue à l'autre. Il en va exactement de même dans les autres familles de langues.

Il n'y a, ainsi, aucune raison de supposer l'existence d'une protolangue unique dont seraient issues toutes les langues indo-européennes. On peut tout aussi bien envisager une évolution inverse, à savoir que les ancêtres des branches indo-européennes étaient à l'origine dissemblables, et que ce n'est qu'avec le temps que, à force de contacts constants, d'influences réciproques et d'emprunts, ils se sont sensiblement rapprochés, sans pour autant devenir totalement identiques [c]. L'histoire des langues connaît des évolutions divergentes et convergentes. Il est parfois même difficile de tracer une délimitation entre ces deux types de développement. Les langues romanes, c'est certain, remontent toutes à une même langue : le latin (le latin vulgaire). Mais l'époque d'assimilation du latin vulgaire par les Ibères, les Gaulois, les Ligures, les Étrusques, les Vénètes, les Daces, etc., a été précédée par une période d'adaptation des langues de toutes ces populations au latin, période pendant laquelle toutes ces langues se saturaient d'emprunts lexicaux à partir du latin et modifiaient leur grammaire et leur syntaxe dans une voie proche de celle du latin. Et il ne fait pas de doute que le latin lui-même subissait précisément à cette époque des changements importants, provoqués par un mouvement inverse d'adaptation aux parlers barbares. Le résultat est que, lorsque les langues barbares eurent disparu dans les différentes contrées du défunt Empire romain, laissant la place au latin, ce latin s'avéra quelque peu différent dans chaque province, si bien qu'il n'en résulta pas une véritable unité. Après l'élimination des langues barbares par le latin, les variétés provinciales de cette langue commencèrent à évoluer dans différentes directions et finirent par donner naissance aux langues romanes actuelles, si distinctes l'une de l'autre que des locuteurs de deux langues romanes différentes (et parfois de deux dialectes de la même langue romane) ne se comprennent plus. Mais, d'un autre côté, dans toute une série de détails, ces mêmes langues romanes (et surtout leurs variantes standards) tendent, au cours de l'histoire, à se rapprocher. Ainsi, dans ce cas, convergence et divergence sont allées de pair dès le début.

Les langues romanes sont un exemple d'évolution d'une famille de langues à partir d'une «protolangue». Cet exemple n'est pas très heureux, parce que, dans le cas du latin, la «protolangue» était une langue d'État avec une tradition écrite. Or, à côté des véritables langues romanes, il existe des langues qu'on pourrait appeler «semi-romanes», c'est à dire des langues qui ont commencé à remplacer progressivement leurs éléments originaux par des éléments du latin vulgaire, mais qui ne sont pas allées jusqu'au bout dans cette direction. Il en va ainsi, par exemple, de l'albanais. Une partie non négligeable du lexique de cette langue est constituée d'éléments romans, et sa structure grammaticale rappelle fortement la structure romane. Mais, en fait, l'albanais n'est pas devenu totalement roman, et conserve à l'heure actuelle un grand nombre d'éléments qu'on ne peut expliquer à l'aide du latin. Comme le latin est bien connu par les documents écrits et que, d'autre part, il existe des langues romanes vivantes, les linguistes sont capables, dans une large mesure, de démêler l'écheveau des éléments romans et non romans en albanais, bien que cela s'accompagne de grandes difficultés. Mais si les linguistes n'avaient à leur disposition que quelques langues «semi-romanes» du type de l'albanais, en appliquant à ces langues la méthode comparée élaborée par la linguistique indo-européenne, ils chercheraient à en reconstituer la «protolangue». Dans ce cas, les éléments non-romans de ces langues devraient soit être laissés inexpliqués, soit être expliqués par des combinaisons complexes et artificielles, qui se refléteraient immanquablement dans la «protolangue» ainsi reconstituée. Le tableau deviendrait encore plus compliqué si on disposait non plus d'un seul groupe de langues ayant commencé à converger et arrêtées en chemin, mais de descendants de plusieurs de ces groupes, reliés l'un à l'autre par une convergence partielle. Si on appliquait la méthode de la linguistique comparée classique, il faudrait reconstituer une «protolangue» pour tout cet ensemble de langues, puisque on trouverait dans toutes des traits communs de structure, et des éléments lexicaux et grammaticaux communs avec des correspondances phoniques régulières. Il est certain qu'on pourrait reconstituer cette «protolangue», mais ce serait une «protolangue» qui, cela va sans dire, ne correspondrait à aucune réalité.

Ainsi, une famille de langues peut être le produit d'une évolution purement divergente ou purement convergente ou, enfin, de la combinaison des deux types d'évolution en proportions variées. En fait il n'y a pas, ou presque pas, de critères permettant d'établir de façon parfaitement objective à quel type d'évolution un groupe de langue doit son origine. Pour les familles constituées de langues tellement proches que presque tous les éléments lexicaux et grammaticaux de chacune de ces langues se retrouvent (avec des modifications phoniques régulières) dans toutes ou dans la majorité des langues de la même famille, il est certain qu'une évolution purement divergente est plus vraisemblable qu'une évolution purement convergente. Peut-être est-il possible de trouver certaines indications à partir de la fragmentation interne d'une famille de langues. Il existe des familles de langues avec une répartition en forme de mailles de filet (ou de maillons de chaîne). Tel est, par exemple, le cas des langues slaves. Pratiquement, chaque langue slave est comme un chaînon qui relie deux autres. Le lien entre des langues voisines est assuré par des dialectes de transition, et, de plus, des liens sont tissés par dessus les frontières, entre les groupes. Ainsi, non seulement le groupe slave du sud se présente comme une chaîne ininterrompue de passages entre le slovène et le serbo-croate en passant par le kaïkavien, et entre le serbo-croate et le bulgare, en passant par toute une série de dialectes intermédiaires, mais encore on peut dire de façon très nette que, de toutes les langues slaves du Sud, c'est le slovène (et tout particulièrement ses parlers carinthiens) qui est le plus proche des langues slaves de l'Ouest, et le bulgare (et en particulier ses dialectes orientaux) qui est le plus proche des langues slaves de l'Est. En revanche, si l'on compare les langues slaves avec les autres langues indo-européennes, cette répartition en forme de chaîne cesse d'exister. Il ne fait pas de doute que, de toutes les autres langues indo-européennes, ce sont les langues baltes (lituanien, letton, et vieux-prussien maintenant disparu) qui sont les plus proches des langues slaves. Mais il est impossible de dire laquelle précisément des langues baltes est la plus proche des langues slaves et laquelle des langues slaves est la plus proche des langues baltes. Au lieu d'une répartition en maillons de chaînes on a ici une répartition sous forme de briques juxtaposées. Et il est possible que ces différents types de répartition des groupes de langues «parentes» proviennent de différents modes d'apparition de ces groupes : la répartition en chaîne a lieu lorsque domine la divergence, et celle en briques quand domine la convergence.

Quoi qu'il en soit, les différentes branches de la famille de langues indo-européennes ne sont pas unies entre elles par des liens particulièrement forts. Chacune des branches possède un nombre non négligeable d'éléments lexicaux et grammaticaux, qui n'ont pas d'équivalent exact dans les autres langues indo-européennes. A ce titre, la famille indo-européenne se différencie notablement d'autres familles, telles que les familles turke, sémitique ou bantoue. Et dans ces conditions, l'hypothèse que la famille indo-européenne s'est formée par l'évolution convergente de langues qui, originellement, n'étaient pas apparentées (les ancêtres des futurs «rameaux» de la famille indo-européenne), n'est en rien moins vraisemblable que l'hypothèse inverse, à savoir que toutes les langues indo-européennes se seraient développées à partir d'une protolangue unique par une évolution purement divergente.

L'hypothèse de la convergence doit, de toute façon, être prise en considération lorsqu'il s'agit du «problème indo-européen», et toute approche de ce problème doit être élaborée de façon à rester valide quelle que soit l'hypothèse retenue. Or, jusqu'à présent, lorsqu'il est question du «problème indo-européen», on ne tient compte que de l'hypothèse de l'évolution purement divergente à partir d'une protolangue unique. Cette approche unilatérale a fait s'engager toute la discussion du problème dans une voie absolument erronée. La nature véritable, c'est à dire purement linguistique, du problème indo-européen a été oubliée. De nombreux indo-européanistes ont introduit de façon absolument infondée dans l'examen du «problème indo-européen» des considérations relevant de l'archéologie préhistorique, de l'anthropologie et de l'ethnologie. On s'est mis à discuter sur l'habitat, la culture et la race du «peuple primitif» indo-européen, alors que ce peuple primitif n'a peut-être jamais existé. Pour les linguistes allemands contemporains (et pas seulement allemands!) le «problème indo-européen» se pose à peu près en ces termes : «quel type de céramique doit être associé au peuple primitif indo-européen?» Mais cette question (tout comme bien des questions du même ordre) ne peut pas être résolue du point de vue scientifique, et s'avère, par conséquent, vaine. Toute la discussion n'est qu'un cercle vicieux, dans la mesure où l'existence même du peuple primitif indo-européen ne peut être démontrée et où, de même, on ne peut démontrer qu'il existe un lien entre un certain type de culture matérielle et un certain type de langue. C'est ainsi que se constitue une notion imaginaire, le mirage romantique du «peuple primitif». En poursuivant ce mirage, on oublie une vérité scientifique fondamentale, à savoir que la notion d'«indo-européen» est une notion exclusivement linguistique.

La seule question scientifiquement admissible consiste à se demander où et comment s'est formée la structure linguistique indo-européenne. A cette question on ne peut et ne doit répondre qu'en faisant appel à des concepts et à des faits de nature purement linguistique, ce qui implique de savoir quelles sont les particularités du système indo-européen.

Quels sont les critères utilisés par les linguistes pour déterminer si une langue est indo-européenne? Il faut, bien entendu, qu'il y ait dans une langue une certaine quantité de «coïncidences matérielles», c'est à dire de racines, de suffixes de dérivation et de désinences qui ont des correspondances aussi bien par la fonction (par le sens) que par leur forme phonique (si ces correspondances phoniques sont régulières) avec les éléments équivalents dans les autres langues indo-européennes. Cependant, il est impossible de dire quelle doit être la proportion de ces correspondances pour qu'une langue puisse être reconnue comme indo-européenne. Il est tout aussi impossible de dire précisément quels éléments lexicaux ou grammaticaux doivent être présents dans toute langue indo-européenne. Il est difficile de trouver un mot qui, sous les différentes formes phoniques correspondantes, se rencontre dans toutes les langues indo-européennes sans exception. Ce sont justement les mots les plus répandus qui présentent dans les langues de telles transgressions des lois phonétiques que leur prototype ne peut être reconstitué qu'en faisant violence aux faits. Quant aux mots qui ne présentent aucune anomalie phonétique, ils sont en général attestés seulement dans quelques-unes des langues indo-européennes. En ce qui concerne les terminaisons grammaticales, il est très rare qu'elles trouvent une correspondance exacte en dehors d'un rameau indo-européen donné. Les lois phonétiques ordinaires sont très souvent inapplicables aux terminaisons, et on doit alors inventer des «lois de fin de mot» (Auslautgesetze) *ad hoc*, dont le champ d'action est parfois limité à un seul exemple (*cf.*, pour le slave, les explications courantes du dat. sing. *rabu* «esclave», de l'instr. plur. *raby*, du gén. sing. *ženy* «femme»). Il convient d'ajouter que certains des éléments lexicaux et grammaticaux les plus répandus dans les langues indo-européennes ne sont absolument pas spécifiquement indo-européens, et qu'ils sont répandus dans d'autres familles de langues. Il en va ainsi des éléments de négation comportant les consonnes *n* et *m*, des racines pronominales *m* (russe *moj* «mon», *menja* «moi»), *t* ou *s* (russe *tvoj* «ton», *tebja* «toi»), *to* (russe *tot* «celui-là»), *kwo* (russe *kto* «qui»), etc. Pour tenir compte de tous ces faits, il ne faut pas, lorsqu'il s'agit de décider si une langue appartient ou non à la famille indo-européenne, attribuer trop d'importance aux «coïncidences matérielles». Certes, celles-ci doivent être présentes, et leur absence totale dans une langue est bien une preuve que cette langue n'appartient pas à la famille indo-européenne. Mais le nombre de ces coïncidences n'est pas probant, et parmi elles il n'y en a aucune dont la présence soit nécessaire pour témoigner du caractère indo-européen de la langue en question.

Pour prouver qu'une langue appartient à la famille indo-européenne il faut, en plus d'un certain nombre de «coïncidences matérielles», la présence des six caractéristiques structurales suivantes, propres à toutes les langues indo-européennes vivantes et éteintes qui nous sont connues.

D'abord, deux traits phonologiques de caractère négatif :

1) *L'absence d'harmonie vocalique.* Dans les langues indo-européennes, la qualité des voyelles dans les syllabes non initiales n'est jamais déterminée par la qualité de la première syllabe (à la différence des langues altaïques et de nombreuses langues finno-ougriennes). Dans les cas où le terme «harmonie vocalique» est utilisé pour la description de certaines langues ou dialectes indo-européens (par exemple, dans les dialectes podljakh d'Ukraine occidentale, dans le dialecte slovène du Val de Resia), il s'agit en fait d'une simple adaptation des voyelles inaccentuées aux voyelles accentuées en fonction de l'aperture (par exemple dans le dialecte slovène du Val de Resia, *koleno* se maintient, mais *korito* passe à *kuritu*, dans le dialecte ukrainien podljakh *soboj* se maintient, mais le datif *sobi* passe à *subi*, etc.). Les résultats de ce processus sont très différents du phénomène qu'il est convenu d'appeler l'harmonie vocalique dans les langues altaïques et finno-ougriennes.

2) *Le nombre de consonnes admissibles en début de mot n'est pas inférieur au nombre de consonnes admissibles à l'intérieur du mot.* Par cette caractéristique, les langues indo-européennes se différencient fortement de la majorité des langues finno-ougriennes et altaïques. Dans les cas où, dans les langues indo-européennes, ce ne sont pas les mêmes consonnes qui sont admises au début et à la fin du mot, l'assortiment des consonnes du début de mot est plus riche que celui de l'intérieur du mot. Ainsi, par exemple, les dialectes de l'écossais distinguent en début de mot les consonnes aspirées et non-aspirées, dans certaines langues modernes de l'Inde en début de mot on distingue les aspirées, les non-aspirées et les occlusives gutturales, alors qu'à l'intérieur du mot cette opposition n'a pas lieu (*cf*., par exemple, les parlers orientaux du bengali). Ce phénomène ne pourrait exister dans aucune langue finno-ougrienne ou altaïque (mais il est parfaitement possible dans les langues du Nord-Caucase, *cf*., par exemple, le tchétchène, où l'opposition entre sourdes simples et sourdes glottalisées n'existe qu'en début de mot).

Les trois particularités suivantes appartiennent au domaine de la «morphonologie»:

3) *Le mot ne commence pas nécessairement par le radical.* Il n'y a pas de langues indo-européennes sans préfixes. Même les langues indo-européennes les plus anciennes comportent de véritables préfixes, c'est-à-dire des morphèmes qui ne se rencontrent qu'en composition avec un radical qui suit, et ne s'emploient jamais comme mots indépendants (par

exemple *n-* «sans», *su-* «bien», *dus-* «mal», l'augment *e-*, etc.). Dans les langues indo-européennes plus tardives le nombre de ces préfixes tend à s'accroître.

4) *La dérivation des formes se fait non seulement à l'aide d'affixes, mais encore grâce à l'alternance des voyelles à l'intérieur du radical.* Si l'on ne peut faire que des conjectures plus ou moins vraisemblables au sujet des causes de l'ancienne alternance vocalique (Ablaut), on peut en revanche déterminer sans trop de peine les conditions d'apparition des nouvelles alternances vocaliques dans chaque langue indo-européenne. Cependant, bien que les nouvelles alternances vocaliques aient été provoquées par l'action de lois phonétiques particulières, ces lois ont déjà perdu leur effet, et, du point de vue de l'époque en question, la nouvelle alternance vocalique n'est plus conditionnée mécaniquement, mais est aussi «libre» et «grammaticale» que l'ancien *Ablaut*. Ainsi, du point de vue du russe moderne, il n'y a pas de différence de principe entre l'alternance *e-o* dans les paires *mélet-mólotyj* «il moud/moulu», *pet'-poj* «chanter/chante», et *teč'-tok* «couler/courant». Pourtant, dans le premier cas l'alternance est provoquée par des lois phonétiques propres au russe, dans le deuxième, par des changements phonétiques du slave commun, et dans le troisième elle remonte à une alternance vocalique encore plus ancienne, préslave, «indo-européenne proprement dite». De la sorte, dans toutes les langues indo-européennes, les cas et les types anciens et nouveaux d'alternances vocaliques se mêlent et forment parfois des séries extrêmement complexes. Par exemple, la racine allemande qui a le sens de «casser, briser» prend en allemand standard huit formes vocaliques différentes, c'est à dire les huit voyelles simples (non diphtonguées) de l'allemand : *Bruch* («cassure»), *gebrochen* («cassé»), *brach* («cassait»), *bräche* (subjonctif passé), *brechen* («casser»), *brich!* («casse!»), *brüchig* («cassant»), *ab-bröckeln* («émietter»).

5) *Parallèlement aux alternances vocaliques, les alternances consonantiques non conditionnées extérieurement jouent un rôle dans la dérivation grammaticale.* Le degré d'utilisation de ce procédé diffère grandement selon les langues indo-européennes. Mais il est, d'une façon ou d'une autre, utilisé dans toutes, et il n'existe pas de langue indo-européenne à qui l'alternance consonantique soit totalement étrangère. Du point de vue historique, tous ces types d'alternance doivent leur origine à différents changements phoniques combinatoires, dont il est la plupart du temps facile de définir les conditions. Mais du point de vue synchronique (c'est à dire du point de vue d'un état donné d'une langue), l'alternance consonantique n'est plus conditionnée extérieurement, elle est un moyen auxiliaire de dérivation au même titre que la dérivation voca-

lique. Cette particularité est très importante typologiquement, ce dont il n'est pas difficile de se convaincre si l'on compare les langues indo-européennes avec des langues d'autres groupes. Par exemple l'alternance consonantique grammaticale est parfaitement étrangère aux langues sémitiques, de même qu'aux langues caucasiennes septentrionales (à l'exception de l'artchine [d] et du kourine, qu'on appelle maintenant le lezghien); dans les langues altaïques on ne trouve que des alternances consonantiques combinatoires, extérieurement conditionnées, aux jointures de morphèmes.

Enfin, le dernier point appartient au domaine de la morphologie.

6) *Le sujet d'un verbe intransitif est traité exactement de la même façon que le sujet d'un verbe transitif.* Dans les langues indo-européennes où la différence entre le sujet et le complément direct d'un verbe transitif est exprimée par des terminaisons verbales, le sujet d'un verbe intransitif prend la même terminaison que le sujet d'un verbe transitif (par exemple en latin : *filius patrem amat - filius venit*); et dans les langues indo-européennes où la différence entre le sujet et le complément direct d'un verbe transitif est exprimée par l'ordre des mots dans la phrase, le sujet d'un verbe intransitif est disposé par rapport à son prédicat de façon rigoureusement identique au sujet d'un verbe transitif (par exemple en français : *le fils aime le père - le fils vient*).

Chacun des six traits structuraux énumérés ci-dessus se rencontre isolément dans des langues non-indo-européennes, mais ce n'est que dans les langues indo-européennes qu'on les trouve tous réunis. Une langue qui ne possède pas les six traits en question ne peut pas être considérée comme indo-européenne, même si son lexique comporte de nombreux éléments qui coïncident avec des éléments indo-européens. A l'inverse, une langue qui a emprunté une grande partie de ses éléments lexicaux et dérivationnels à des langues non-indo-européennes, mais qui présente les six traits susmentionnés (à côté de ne serait-ce qu'un petit nombre de mots et d'affixes communs à d'autres langues indo-européennes), doit être considérée comme indo-européenne. Il découle de cela qu'une langue peut *devenir* indo-européenne ou, au contraire, cesser de l'être.

Le moment où les six traits structuraux énumérés ci-dessus se sont pour la première fois combinés dans une même langue dont le lexique et la structure grammaticale contenaient des éléments qui avaient trouvé, avec le temps, des correspondances dans les langues indo-européennes historiquement attestées, ce moment doit être considéré comme celui de l'apparition du type linguistique indo-européen. Aucune donnée archéologique, c'est sûr, ne peut donner d'indication sur ce moment, car la technique de la céramique ou la forme d'une arme n'ont aucun rapport avec les six traits en question. Ainsi, il ne sera jamais possible d'élucider le moment de l'apparition du type linguistique indo-européen. Il faut seulement remarquer que le processus de combinaison de nos six traits structuraux avec un certain nombre de racines et d'affixes «pré-indo-européens» a pu se dérouler plus ou moins en même temps dans plusieurs langues. Dans ce cas, il y aurait eu dès le début plusieurs langues indo-européennes; qui plus est, ces langues ont pu constituer originellement une «alliance de langues» qui, avec le temps, a donné naissance à une famille de langues. Les linguistes doivent rétrospectivement considérer ces membres du plus ancien groupement de langues indo-européennes comme des «dialectes de la proto-langue indo-européenne», mais il n'y a aucune raison de les faire remonter à une seule et même source.

Pour définir l'espace géographique dans lequel a pu se dérouler ce processus d'apparition du type linguistique indo-européen, il faut prendre en compte les considérations suivantes. La «théorie des ondes» proposée autrefois par Johannes Schmidt peut être appliquée non seulement aux dialectes d'une même langue et à des groupes de langues apparentées, mais également à des langues voisines non apparentées. Des langues voisines, même non apparentées, se «contaminent réciproquement», en quelque sorte, et, en fin de compte, acquièrent une série de caractéristiques communes dans leur structure phonique et grammaticale. Le nombre de ces traits communs dépend de la durée du contact géographique entre ces langues. Tout cela est applicable aux familles de langues. Dans la majorité des cas une famille de langues présente des caractéristiques dont certaines la rapprochent d'une famille voisine, et d'autres d'une autre famille, également voisine. Ainsi, les familles de langues forment de véritables chaînes. Par exemple, les langues finno-ougriennes et les langues samoyèdes [e], qui leur sont étroitement liées, présentent un ensemble de particularités structurales qui sont également propres aux langues «altaïques» (des groupes turk, mongol et mandchou-toungouze). Les langues altaïques, à leur tour, rappellent, par certaines de leurs caractéristiques structurales, le coréen et le japonais, tandis que ce dernier possède, à côté de traits qui le rapprochent des langues altaïques, d'autres traits qui l'apparentent aux langues malayo-polynésiennes. D'autre part, les langues altaïques ont des traits communs avec les langues «paléoasiatiques» (l'«odoul», ou youkagir, le «nivkhe» — ou groupe giliak et kamtchatkien, composé de l'«itelmen» — kamtchadal, du «nymylane» — le koriak, et du «louoravetlane», ou tchoukche), et ces langues (en particulier le groupe kamtchatkien) rappellent fortement, par leur structure, l'esquimau, et se relient, par son intermédiaire, à certains groupes de langues d'Amérique du Nord. C'est de la même façon qu'en Afrique la famille «bantoue» se relie, par l'intermédiaire des langues «bantoïdes», aux langues soudanaises et nilotiques; les langues soudanaises présentent certains traits de ressemblance avec des langues isolées d'Afrique occidentales comme le wolof et le foula, qui, de leur côté, rappellent par certains traits les langues berbères. Les langues nilotiques, semble-t-il, ont une certaine ressemblance avec les langues couchitiques. Enfin les langues berbères, couchitiques, égyptienne (le copte) et sémitiques présentent tant de traits communs dans leur structure qu'il est courant de les réunir sous le nom de langues «chamito-sémitiques».

Si l'on tient compte de cette tendance commune des familles de langues à former une répartition géographique «en maillons de chaîne», tout comme du fait que tous les traits structuraux du type linguistique indo-européen se retrouvent isolément dans des langues non-indo-européennes, il est possible de définir avec un certain degré de vraisemblance le lieu géographique approximatif d'apparition du type linguistique indo-européen. Les «voisines» de la plus ancienne langue (ou des plus anciennes langues) du type indo-européen n'ont pu être que deux grands groupes de langues (ou, plus exactement, de familles de langues), qu'on peut appeler, conventionnellement, l'un «ouralo-altaïque», et l'autre «méditerranéen». Le groupe ouralo-altaïque (qui inclut les familles finno-ougrienne, samoyède, turke, mongole et toungouzo-mandchoue) rejoint l'indo-européen par la présence de la construction nominativo-accusative («point 6»), et, de plus, le membre le plus occidental de ce groupe, la famille finno-ougrienne, présente une alternance grammaticale libre de consonnes («point 5»). Le groupe méditerranéen de familles de langues (représenté à l'heure actuelle par les langues du Caucase Nord, celles du Caucase Sud, les langues sémitiques, le basque, peut-être aussi celles du groupe berbère, et, dans l'antiquité, par les langues éteintes de l'Asie Mineure) coïncide avec le système indo-européen dans les points 1, 2, 3 et 4, mais s'en écarte par l'absence de mutation consonantique et la construction ergative (qui est inconnue, d'ailleurs, des langues sémitiques)[1]. Le système indo-européen est un chaînon intermédiaire entre le système ouralo-altaïque et le système méditerranéen, c'est pourquoi il est naturel de localiser l'apparition du système indo-européen quelque part entre le domaine des familles de langues ouralo-altaïques d'un côté et celui des familles méditerranéennes de l'autre. Il faut, de même, noter que les langues dravidiennes de l'Inde présentent toute une série de traits

---

[1] Par construction ergative nous comprenons un système grammatical dans lequel le sujet d'un verbe transitif n'a pas la même forme que le sujet d'un verbe intransitif, par exemple en avar : *vac vekerula* «le garçon court», *vocas til bosula* «le garçon prend le bâton».

communs de structure avec les langues ouralo-altaïques, traits qui sont étrangers aux langues indo-européennes. Cela rend impossible la localisation de l'apparition du système indo-européen dans des régions situées entre les langues ouralo-altaïques et dravidiennes, c'est à dire en Iran ou dans l'Inde du Nord. Encore moins probables sont des localisations plus à l'Est, où le système indo-européen devrait jouer le rôle de maillon intermédiaire entre le système ouralo-altaïque et le système chinois, ou entre le système ouralo-altaïque et le système tibéto-birman. Ainsi, le lieu d'apparition du système indo-européen peut se déterminer aussi bien positivement que négativement : c'est le domaine qui se trouve entre les groupes ouralo-altaïque et méditerranéen de familles de langues et qui ne s'insère pas entre les langues ouralo-altaïques et dravidiennes.

Certes, ces indications géographiques sont assez vagues, d'autant plus que nous ne savons absolument pas jusqu'où s'étendait vers le Nord à date très ancienne le groupe «méditerranéen» de familles de langues, dont des représentants se sont maintenus à l'heure actuelle près du golfe de Gascogne et dans le Caucase Nord. Mais il n'est pas possible de déterminer plus précisément le lieu d'apparition du système indo-européen par des moyens *scientifiques*. Quoi qu'il en soit, il faut se débarrasser du préjugé que la «langue primitive indo-européenne» (ou la première langue de structure indo-européenne) régnait sur un espace étroitement limité. En raison du caractère multiforme qu'il faut attribuer à la «langue primitive indo-européenne», même en utilisant les méthodes néo-grammairiennes de reconstruction, il est peu vraisemblable que l'on puisse admettre un centre ou un foyer unique de diffusion de la famille indo-européenne de langues. En revanche, l'existence de plusieurs foyers de diffusion, et sur un espace géographique très vaste, disons, de la Mer du Nord à la Mer Caspienne, est tout-à-fait envisageable.

L'apparition du système indo-européen, possédant l'ensemble des caractéristiques «matérielles» et «formelles» des langues indo-européennes, a été le fruit d'une longue évolution historique. Le système indo-européen est soumis à l'évolution, comme tout ce qui a trait à la langue. En principe, chaque branche indo-européenne évolue de façon indépendante, mais il y a certaines tendances de développement qui sont communes à toutes les branches indo-européennes, ou, du moins, à la majorité d'entre elles. La comparaison de ces tendances avec les faits des langues voisines, non indo-européennes, permet de découvrir un certain nombre de phénomènes curieux.

Pour les périodes les plus anciennes de l'évolution des langues indo-européennes, il faut admettre au moins trois modes d'articulation des consonnes explosives. Or dans les langues indo-européennes modernes ce nombre se réduit en général à deux. Ce n'est que dans des langues comme l'arménien, le kurde, l'ossète et certaines langues indiennes, c'est à dire dans des langues entourées par un milieu non indo-européen, que se sont maintenus des systèmes d'explosives à trois ou quatre membres. Si l'on se tourne vers les langues voisines, on remarque que les systèmes à trois modes d'articulation des explosives se rencontrent dans toutes les langues caucasiennes du Nord et du Sud, ainsi qu'en basque et, si l'on considère les «emphatiques» comme un mode d'articulation à part entière, dans les langues sémitiques. Les langues finno-ougriennes et altaïques, quant à elles, n'ont que deux types d'explosives, tout comme la grande majorité des langues indo-européennes modernes. Il est curieux, de plus, que dans le système indo-européen le plus ancien la classe des explosives labiales se différenciait des autres classes par le fait qu'un de ses trois membres (à savoir le *b) se rencontrait très rarement. C'est un tableau parfaitement identique que présentent les langues nord-caucasiennes actuelles, dans lesquelles l'une des trois explosives labiales (le p à occlusion glottale) se rencontre extrêmement rarement (et dans de nombreuses langues, comme l'avare, le lak, etc., il est totalement absent); de même, encore, dans les langues sémitiques, la classe des explosives labiales ne connaît pas d'explosive emphatique, et dans le sémitique «primitif» préhistorique ce son, si tant est qu'il ait existé, devait être particulièrement rare. Et pourtant, dans les langues indo-européennes modernes, la classe des explosives labiales, en termes de degré d'utilisation, est tout à fait comparable aux autres classes d'explosives et, sous cet aspect, les langues indo-européennes modernes se rapprochent des langues finno-ougriennes, samoyèdes et altaïques.

Pour la «protolangue indo-européenne», et, plus exactement, pour le stade d'évolution le plus ancien des langues indo-européennes, il faut admettre deux séries de consonnes du type k, g[2]. Dans les langues indo-européennes historiques, en revanche, on ne trouve qu'une série de ces consonnes. Dans les rares langues où existe une seconde série (par exemple en ossète : q, G), cette seconde série est de toute évidence d'origine secondaire. Parmi les familles de langues voisines, ce sont, avant tout, les langues caucasiennes du Nord et du Sud, et, peut-être, les langues sémitiques (si l'on considère comme de seconde série les consonnes

---

[2] Il existe plusieurs suppositions au sujet de la nature de cette opposition de deux séries k,g. Certains spécialistes posent une opposition de k,g purs à une série labialisée (c'est à dire prononcés avec la même position des lèvres que pour la voyelle u), d'autres une opposition de k,g durs à k', g' mous.

emphatiques vélaires profondes) qui présentent deux séries *k, g*. En revanche, dans les langues finno-ougriennes et altaïques il n'existe qu'une série *k, g*, parfois avec deux nuances de prononciation, conditionnées par une harmonie vocalique automatique. Et si dans les langues samoyèdes à côté de *k, g* normaux on rencontre en tant que phonèmes particuliers les vélaires postérieures *q, G*, ce phénomène (comme de nombreuses autres particularités des langues samoyèdes) doit, selon toute vraisemblance, être attribué à l'influence de langues éteintes du type paléoasiatique.

Selon une hypothèse fortement vraisemblable (récemment démontrée de façon très convaincante par le linguiste polonais J. Kuryłowicz), les langues indo-européennes à un stade ancien de leur évolution possédaient plusieurs consonnes gutturales (quatre selon J. Kuryłowicz), qui se sont par la suite perdues. Et là où les langues indo-européennes actuelles présentent des consonnes gutturales (par exemple l'allemand *h*, l'ukrainien *h*, etc.), ces sons proviennent d'autres consonnes, non gutturales, à une époque accessible à la mémoire historique[3]. Parmi les familles de langues voisines, les langues caucasiennes du nord et les langues chamito-sémitiques se distinguent par une abondance de consonnes gutturales. En revanche, dans les langues ouralo-altaïques il n'y a pas du tout de consonnes gutturales, et si dans certaines de ces langues on rencontre le son *h*, il n'est que le produit tardif de l'évolution d'un autre son (par exemple en hongrois *h* provient du *x* [f] plus ancien, en bouriate et en évenki du nord *h* provient de *s*, etc.)[4]. De ce point de vue, les langues ouralo-altaïques rappellent les langues indo-européennes historiquement attestées.

Dans les langues indo-européennes anciennes, certaines formes verbales se forment non seulement à l'aide de terminaisons particulières et de changements vocaliques dans la racine, mais encore par un redoublement partiel de la racine, à savoir de la première consonne. On rencontre de telles formes en vieil indien, en iranien ancien, en grec ancien, en latin (*posco-poposci, tango-tetigi, tundo-tutudi*, etc.), en ombrien, en osque, et en gotique. Mais dans les langues attestées à un échelon plus tardif de

---

[3] Ce n'est qu'en hittite, découvert récemment, que le son *h*, selon toute vraisemblance, provient directement d'une consonne gutturale du proto-indo-européen.
[4] Dans le parler des Tatares de Kasim on trouve une occlusion glottale (coupe de glotte), issue du turk commun. *k*. Il est curieux de constater la même évolution pour le slave commun *k* dans le dialecte rož (Rozenthal) du slovène (en Carinthie) et pour le germanique commun *k* dans certains parlers néerlandais.

leur évolution, semblables formes n'existent plus, et le redoublement d'une partie de la racine dans les formes verbales est totalement étranger aux langues indo-européennes modernes. Parmi les familles de langues voisines, les langues caucasiennes du nord et les langues sémitiques utilisent le redoublement d'une consonne de la racine dans la dérivation de certaines formes verbales (*cf.*, par exemple, en avar *teze* «arracher (perfectif)» — *teteze* «arracher (imperfectif)»; en lak *cun* «faire mal» — *cucar* «il fait mal», *ššaran* «bouillir» — *ššaraššar* «il bout»; en artchine *xuras* «rire» — *xuraxu* «il riait», etc.). Les familles de langues du groupe ouralo-altaïque, au contraire, ne connaissent absolument pas le redoublement d'une consonne du radical verbal.

Les langues indo-européennes, à un stade relativement ancien de leur évolution, distinguaient les genres grammaticaux des substantifs (comme on le suppose maintenant, d'abord un genre animé, ou actif, et un genre inanimé, ou passif, puis plus tard un masculin, un féminin et un neutre). Mais, au cours de leur évolution, les langues indo-européennes ont manifesté une tendance à perdre cette distinction ou à la réduire au minimum. Ainsi l'arménien et les langues iraniennes modernes ont complètement perdu la distinction des genres grammaticaux, l'anglais et le néerlandais l'ont presque perdue, et dans les langues romanes (tout comme en letton et en lituanien) seule s'est maintenue l'opposition entre le masculin et le féminin. Parmi les familles de langues voisines, ce sont les langues caucasiennes du Nord qui ont le plus développé les différences de genres des substantifs (le tchétchène, par exemple, distingue six genres grammaticaux), puis viennent, mais à un moindre degré, les langues chamito-sémitiques. Au contraire, la distinction des genres grammaticaux est totalement étrangère aux familles de langues du groupe ouralo-altaïque.

Enfin, si l'on en croit Uhlenbeck et d'autres linguistes, l'opposition nominatif / accusatif, propre à toutes les langues indo-européennes historiquement attestées (identiques, de ce point de vue, aux langues ouralo-altaïques), s'est développée à une époque relativement tardive, alors qu'à une époque plus ancienne les langues indo-européennes utilisaient la construction ergative, comme les langues modernes du Nord Caucase (ainsi que le basque et quelques langues éteintes d'Asie Mineure).

Tous les faits énumérés ci-dessus semblent indiquer que, dans leur évolution historique, les langues indo-européennes s'éloignent de plus en plus du type de langues représenté par les langues du Caucase oriental actuelles, et se rapprochent du type des langues finno-ougriennes et altaïques. Ce fait, bien sûr, peut être interprété de plusieurs manières. On peut y voir le reflet d'événements «historiques» (plus exactement, préhistoriques) particuliers de la vie du «proto-peuple» indo-européen et tenter de reconstituer ces événements. Avec une certaine dose d'imagination et en utilisant habilement les maigres données de l'archéologie préhistorique, qui donnent lieu aux interprétations les plus variées, on peut dresser un brillant tableau de «l'histoire du proto-peuple indo-européen» et de ses relations avec les autres «proto-races» et «proto-peuples». Ce tableau serait sans doute passionnant, mais... peu convaincant scientifiquement. C'est pourquoi nous préférons admettre une autre interprétation des faits susmentionnés. Nous voyons dans le passage du type linguistique du Caucase oriental au type ouralo-altaïque un processus naturel. Le système linguistique représenté par les langues actuelles du Caucase Nord (et principalement du Caucase Est), avec une flexion hypertrophiée[5], est, sans aucun doute, beaucoup moins transparent, économique et commode que le système des langues ouralo-altaïques, qui repose sur le principe de l'agglutination. Si les linguistes considéraient jusqu'à présent les langues agglutinantes comme plus primitives que les langues flexionnelles, il ne le faisaient, de toute évidence, qu'en vertu de préjugés égocentriques, puisque ils étaient eux-mêmes des locuteurs de langues indo-européennes, c'est-à-dire flexionnelles. Si l'on se débarrasse de ces préjugés, il faut reconnaître que les langues strictement agglutinantes du type altaïque, avec leurs phonèmes peu nombreux et utilisés de façon économique, leurs racines invariables, nettement reconnaissables, grâce à leur position obligatoire en début de mot, et avec leurs suffixes et leurs terminaisons toujours parfaitement univoques et clairement rattachés l'un à l'autre, forment un outil d'une perfection technique bien supérieure à celle des langues flexionnelles, ne serait-ce que des langues caucasiennes orientales, avec leurs racines insaisissables, qui changent constamment de vocalisme, perdues parmi les préfixes et les suffixes, ces racines dont certaines possèdent une forme phonique bien déterminées sans qu'on puisse y discerner un quelconque contenu sémantique saisissable, alors que d'autres, tout en ayant un contenu sémantique ou une fonction formelle déterminés, se présentent sous des aspects phoniques hétérogènes, qu'on ne peut pas ramener l'un à l'autre.

Il est vrai que dans la majorité des langues indo-européennes le principe flexionnel n'est pas aussi hypertrophié que dans les langues caucasiennes, mais elles sont encore loin de la perfection technique des lan-

---

[5] Par *flexion* nous entendons un changement de l'aspect phonique des morphèmes (racines et affixes) ayant une valeur morphologique.

gues agglutinantes altaïques. C'est un fait que, en dépit des affirmations des linguistes indo-européanistes, la structure agglutinante représente un certain idéal non seulement par rapport aux langues à système de flexion hypertrophié, mais encore par rapport aux langues à système de flexion modéré, ce dont témoignent les tentatives de création de langues artificielles. Charles Bally a noté avec juste raison que l'espéranto, qui se compose exclusivement de lexèmes indo-européens, est néanmoins une langue purement agglutinante. Ainsi, lorsque les indo-européanistes veulent «corriger la nature» et créer une langue artificielle parfaite, ils éliminent involontairement la flexion pour recourir à l'agglutination. Or la démarche inverse serait impensable : on ne peut s'imaginer un Finnois, un Estonien, un Hongrois, un Turc ou un Japonais qui, voulant créer une langue artificielle parfaite, éliminerait le principe de l'agglutination pour introduire celui de la flexion.

Ainsi, l'évolution des langues indo-européennes a été un processus consistant à dépasser un système flexionnel hypertrophié, et à tendre vers un idéal d'agglutination rationnelle. Cependant elles ne sont pas allées jusqu'au bout de ce processus, elles n'ont pas réussi à créer à une «période préhistorique» un type stable de système linguistique tel que, par exemple, le système altaïque. C'est pourquoi elles continuent d'évoluer dans cette même direction, sans rompre toutefois avec certains éléments de leur structure «intermédiaire». C'est ce qui les rend si changeantes, surtout si on les compare aux langues altaïques.

NOTES DU TRADUCTEUR

[a] Ce texte est la version écrite de l'exposé fait en russe au Cercle linguistique de Prague par Troubetzkoy le 14 décembre 1936. Cette version écrite devait paraître dans la revue eurasiste *Evrazijskaja Xronika*, XIII, 1939 (Prague), mais la revue fut interdite par les nazis. Un court résumé en tchèque fut publié en 1937 à Prague dans la revue du CLP : «Myšlenky o problému Indoevropanů», *Slovo a slovesnost*, 3, p. 191-192. Une version allemande amputée environ d'un quart, et sans notes, fut publiée sous le titre *Gedanken über das Indogermanenproblem* dans *Acta Linguistica*, vol. I, fasc. 2, Copenhague, 1939, p. 81-89. Le texte original russe, conservé par P.N. Savickij, a été publié en URSS en 1959 dans *Voprosy jazykoznanija*, n° 1, p. 65-77, sous le titre «Mysli ob indoevropejskoj probleme» puis repris dans le recueil N.S. Trubeckoj : *Izbrannye trudy po filologii*, Moscou, Progress, 1987, p. 44-59. Aucune des deux variantes du texte russe publiées en URSS ne contient la note suivante, signalée par R. Jakobson dans son édition de la correspondance de N. Troubetzkoy (R. Jakobson, *N.S. Trubetzkoy's Letters and Notes*, Berlin, New York, Amsterdam, Mouton, 1985, p. 74) :
«Dans cette question [celle de l'évolution des différents types morphologiques de langues

– note de R. Jakobson] la «*Nouvelle théorie du langage*» *de N. Ja. Marr ne se différencie en rien de la* «*linguistique bourgeoise*». *Et, si l'on peut attribuer à la* «*commande sociale de l'impérialisme mondial*» *l'affirmation des* «*linguistes bourgeois*» *que la structure agglutinante est plus* «*primitive*» *que la structure flexionnelle, dans la bouche de Marr et de ses continuateurs elle est simplement le fruit d'une attitude servile envers la science européenne (assimilée de façon tout à fait superficielle de surcroît). En fait, tant que les théories de Marr n'ont pas été un simple délire de paranoïaque (comme par exemple ses* «*quatre éléments*» *ber, sal, jon, ruš), elles n'ont fait que répéter les vieilles théories des linguistes européens, et pas toujours des linguistes de première catégorie. Grâce à une publicité ronflante et à une phraséologie marxiste utilisée de façon entièrement artificielle (phraséologie la plupart du temps dénuée de tout sens), tout ce salmigondis de délire maniaque et de théories étrangères défraîchies fut présenté comme une théorie nouvelle, authentiquement marxiste, et, dans les conditions de la réalité soviétique, où le sabotage se manifeste si souvent aux leviers de commande, acquit une sorte de monopole. Le développement de la linguistique soviétique en fut immobilisé pour longtemps. La linguistique soviétique est devenue la risée du monde civilisé et, ce qui est pire, a perdu tout contact avec les courants véritablement progressistes et révolutionnaires qui se font jour dans la linguistique en Europe et en Amérique.*»
(Rappelons que N. Ja. Marr était mort deux ans auparavant, en 1934.)
Le texte présenté ici est donc la seule variante complète publiée à ce jour.
[b] Paul Kretschmer : linguiste autrichien (1866-1956). Son livre est paru en 1896 à Göttingen, aux éditions Vandenhoeck und Ruprecht.
[c] L'importance de la notion de convergence chez Troubetzkoy a été mal comprise et a donné lieu à bien des malentendus. Ainsi, V. Pisani, dans son panorama de la linguistique indo-européenne entre 1936 et 1936 («Allgemeine und vergleichende Sprachwissenschaft-Indogermanistik», *Wissenschaftliche Forschungsberichte*, Bd. 2, 1953) ne lit dans le texte de Troubetzkoy que l'idée d'*évolution* des langues indo-européennes, d'un type proche des langues nord-caucasiennes à un type proche des langues finno-ougriennes et altaïques, sans relever l'idée essentielle de convergence aréale entre langues non apparentées.
En 1935 C.C. Uhlenbeck avait énoncé des idées proches de celles de Troubetzkoy dans son article : «Oer-Indogermaansch en Oer-Indogermanen», *Mededelingen van de K. Akad. van Weteschappen*, vol. 77, n° 4, 1935 (cité par Pisani, *op. cit.*).
En fait, l'article de Troubetzkoy a deux objectifs : soumettre à une critique serrée d'une part l'idée de stricte divergence génétique des langues (théorie de l'arbre généalogique de Schleicher), d'autre part les théories visant à relier l'étude des langues préhistoriques à une l'étude archéologiques des cultures; il s'agissait en particulier des théories nazies cherchant à prouver que les ancêtres des Germains avaient leur habitat primitif (Urheimat) sur le territoire de l'Allemagne actuelle et que leur langue était l'ancêtre (Ursprache) des Allemands actuels.
Dans une lettre à Jakobson datée du 7 janvier 1937 Troubetzkoy se réjouit que soit apparu à Vienne un cercle de jeunes orientalistes, ethnographes et linguistes protestant discrètement contre les orientations de l'«Indogermanistik» telle qu'elle dominait alors dans la science allemande, et qui éditait une revue : *Klotho* (Historische Studien zur feudalen und vorfeudalen Welt). L'archéologue raciste Menghin (qui fut à l'origine des accusations ayant entraîné la perquisition de la Gestapo dans son domicile au printemps 1938) y était ironiquement pris à partie. Dans la même lettre, Troubetzkoy évoque l'«École de Vienne» du Père W. Schmidt, qui œuvrait également (et de manière tout aussi discrète) contre l'«indogermanisme» officiel. Le compte-rendu de la conférence de Troubetzkoy au CLP, paru en allemand dans *Prager Presse* fut suivi de nombreuses demandes de la part de ces différents cercles de publier le texte intégralement.
En fait, la notion de convergence est à la base de la conception de l'«union de langue»

chez Troubetzkoy, elle prend tout son sens si on lit ce texte sur le fond de deux autres de ses publications : «La Tour de Babel et la confusion des langues» (1923), où il propose pour la première fois le terme d'*union de langues*, et «Le sommet et la base de la culture russe» (1921), où il présente une conception géographique, aréale, de l'histoire des langues et des cultures.

[d] *artchine* : langue caucasienne du groupe lezghien, parlée au Daghestan par environ un millier de locuteurs à l'heure actuelle.

[e] Le *samoyède* est un des groupes de la famille ouralienne, dont fait partie l'ostiak, souvent cité par Troubetzkoy. Toutes ces langues connaissent le duel et l'harmonie vocalique. Elles sont parlées essentiellement dans le Nord et le centre de la Sibérie.

[f] Le «x» dans la transcription de Troubetzkoy correspond à un [χ].

Bibliographie des œuvres de N.S. Troubetzkoy

[Les traductions dans les langues autres que le français ne sont indiquées que pour les monographies. On peut se reporter à la bibliographie plus complète donnée dans *N.S. Trubetzkoy : Opera Slavica Minora*, Wien, 1988, p. XL-LXVII].

1905
«Finnskaja pesn' Kulto neito kak preživanie jazyčeskogo obyčaja», *Ètnografičeskoe obozrenie*, t. XVII, n° 2/3, p. 231-233 [Le chant finlandais "Kulto Neito" comme survivance d'une coutume païenne].

1906
«K voprosu o "Zolotoj Babe"», *Ètnografičeskoe obozrenie*, t. XVIII, n° 1/2, p. 52-62 [Sur la question de la "Femme d'or"].

1907
«[compte-rendu de :] V.J. Mansikka, Das Lied von Ogoi und Hovatitsa. Finnisch-Ugrische Forschungen VI, 1906», *Ètnografičeskoe obozrenie*, t. XIX, n° 3, p. 124-125.

1908
«[compte-rendu de :] Sbornik materialov dlja opisanija mestnostej i plemen Kavkaza (vyp. XXXVII, otd. 3, Tiflis, 1907)», *Ètnografičeskoe obozrenie*, t. XX, n° 3, p. 146-151.

«Kavkazskie paralleli k frigijskomu mifu o roždenii iz kamnja (-zemli)», *Ètnografičeskoe obozrenie*, t. XX, n° 3, p. 88-92 [Les parallèles caucasiens du mythe phrygien de la naissance à partir de la pierre (terre)].

1911
«Rededja na Kavkaze», *Ètnografičeskoe obozrenie*, t. XXIII, n° 1/2, p. 229-238 [Rededja[1] au Caucase]

---

[1] Rededja : prince tcherkesse, vaincu par le prince russe Mstislav en 1022 au cours d'un combat des chefs [N. du tr.].

1913
«Stepan Kirovič Kuznecov. Ličnye vpečatlenija», *Ètnografičeskoe obozrenie*, 25, 1/2, p. 325-331 [S.K. Kuznecov. Impressions personnelles].

1914
«O stixe vostočno-finskix pesen», *Izvestija Obščestva ljubitelej estestvoznanija, antropologii i ètnografii* [Sur la versification des chants finnois orientaux (résumé d'une communication faite à une séance de la Société d'ethnographie)].

1920
Evropa i čelovečestvo, Sofia, Rossisjsko-bolgarskoe knigoizdatel'stvo, 1920, 82 p. [L'Europe et l'humanité]
[trad. allemande : *Europa und die Menscheit*. Tr. par S.O. Jakobson et F. Schlömer. Préface de Otto Hoetzsch, München, Drei Masken Verlag, 1922]
[trad. japonaise : TRUBETSUKOI-CHO, *Seiobunmei to jinrui no shorai*. Trad. par Shimano Saburo, Tokyo, Kochischa-Suppanbu hakko, 1926]
[trad. italienne : *L'Europa e l'umanità. La prima critica all'eurocentrismo*. Torino, Einaudi, 1982, p. 3-72, avec une préface de R. Jakobson].
[trad. anglaise : «Europe and Mankind», in *The Legacy...*, 1991, p. 1-64]
[trad. bulgare : *Evropa i čověčestvoto*, Sofia, 1944].

1921
(avec FLOROVSKIJ G.; SUVČINSKIJ P.; SAVICKIJ P.N.) *Isxod k vostoku. Predčuvstvija i sveršenija. Utverždenie evrazijcev*, Sofia, Rossijsko-Bolgarskoe knigoizdatel'stvo [Issue vers l'Orient. Pressentiments et accomplissements. Affirmation des Eurasistes].

«Ob istinnom i ložnom nacionalizme», *Isxod k vostoku*, p. 71-85 [Sur le vrai et le faux nationalisme]
[trad. italienne : «Sul vero e sul falso nazionalismo», in *L'Europa e l'umanità*, 1982, p. 73-90]
[trad. anglaise : «On True and False Nationalism», in *The Legacy...*, 1991, p. 65-80].

«Verxi i nizy russkoj kul'tury (Ètničeskaja baza russkoj kul'tury)», *Isxod k vostoku*, p. 86-103 [Les sommets et les bases de la culture russe]
[trad. anglaise : «The Upper and Lower Stories of Russian Culture», in *The Legacy...*, 1991, p. 81-100]
[trad. italienne : «Il vertice e la base della cultura russa», in *L'Europa e l'umanità*, 1982, p. 91-111].

«Les consonnes latérales des langues caucasiques septentrionales», *Bulletin de la Société de linguistique*, XXXIII, p. 184-204.

1923
«U dverej (Reakcija? Revoljucija?)», *Evrazijskij vremennik*, 3, Berlin, p. 18-29 [A la porte. (Réaction? Révolution?]
[trad. anglaise : «At the Door : Reaction? Revolution?», in *The Legacy...*, 1991, p. 137-146].

«Soblazny edinenija», *Rossija i latinstvo (sb. st.)*, Berlin, p. 121-140 [La tentation de l'union religieuse]
[trad. anglaise : «The Temptation of Religious Union», in *The Legacy...*, 1991, p. 117-136].

«Vavilonskaja bašnja i smešenie jazykov», *Evrazijskij vremennik*, 3, Berlin, p. 107-124 [La Tour de Babel et la confusion des langues]
[trad. anglaise : «The Tower of Babel and the Confusion of Tongues», in *The Legacy...*, 1991, p. 147-160].

«Les adjectifs slaves en -"k"», *Bulletin de la Société de linguistique*, XXXIV, p. 130-137 [repris dans *Opera*, 1988, p. 56-63].

«[compte-rendu de :] Jakobson R., O češskom stixe, preimuščestvenno v sopostavlenii s russkim, Berlin, 1923», *Slavia*, II, Prague, p. 452-460.

1924

«Langues caucasiques septentrionales», *Les langues du monde*, éd. par A. Meillet et M. Cohen, Paris, Champion, p. 327-342; 2ᵉ éd., 1952.

«Zum urslavischen Intonationssystem», *Streitberg-Festgabe*, p. 359-366, Leipzig [repris dans *Opera*, 1988, p. 65-72].

1925

«compte-rendu de M. Jakovlev : Tablicy fonetiki kabardinskogo jazyka», *Bulletin de la Société de linguistique*, 26, p. 277-286.

«O turanskom èlemente v russkoj kul'ture», *Evrazijskij vremennik*, 4, Berlin, p. 351-377 [Sur l'élément touranien dans la culture russe].

«My i drugie», *Evrazijskij vremennik*, 4, Berlin, p. 66-81 [Nous et les autres].

Naš otvet, Paris, 11 p. [Notre réponse].

[pseudonyme I.R.], *Nasledie Čingisxana. Vzgljad na russkuju istoriju ne s Zapada, a s Vostoka*, Berlin, Evrazijskoe knigoizdatel'stvo, 60 p. [L'héritage de Gengis Khan. Une vision de l'histoire russe non depuis l'Ouest mais depuis l'Est].

[trad. anglaise : «The Legacy of Genghis Khan : a Perspective on Russian History not from the West but from the East», in *The Legacy...*, 1991, p. 161-232].

«Einiges über die russische Lautgeschichte und die Auflösung der gemeinrussischen Spracheinheit», *Zeitschrift für slavische Philologie*, 1, p. 287-319 [repris dans *Opera*, 1988, p. 93-125].

«Polabisch Staup (Hennig B₁) "Altar"», *Zeitschrift für slavische Philologie*, 1, p. 153-156 [repris dans *Opera*, 1988, p. 89-91].

«Les voyelles nasales des langues léchites», *Revue des Etudes Slaves*, V, p. 24-37 [repris dans *Opera*, 1988, p. 74-87].

«Staroslavjanskoe *skv'rna* », *Sbornik v čest' na Vasil N. Zlatarski*, Sofia, p. 481-483 [repris dans *Opera*, 1988, p. 133-135].

«Die Behandlung der Lautverbindungen *tl, dl* in den slavichen Sprachen», *Zeitschrift für slavische Philologie*, 2, p. 117-122 [repris dans *Opera*, 1988, p. 127-131].

«[compte-rendu de :] Trudy Podrazrjada issledovanija severno-kavkazskix jazykov pri Institute Vostokovedenija v Moskve, vyp. 1-3», *Bulletin de la Société de linguistique*, XXVI, 3, p. 277-286.

«[compte-rendu de :] K.H. Meyer : Historische Grammatik der russischen Sprache, Bd. 1, Bonn, 1923», *Archiv für slavische Philologie*, XXXIX, p. 107-114.

«Otraženija obščeslavjanskogo **o* v polabskom jazyke», *Slavia* IV, Prague, 1925-1926, p. 228-237 [Les reflets du slave commun **o* en polabe] [repris dans *Opera*, 1988, p. 136-145].

1926

«Xoženie za tri morja Afanasija Nikitina kak literaturnyj pamjatnik», *Versty*, Paris, p. 164-186 [Le "voyage au-delà des trois mers" d'Afanassij Nikitin comme monument littéraire]
[repris dans *Semiotika*, Moscou : Raduga, 1983, p. 437-461, et dans *Three Philological Studies*, 1963, p. 25-51]
[trad. française : «Une œuvre littéraire : "Le voyage au-delà des trois mers" d'Athanase Nikitine, *in* Athanase Nikitine : *Le voyage au-delà des trois mers*, Introduction, traduction et notes de Ch. Malamoud. Suivi de : Une œuvre littéraire, par Nicolas Troubetzkoy, Paris, 1982, p. 79-106].

(avec SUVČINSKIJ P.P.; KARSAVIN L.P.; FLOROVSKIJ G.; SAVICKIJ P.; IL'IN V.N.) :«Pis'mo v redakciju Puti», *Put'*, 2, Paris, p. 105 [Lettre à la rédaction de Put'].

«Zur Quellenkunde des Polabischen», *Zeitschrift für slavische Philologie*, 3, p. 326-364 [repris dans *Opera*, 1988, p. 146-184].

«Studien auf dem Gebiete der vergleichenden Lautlehre der nordkaukasischen Sprachen», *Caucasica*, Leipzig, fasc. 3, p. 7-36.

«Gedanken über den lateinschen a-Konjunktiv», in *Festschrift für P. Kretschmer*, Wien, p. 267-274.

«Ispytanie ognem [compte-rendu de :] Comte Renaud de Briey : *L'épreuve du feu*, 1925», *Evrazijskaja xronika*, 6, Paris, p. 42-43.

1927

K probleme russkogo samopoznanija. Sbornik statej, Paris : Evrazijskoe knigoizdatel'stvo, 97 p. [Sur le problème de la connaissance de la Russie par elle-même].

«Obščeslavjanskij èlement v russkoj kul'ture», in *K probleme russkogo samopoznanija. Sbornik statej*, Paris : Evrazijskoe knigoizdatel'stvo, p. 54-94 [L'élément pan-slave dans la culture russe].
[trad. angl. : *The Common Slavic Element in Russian Culture*, L. Stilman (ed.), New York, 1949, VII + 39 p.].

«K ukrainskoj probleme», *Evrazijskij vremennik*, 5, Paris/Berlin : Evrazijskoe knigoizdatel'stvo, p. 165-184 [Sur le problème ukrainien].
[trad. anglaise : «The Ukrainian Problem», in *The Legacy...*, 1991, p. 245-268].

«Obščeevrazijskij nacionalizm», *Evrazijskaja xronika*, 9, Berlin/Paris, p. 24-31 [Le nationalisme pan-eurasien].
[trad. anglaise : «Pan-Eurasian Nationalism», in *The Legacy...*, 1991, p. 233-244].

«O gosudarstvennom stroe i forme pravlenija», *Evrazijskaja xronika*, 8, Berlin/Paris, p. 3-9 [Sur la structure de l'État et la forme du gouvernement].

«O metrike častuški», *Versty*, 2, Paris, p. 205-223 [Sur le mètre de la častuška] [repris dans *Three Philological...*, 1963, p. 1-22].

«Urslav. d"žd" "Regen"», *Zeitschrift für slavische Philologie*, 4, p. 62-64 [repris dans *Opera*, 1988, p. 186-188].

«Russ. *"sem"* "sieben" als gemeinostslavisches Merkmal», *Zeitschrift für slavische Philologie*, 4, p. 370-375 [repris dans *Opera*, 1988, p. 189-190].

«Vatroslav Jagič, ein Nachruf», *Almanach der Akademie der Wissenschaften in Wien für das Jahr 1927*, Wien, p. 239-246 [repris dans *Opera...*, 1988, p. 191-198].

(avec Savickij P.) «Redakcionnoe primečanie (introduction à l'étude de V. Nikitin "Ivan, Turan i Rossija")», *Evrazijskij vremennik*, 5, Paris/Berlin : Evrazijskoe knigoizdatel'stvo, p. 75-78.

«Ob otraženijax obščeslavjanskogo ę v češskom jazyke», *Slavia*, 6, p. 661-684 [Les reflets du slave commun ę en tchèque].

1928

«Otvet D.I. Dorošenko», *Evrazijskaja xronika*, 10, Paris/Berlin, p. 51-59 [réponse à D. Dorošenko].

«Ideokratija i armija», *Evrazijskaja xronika*, 10, p. 3-8, Paris/Berlin [L'idéocratie et l'armée].

«Ideokratija i proletariat», *Evrazija*, 1, p. 1-2 et 2, p. 1-2, Paris [L'idéocratie et le prolétariat].

«N.V. Gogol», *Radio Wien*, nr. 16, Wien, p. 585-586.

«K voprosu o xronologii stjaženija glasnyx v zapadnoslavjanskix jazykax», *Slavia*, t. VII, (1928-1929), p. 205-207 [Le problème de la chronologie de la réduction vocalique dans les langues slaves de l'ouest].

1929

«Sur la morphonologie», *TCLP*, 1 (= Mélanges linguistiques dédiés au premier Congrès des philologues slaves), Prague, p. 85-88 [Reprint Nendeln, 1968; et *Opera*, 1988, p. 231-234].

«Zur allgemeinen Theorie der phonologischen Vokalsysteme», *TCLP*, 1, (= Mélanges linguistiques dédiés au premier Congrès des philologues slaves), Prague, p. 39-67 [Reprint Nendeln, 1968].

Polabische Studien, Sitzungberichte der Akad. der Wisschenschaften in Wien, Philos.-historische Klasse, Bd. 211, Abhandlung 4, Hölder-Pichler-Tempsky A.-G., Wien/Leipzig, 167 p.

«Pis'mo v redakciju», *Evrazija*, 7 (= 5 janvarja 1929 g.), Paris, p. 8 [Lettre à la rédaction].

«Problèmes slaves relatifs à un atlas linguistique, surtout lexical. Problèmes de méthodes de la lexicographie slave (Thèses 7 et 8)», *TCLP*, 1, (= Mélanges linguistiques dédiés au premier Congrès des philologues slaves), Prague, p. 25-27 [Reprint Nendeln, 1968; et *Opera*, 1988, p. 227-229].

«Note sur les désinences du verbe des langues tchétchéno-lesghiennes», *Bulletin de la Société de linguistique*, XXIX, p. 153-171.

«Caucasian Languages», *Encyclopedia Britannica*, vol. 5, p. 54.

«Lettre sur les diphtongues du protoslave», *TCLP*, 2, p. 104.

1930

«Réponse à la question : Etablissement et délimitation des termes techniques. Quelle est la traduction exacte des termes techniques dans les différentes langues? (français, anglais, allemand) (= Proposition 16 : Jede Gesamheit...)», *Actes du premier congrès intern. des linguistes à La Haye, 10-15 avril 1928*, Leiden, p. 17-18 [Reprint Nendeln, 1972].

(avec Jakobson R.; Karcevskij S.) : «Proposition 22», *Actes du premier congrès international des linguistes à La Haye, 10-15 avril 1928*, Leiden, p. 33-36.

«V.K. Poržezinskij», *Slavia*, 9, Prague, p. 199-203.
[repris dans : *Opera*, 1988, p. 262-266].

(avec Jakobson R.; Karcevskij S.) : «Das Münchner slavische Abecedarium», *Byzantinoslavica* II, p. 29-31.

«Nordkaukasische Wortgleichungen», *Wiener Zeitschrift zur Kunde des Morgenlandes* 37, Wien, p. 76-92.

«Über die Entstehung der gemeinwestslavischen Eigentümlichkeiten auf dem Gebiete des Konsonantismus», *Zeitschrift für slavische Philologie*, 7, p. 383-406.

«[compte-rendu de :] Lehr-Spławiński : Gramatyka polabska», *Slavia*, 9, p. 154-164.

1931

«O geografičeskom rasprostranenii sklonenija» [Sur la répartition géographique de la déclinaison], in Jakobson R. : *K xarakteristike evrazijskogo jazykovogo sojuza*, Paris, p. 51-52 [repris dans R. Jakobson : *Selected Writings*, 1, 1972, p. 196].

«Phonologie und Sprachgeographie», *TCLP*, 4 (= Réunion phonologique internationale tenue à Prague, 18-21/XII/1930), Prague, p. 228-234 [Reprint Nendeln, 1968].
[trad. française : «Phonologie et géographie linguistique», *Principes de phonologie*, Paris : Klincksieck, 1949, 1986, p. 343-350].

«Die phonologischen Systeme», *TCLP*, 4 (= Réunion phonologique internationale tenue à Prague, 18-21/XII/1930), Prague, p. 96-116 [Reprint Nendeln, 1968].

«Gedanken über Morphonologie», *TCLP*, 4 (= Réunion phonologique internationale tenue à Prague, 18-21/XII/1930), Prague, p. 160-163 [Reprint Nendeln, 1968].
[trad. française : «Réflexions sur la morphonologie», in *Principes de phonologie*, Paris : Klincksieck, 1949, 1986, p. 337-342].

«Principes de transcription phonologique», *TCLP*, 4 (= Réunion phonologique internationale tenue à Prague, 18-21/XII/1930), Prague, p. 323-326 [Reprint Nendeln, 1968].

«Zum phonologischen Vokalsystem des Altkirchenslavischen», *Mélanges de philologie offerts à M.J.J. Mikkola* (= Annales Academiae Scientiarum Fennicae), 27, Helsinki, p. 317-325 [repris dans *Opera*, 1988, p. 267-275].

«Die Konsonantensysteme der ostkaukasischen Sprachen», *Caucasica*, Leipzig, fasc. 8, p. 1-52.

«(Réponse à la question :) Les systèmes phonologiques envisagés en eux-mêmes et dans leurs rapports avec la structure générale de la langue», *2ᵉ Congrès international des linguistes*, Genève, 24-29 août 1931. Propositions reçues en réponse aux questions, Genève, p. 53-57 (en allemand) [Reprint Nendeln, 1972].
Repris dans : *Actes du IIᵉ Congrès International des Linguistes*, Genève, 25-29 août 1931, Paris, 1933, p. 109-113 [Reprint Nendeln, 1972].

1932

«Das mordwinische phonologische System verglichen mit dem russischen», *Charisteria Gvilelmo Mathesio quinquagenario oblata*, Prague, p. 21-24 [Repris dans E.P. Hamp; F.W. Householder; R. Austerlitz (ed.) : *Readings in Linguistics*, 2, Chicago/London, 1966, p. 38-41].

1933

«La phonologie actuelle», *Journal de psychologie*, XXX, p. 227-246.
[repris dans J.-C. Pariente (ed.) : *Essais sur le langage*, Paris : Minuit, 1969, p. 141-164].

«Mysli ob avtarkii», *Novaja èpoxa*, Narva, p. 25-26 [Idées sur l'autarcie].

«Zur Struktur der mordwinischen Melodien», *Mordwinische Gesänge (Transkription und Übers.)* (Sitzungsberichte der Ak. der Wissenschaften in Wien, philos.-histor. Kl., 205 Bd., 2 Abh.), Akad. der Wissenschaften in Wien, Wien, p. 106-117.

«Les systèmes phonologiques envisagés en eux-mêmes et dans leurs rapports avec la structure générale de la langue», *Actes du 2ᵉ Congrès international des linguistes, Genève, 25-29 août 1931*, Paris, p. 120-125.

«Charakter und Methode der systematischen phonologischen Darstellung einer gegebenen Sprache», *Proceedings of the International Congress of Phonetic Sciences (Amsterdam, 3-8 juillet 1932)*. Archives néerlandaises de phonétique expérimentale, VIII-IX, p. 18-22.

«Zur Entwicklung der Gutturale in den slavischen Sprachen», *Sbornik v čest' na prof. L. Miletič*, Sofia, p. 267-279 [repris dans *Opera*, 1988, p. 277-289].

1934

«Peuples du Caucase», *L'adoption universelle des caractères latins*, Paris : Institut international de coopération intellectuelle, p. 45-48.

«Das morphonologische System der russischen Sprache», *TCLP*, 5, 2ᵉ partie (= Description phonologique du russe moderne), Prague, 94 p.

«Ein altkirchenslavisches Gedicht», *Zeitschrift für slavische Philologie*, 11, p. 52-54.

«Erinnerungen an einen Aufenthalt bei den Tscherkessen des Kreises Tuapse», *Caucasica*, Leipzig, 11, p. 1-39.

«Die sogenannte Entpalatalisierung der ursl. *e* und *ě* vor harten Dentalen im Polnischen vom Standpunkte der Phonologie», *Księga referatów. II miedzynarodowy zjazd sławistów*, Sekcja I-Językoznawstwo, Warszawa, p. 135-139 [repris dans *Opera*, 1988, p. 291-295].

Altkirchenslavische Sprache. Schrift-, Laut- und Formenlehre (nach Vorlesungen, gehalten an der Wiener Universität im WS. 1932-1933 und SS 1933, (lithographie), Wien, p. 135-139.

«[compte-rendu de :] G. Dumézil : *Etudes comparatives sur les langues caucasiennes du Nord-Ouest*, Paris, 1932; *Recherches comparatives sur le verbe caucasien*, Paris, 1933», *Orientalistische Literaturzeitung*, p. 629-635.

Quelques remarques sur le livre de M. Dumézil 'Etudes comparatives sur les langues caucasiennes du Nord-Ouest, (lithographie), Wien, 34 p.

1935

«Psaní», *Slovo a slovesnost*, I, Prague, p. 133 [L'écriture. Compte-rendu de *Die Schrift*. Brünn-Prag-Wien-Leipzig].

«O rasizme», *Evrazijskie tetradi*, 5, Paris, p. 43-54 [Sur le racisme].
[repris dans *Letters and Notes*, 1985, p. 467-474].
[trad. anglaise : «On Racism», in *The Legacy...*, 1991, p. 277-288].

«Ob idee-pravitel'nice ideokratičeskogo gosudarstva», *Evrazijskaja xronika*, 11, Berlin, p. 29-37 [Sur l'idée-dirigeante de l'Etat idéocratique].
[trad. anglaise : «On the Idea Governing the Ideocratic State», in *The Legacy...*, 1991, p. 269-276].

«O poměru hlaholské a řecké abecedy», *Slovo a slovesnost*, 1, Prague, p. 135-136 [Sur la relation entre l'alphabet glagolitique et l'alphabet grec (résumé d'une conférence tenue le 6/X/34 au Cercle linguistique de Prague)].

«Il problema della parentele tra i grandi gruppi linguistici», *Atti del III congrezzo internazionale dei linguisti (Roma, 19-26 septembre 1933)*, Florence : Monnier, p. 326-327 [Reprint Nendeln, 1972].

Anleitung zu phonologischen Beschreibungen. Association internationale pour les études phonologiques, Brno : Editions du Cercle linguistique de Prague, in 8-, 1935, 32 p.
[réédition : Göttingen : Lautbibliothek der deutschen Mundarten, 2, 35 p., 1958].

«Ke skladbě starého církevněslovanského jazyka (1) (= compte-rendu de J. Stanislav : Datív absolutný v starej cirkevnej slovančine», *Slovo a slovesnost*, 1, Prague, p. 188-189 [Sur la syntaxe du vieux-slave primitif].

1936

«Americká kniha podnětných nápadů o jazyce», *Slovo a slovesnost*, 2, Prague, p. 252-253 [Un livre américain d'idées suggestives sur la langue [compte-rendu de G.K. Zipf, *The Psychobiology of Language: An Introduction to Dynamic Philology*, Cambridge (Mass.), 1935].

«Essai d'une théorie des oppositions phonologiques», *Journal de psychologie normale et pathologique*, 33, p. 5-18.

«Die phonologischen Grenzsignale», *Proceedings of the 2nd International Congress of Phonetic Sciences (Londres, 22-26 juillet 1935)*, Cambridge, p. 45-49.

«Die Aufhebung der phonologischen Gegensätze», *TCLP*, 6, Prague, p. 29-45 [Reprint Nendeln, 1968].

«Die phonologischen Grundlagen der sogenannten "Quantität" in den verschiedenen Sprachen», *Scritti in onore di Alfredo Trombetti*, Milan, p. 88-97.

«Die altkirchenslavische Vertretung der urslav. *zj, *dj», *Zeitschrift für slavische Philologie*, 13, p. 88-97 [repris dans *Opera*, 1988, p. 296-305].

«Die Aussprache des griechischen χ im 9. Jahrhundert n. Chr.», *Glotta. Zeitschrift für griech. u. latein. Sprache*, Göttingen, 25, p. 248-256.

«Die Quantität als phonologisches Problem», *IVe Congrès international des Linguistes, Copenhague, 1936. Résumés des communications*, Copenhague, p. 104-105 [Reprint Nendeln, 1972].

«[compte-rendu de :] Ida C. Ward, An Introduction to the Ibo Language, Cambridge, 1936», *Anthropos*, 31, Wien, p. 978-980.

1937

«Upadok tvorčestva», *Evrazijskaja xronika*, 12, p. 10-16 [Le déclin de la créativité] [trad. anglaise : «The Decline in Creativity», in *The Legacy...*, 1991, p. 289-294].

«Nová kniha o indoevropské pravlasti», *Slovo a slovesnost*, 3, Praha, p. 105-108 [Un nouveau livre sur la proto-patrie des Indo-Européens] [compte-rendu de : *Die Indogermanen-und Germanenfrage. Neue Wege zu ihrer Lösung*. Wien, Wiener Beiträge zur Kulturgeschichte und Linguistik, 4].

«Myšlenky o problému Indoevropanů», *Slovo a slovesnost*, 3, Praha, p. 191-192 [Pensées sur le problème des Indo-Européens (Résumé de la communication faite au Cercle linguistique de Prague le 14 décembre 1936)].

«K voprosu o stixe "Pesen zapadnyx slavjan" Puškina», *Belgradskij puškinskij sbornik*, Belgrade, p. 31-44 [La question de la versification des "Chants des Slaves occidentaux" de Pouchkine] [Repris dans *Three Philological Studies*, 1963, p. 53-67].

«O pritjažatel'nyx prilagatel'nyx (possessiva) starocerkovnoslavjanskogo jazyka», *Beličev zbornik*, Mlada Srbija, Belgrade, p. 15-20 [Sur les adjectifs possessifs en vieux-slave primitif] [repris dans *Opera*, 1988, p. 323-328].

«A letter to the Prague Linguistic Circle», *Slovo a slovesnost*, 3, Prague, p. 63-64.

«Ke skladbé starého církevněslovanského jazyka (2) (= compte-rendu de J. Stanislav, Datív absolutný v starej cirkevnej slovančine), *Slovo a slovesnost*, 3, Prague, p. 128 [Sur la syntaxe du vieux-slave primitif].

«Über eine neue Kritik des Phonembegriffes», *Archiv für die vergleichende Phonetik*, (Berlin), 1, p. 129-153 [repris dans E. Zwirkner, K. Ezawa (ed.) : *Phonometrie. Zweiter Teil : Allegemeine Theorie*, Basel-New York, 1968, p. 37-63].

«Gedanken über die slovakische Deklination», *Sborník Matice slovenskej*, 15, p. 39-47 [Repris dans *Opera*, 1988, p. 307-315].

«W sprawie wiersza byliny rosyjskiej», *Prace ofiarowane Kazimierzowi Wóycickiemu. Z zagadnień poetyki*, 6, Wilno, p. 100-110 [Sur la question de la versification des bylines russes].

«Zum Flussnamen Upa», *Zeitschrift für slavische Philologie*, 14, p. 353-354.

«Zur Vorgeschichte der ostkaukasischen Sprachen», *Mélanges de linguistique et de philologie offerts à J. van Ginneken*, Paris, p. 171-178.

«Projet d'un questionnaire phonologique pour les pays d'Europe», *Mélanges de linguistique et de philologie offerts à J. van Ginneken*, (lithographié), Praha, 7 p.

«Erich Bernecker. Ein Nachruf», *Almanach der Akademie der Wissenschaften in Wien, für das Jahr 1937*, Wien, p. 346-350.

1938

«Die Quantität als phonologisches Problem», *Actes du 4ᵉ Congrès International de linguistes tenu à Copenhague du 27 août au 1ᵉʳ sept. 1936*, Copenhague, p. 117-122 [Reprint Nendeln, 1972].

1939

«Wie soll das Lautsystem einer künstlichen internationalen Hilfssprache beschaffen sein?», *Etudes phonologiques dédiées à la mémoire de N.S. Trubetskoy*, TCLP, 8, Prague, p. 5-21 [Reprint Nendeln, 1968].

«Mysli ob indoevropejskoj probleme», *Evrazijskaja xronika*, 13 (sous presse en 1939, n'est pas paru) [Pensées sur le problème indo-européen].

Grundzüge der Phonologie : *TCLP*, 7, Prague, 272 p.
[rééd. allemande : *Grundzüge der Phonologie*, Göttingen, 1958, 1977].
[trad. russe : *Osnovy fonologii*, Moscou : Progress, 1960].
[trad. française : *Principes de phonologie* (trad. par J. Cantineau), Paris : Klincksieck, 1949 + 1986].
[trad. anglaise : *Principles of Phonology*, Univ. of California Press, Los Angeles, 1969].
[trad. italienne : *Fondamenti di fonologia*, Torino : Einaudi, 1971].
[trad. espagnole : *Principios de fonología*, Madrid, 1973].
[trad. polonaise : *Podstawy fonologii*, Warszawa, 1970].
[trad. japonaise : *On'inron no genri*, Tokyo, 1980].
«Gedanken über das Indogermanenproblem», *Acta linguistica*, I, fasc. 2, Copenhague, p. 81-89.
[version originale russe, plus complète que le texte allemand, mais elle-même incomplète : «Mysli ob indoevropejskoj probleme», *Voprosy jazykoznanija*, 1, 1958, p. 65-77 et *Izbrannye trudy po filologii*, Moscou : Progress, 1987, p. 44-59].
«Aus meiner phonologischen Karthotek», *Etudes phonologiques dédiées à la mémoire de N.S. Trubetskoy, TCLP*, 8, Prague, p. 22-26 et 343-345 [Reprint Nendeln, 1968].
«Zur phonologischen Geographie der Welt», *Proceedings of the 3rd International Congress of Phonetic Sciences. Ghent, 1938*, Gand, p. 499.
«Le rapport entre le déterminé, le déterminant et le défini», *Mélanges de linguistique offerts à Charles Bally*, Genève : Georg, p. 75-82.
[repris dans : *Readings in Linguistics*, II, The University of Chicago Press, Chicago/London, 1966, p. 133-138].
«Fol'klornoe obščenie meždu vostočnymi slavjanami i narodami severnogo Kavkaza», *Zapiski Russkogo Naučnogo Instituta*, (sous presse en 1939), Beograd [Relations entre les Slaves orientaux et les peuples du Caucase Nord par le folklore].
Očerki russkoj literatury 18 v. i russkoj poèzii 19 v., Paris : Russkaja naučnaja biblioteka (sous presse en 1939).
Dostoevskij kak xudožnik, Paris : Russkaja naučnaja biblioteka (sous presse en 1939).
«compte-rendu de : Beach : The Phonetic of the Hottentot Language», *Anthropos*, 34, p. 267-276.

1948

«The style of "Poor Folk" and "The Double"», *American Slavic and East European Review*, 7, 2, New York, p. 150-170.

1949

«Notes autobiographiques», *Principes de phonologie*, Paris : Klincksieck, p. XV-XXIX.

1954

Altkirchenslavische Grammatik. Schrift-, Laut-und Formensystem (nach Vorlesungen, gehalten an der Wiener Universität im WS 1932/33 und SS. 1933, R. Jagoditsch (ed.) (2ᵉ éd. : Graz/Wien/Köln, 1968).

1956

Die russischen Dichter des 18. und 19. Jahrhunderts. Abriss einer Entwicklungsgeschichte, Graz/Köln : Hermann Böhlaus, 148 p.

1957

«O metode izučenija Dostoevskogo», *Novyj Žurnal*, 48, New York, p. 109-121 [Sur la méthode pour étudier Dostoïevski].

1959

«Ob odnoj osobennosti zapadnoslavjanskix jazykov», *Voprosy Jazykoznanija*, 2, Moscou, p. 62-64 [Sur une particularité des langues slaves de l'ouest] [repris dans *Opera*, 1988, p. 34-36].

1960

«O dvux romanax Dostoevskogo», *Novyj Žurnal*, 60, New York, p. 116-137 [Sur deux romans de Dostoïevski].

«Rannij Dostoevskij», *Novyj žurnal*, 61, New York, p. 124-146 [Dostoïevski de la première période].

1963

Three Philological Studies, Michigan Slavic Materials, 3, Ann Arbor.

«O vtorom periode tvorčestva Dostoevskogo», *Novyj Žurnal*, 71, New York, p. 101-127 [Sur la seconde période de la création de Dostoïevski].

1964

Dostoiewski als Künstler, La Haye/Paris : Mouton, 178 p.

«Der Bau der ostkaukasischen Sprachen», *Wiener Slavistisches Jahrbuch*, 11, Wien, p. 23-30.

«O "Zapiskax iz podpol'ja" i "Igroke"», *Novyj Žurnal*, 77, New York, p. 139-156 [Sur "Les mémoires écrites dans un sous-sol" et "Le joueur"].

1965

«Tvorčestvo Dostoevskogo pered katorgoj», *Novyj Žurnal*, 78, New York, p. 253-274 [L'œuvre de Dostoïevski avant le bagne].

1973

Vorlesungen über die altrussische Literatur (Studia historica et philologica, Sectio Slavica, 1). Mit einem Nachwort von R.O. Jakobson, Firenze : Sansoni.
[trad. anglaise de l'introduction : «Introduction to the History of Old Russian Litterature», *Harvard Slavic Studies*, II, Harvard, 1954, p. 91-103].

«Ostkaukasische Wörter für "Frau, Weibchen, Gattin"», in W. Dressler (ed.) : *Die Sprache. Zeitschrift für Sprachwissenschaft*, 19, Wiesbaden/Wien, p. 66-67.

1975

N.S. Trubetzkoy's Letters and Notes, Berlin/New York/Amsterdam : Mouton, éd. par R. Jakobson (2ᵉ éd. 1985).

1987

Izbrannye trudy po filologii, Moskva : Progress, Postface de T.V. Gamkrelidze, V.V. Ivanov, N.I. Tolstoj [Œuvres choisies de philologie].

1988

Opera slavica minora linguistica, (édité et préfacé par S. Hafner), Wien : Verlag der österreichischen Akademie der Wissenschaften.

1990

Writings on Literature, (édité par A. Liberman), University of Minnesota Press, Minneapolis [recueil d'articles].

1991

The Legacy of Genghis Khan, Michigan Slavic Publications, Ann Arbor, 1991 (édité par A. Liberman, préface de V.V. Ivanov, postface de A. Liberman) (recueil d'articles).

1995

Istorija. Kul'tura. Jazyk, Moskva : Progress [Histoire. Culture. Langue] (édité par V.M. Živov, préfaces de N.I. Tolstoj et L.N. Gumilev) (recueil d'articles).

Index

NOTIONS
Aire, 43
Anthropologie, 10, 20, 22, 24, 54, 59, 66, 151, 178, 194, 195, 202, 216
Anthropologique, 14, 16, 33, 44, 48, 49, 70-72, 80, 81, 105, 110, 129, 148, 178, 201, 202
Assimilation, 48, 52, 53, 58, 64, 66, 72, 75, 79, 80, 84, 104, 125, 199, 213
Bolcheviks, 114
Bolchevisme, 16, 41, 42, 150, 193
Bourgeoisie, 184, 185
Byzantin, 13, 17, 32, 104-107, 111, 112, 146, 147, 154, 235
Capitalisme, 76, 78, 184
Caractère national, 21, 56, 74, 88-90, 94, 110, 111, 142, 145, 148, 159, 195
Chauvin, 47-49, 51-53, 93, 104, 164, 165, 168, 182
Chauvinisme, 40, 47, 48, 50-53, 84, 92
Christianisme, 9, 22, 23, 123-126, 169
Collectif (-ive), 16, 17, 19-24, 26-29, 31, 32, 40, 47, 84, 87, 88, 96, 114, 117, 175-179
Collectivisme, 207
Communauté, 20, 24, 129, 183, 189, 205-207
Communisme, 24, 25, 35, 41, 65, 170, 193
Communiste, 41, 170, 185, 186, 189, 193
Conscience, 5, 13, 16, 20, 21, 23, 26, 27, 31, 32, 39-42, 45, 53, 54, 56, 68-71, 73, 75, 79-82, 85, 86, 88, 95, 105, 116, 119, 143, 145, 147, 148, 154, 164, 170, 171, 178, 182, 184, 186-190, 197, 200, 207
Conscience (renversement de la), 42
Connaissance de soi, 16, 26, 40, 42, 85-89, 91-96, 114, 118, 128, 149, 171
Convergence, 14, 18, 21, 28, 111, 214-216, 229, 230
Cosmopolite, 47-50, 52

Cosmopolitisme, 47-53, 76, 77, 80-82, 84, 90, 92
Créativité, 19, 104, 105, 124, 143, 144, 147, 238
Croisement, 72
Culture nationale, 40, 50, 64, 70, 71, 73, 75, 78, 87-93, 118, 125, 126, 149, 166
Culture universelle, 90, 117-119, 123, 126
Démocratie, 7, 23-25, 27, 91, 190, 203, 205, 208
Divergence, 214, 215, 229
Egocentrisme, 18, 22, 38-41, 50, 51, 54, 66, 67, 73, 78, 79, 84
Egocentrique, 50, 51, 54-58, 61, 66, 67, 73, 79, 80, 83, 84, 92, 206, 227
Emigré, 7, 8, 11-13, 190, 193, 196-199, 202
Emprunt, 40, 70, 74, 78, 79, 98, 100, 124, 139, 141, 212, 213
Entité ethnique, 187, 188, 21, 48
Entité ethnographique, 84, 90
Ergative (construction), 222, 226, 228
Essence, 16, 26, 32, 39, 41, 42, 51, 82, 85, 114, 124, 126, 168, 171
Etat, 12, 17, 23-25, 27, 32, 41, 43, 52, 56, 76-78, 91, 94, 127, 138, 144-146, 149, 150, 161, 181-186, 188-190, 203-209, 214
Ethnie, 59, 60, 127, 128, 135, 136, 139, 141, 143, 147, 148, 150, 151, 160-162, 170
Ethnographie, 10, 11, 29, 35, 38, 173, 178, 232
Ethnographique, 10, 37, 43, 48-50, 52, 53, 80, 84, 90, 107, 110-113, 137, 138, 150, 162, 163, 168

Ethnologie, 10, 22, 35, 37, 54, 59, 66, 126, 216
Ethnologique, 104, 113, 114, 163, 164
Ethnopsychologique, 28, 142
Eurasisme, 7, 12, 13, 25, 30, 31, 34, 35, 43, 171, 175, 179, 180, 187, 188, 190, 194, 201, 203, 209
Eurasiste, 12-15, 17-19, 23-26, 30, 31, 33, 35, 43, 175, 178, 190, 194, 204, 229, 232
Européanisation, 16, 17, 42, 53, 72-79, 81, 82, 91, 111, 112, 125, 126, 149, 158
Européen, 6, 7, 10, 11, 16, 19, 22-24, 26, 33, 40-42, 45-67, 72-82, 84, 91, 94, 95, 99, 100-106, 119, 121, 122, 126, 149, 150, 155, 160, 166, 169, 177, 190, 194, 208, 211-229, 238
Européocentrisme, 84
Européocentrique, 84
Evolution, 15, 22, 24, 54-58, 60, 61, 65-69, 73, 78, 79, 89, 93, 101, 115, 124, 140, 144, 155-158, 160, 166, 179, 208, 212-216, 223-226, 228, 229
Evolutionnisme, 20-22, 27
Evolutionniste, 41
Ex-centrisme, 39, 40, 42, 51
Facette, 8, 175, 176, 178
Génétique, 121, 122, 129, 142, 209, 229
Guerre, 5, 7, 8, 11-15, 19, 21, 35, 38, 39, 46, 114, 116, 172, 182, 183, 193, 202
Harmonie, 12, 26, 42, 85-87, 89, 92, 111, 123, 130, 131, 134, 135, 140, 143, 218, 225, 230
Harmonieux (-euse), 12, 19, 30, 87, 88, 90, 122, 123, 131, 147, 149, 179
Hérédité, 18, 69-72, 74, 75, 195
Historiosophie, 29, 38, 175, 178
Humanité, 14, 18, 19, 22, 31, 32, 34, 35, 37-39, 42-49, 52-56, 59, 67, 77, 78, 80, 82-84, 115-117, 119, 123, 204, 205, 232
Identité, 18, 71, 93, 101, 102, 147, 160, 162
Idéocratie, 25, 27, 43, 44, 203, 205, 207-209, 234
Idéocratique, 7, 23, 25, 43, 203-205, 207-209, 237
Imitation, 64, 68, 69, 71, 82, 98, 106, 113, 114, 119, 164-166, 168, 213, 235
Inconscient, 24, 26, 41, 50, 52, 112, 137, 138, 140, 142-145, 147, 151, 188, 200
Individualité, 24, 32, 48, 86, 88, 90, 122, 123, 125, 163, 166, 167, 180, 189, 206, 209
Individuation, 16, 154, 160, 166-169, 171, 175, 176, 178
Indo-européen(ne), 6, 10, 11, 22, 26, 99-105, 114, 121, 122, 211-229, 238
Influence, 17, 21, 29, 49, 50, 60, 98, 104, 107, 109, 110, 112, 124, 125, 133, 141, 146, 148, 154, 156, 159, 172, 177, 193, 194, 196, 199, 200, 213, 225
Intelligentsia, 13, 39, 41, 42, 52, 53, 80-82, 84, 94, 95, 106, 111, 161, 163, 169, 170, 190, 193, 197, 208
Internationalisme, 76, 90, 92
Invention, 67-71, 73-75
Islam, 124, 139, 188, 189
Judaïsme, 124, 138, 199
Joug, 17, 41, 78, 145, 146, 149, 150, 159
Limite organique, 118, 119
Littérature, 9, 58, 65, 105, 110, 155-157, 160, 162, 165, 172, 208
Logique, 16, 32, 34, 53, 64, 65, 68, 74, 85, 87, 92, 117-119, 131, 132, 170, 181, 205
Loi(s), 21, 24, 66, 76, 82, 115-120, 122, 123, 130, 131, 134, 135, 138-140, 177, 179, 194, 217, 219
Musulman(s), 32, 123, 130, 136, 138, 139, 147, 188
Nation(s), 7, 12, 15, 20, 23, 31, 88, 97, 98, 116, 118, 123, 126, 128, 143, 144, 148-150, 162, 166, 167, 169, 186-190
National, 12, 21, 56, 74, 77, 88-90, 92, 94, 98, 104, 106, 110-113, 118, 124, 125, 133, 142, 145, 148, 149, 154, 159, 160, 171, 182, 186, 195, 198, 200, 206
Nationalisme, 6, 12, 17, 26, 27, 31, 38, 40-43, 47, 82, 83, 90-95, 118, 150, 181-185, 187-190, 205, 208, 232, 234
Nationaliste, 52, 90, 91, 94, 150, 155, 171, 182-184, 186, 208
Nature, 14, 16, 17, 21, 26, 28, 31, 32, 42, 43, 53, 64, 67, 76, 78, 80, 82, 85-88, 101, 114-116, 118, 119, 125, 126, 138, 140, 143, 161, 164, 166, 167, 171, 172, 177, 179, 186, 187, 189, 206, 208, 216, 224, 228
Opposition, 14, 16, 18, 20, 23, 24, 27-29, 35, 47, 48, 82, 114, 117, 134, 138, 169, 205, 218, 224, 226, 228, 237
Organique, 12, 13, 18, 19, 22, 24, 25, 27, 28, 30, 50, 69, 70, 80, 104, 118, 119, 123, 145, 155, 162, 166, 187, 190, 207, 208
Original(e), 5, 14, 23, 24, 32, 40, 41, 44, 87-91, 93-96, 100, 110, 112, 118, 141, 179, 229, 239
Orthodoxe, 9, 21, 111, 112, 114, 125, 145-149, 169, 172, 173, 209
Orthodoxie, 9, 22, 23, 94, 106, 112, 113, 145-147, 170
Parallélisme, 49, 135, 160, 196
Parenté, 48, 49, 100, 109, 114, 121, 128, 129, 142, 207, 212
Passivité, 141, 196

Personne, 16, 19-21, 23, 28, 29, 31, 32, 40, 50, 54-56, 83, 87, 96, 113-115, 125, 128, 132, 150, 163, 175-180, 194, 206, 207
Personne collective, 16, 20, 21, 28, 29, 31, 32, 87, 114, 176-178
Personologie, 19-21, 28-30, 177, 179, 180
Phonique, 130-134, 137, 139, 212, 214, 215, 217, 219, 221, 227, 228
Phonologique, 134, 218, 235-239
Processus naturel, 13, 32, 117, 227
Profil psychique, 28, 129, 150
Progrès, 15, 41, 48, 53, 54, 62-65, 67, 95
Prolétaire, 184, 186, 205
Prolétariat, 184-186, 190, 205, 234
Propagation, 68, 69
Psychisme, 20, 21, 32, 59, 73, 88, 92, 94, 98, 104, 112, 124, 137, 138, 140, 142-145, 147, 148, 150, 197, 208
Psychisme national, 21, 88, 92, 98, 104, 112, 124
Psychologie, 10, 21, 30, 37, 38, 48, 50, 51, 54-60, 68, 75, 80, 81, 83, 89, 90, 92, 118, 136-139, 145, 147, 195, 197-202, 207, 236, 237
Psychologie nationale, 48, 75, 89, 118
Psychologie des peuples, 21, 30, 37, 38
Psychologique, 26, 28, 30, 31, 41, 42, 45, 50, 58, 75, 86, 87, 105, 111, 112, 129, 134-136, 139, 142-145, 147, 148, 189, 194-200
Race, 30, 50, 56, 57, 59, 64, 83, 94, 111, 124, 126, 150, 194-196, 199, 202, 205, 206, 216, 227
Règles, 33, 35, 65, 130-132, 134, 137
Régularité, 133, 136, 140, 212
Relatif, 40, 86, 235
Relativisme, 7, 14, 21, 22, 30, 39, 40, 199
Révolution de la conscience, 9, 39-41
Russe, 5-9, 11-19, 22-24, 26, 28, 29, 32-35, 40, 41, 43, 44, 46, 52, 79, 82, 94-98, 100-102, 104-114, 121, 125, 127-130, 133, 135, 141, 142, 145-151, 153-173, 181-184, 186, 188-190, 193, 194, 197, 198, 200-202, 208, 212, 217, 219, 229, 230, 232-234, 236, 238-240
Schématisme, 132, 136
Séparatisme, 17, 49, 92, 96, 161, 170, 171, 183, 184, 188, 190
Séparatiste, 40, 93, 149, 170, 183-187, 208
Science européenne, 55, 57-62, 66, 229
Slave, 11, 13-15, 18, 26, 28, 52, 78, 82, 95, 98-105, 107-112, 114, 127, 128, 141, 142, 148, 151, 172, 173, 188, 212, 213, 215, 217, 219, 225, 228, 233-235, 237-239
Slavophile, 8, 13, 14, 17, 24, 95
Slavophilisme, 95
Socialisme, 23, 24, 41, 65, 76, 77, 92, 173, 184, 200, 205, 208
Socialiste, 41, 76-78, 183, 204

Sociologie, 29, 66, 67, 70, 175, 202
Soviétique, 17, 25, 34, 41, 42, 170, 173, 184, 208, 229
Steppe, 17, 18, 107, 110, 111, 123, 128
Systématique, 114, 136, 137, 175, 195, 196
Système, 13, 14, 15, 17, 21, 22, 24, 26, 28-32, 41, 47, 67, 76, 78, 113, 122, 130, 134, 136, 139, 140, 142-147, 149, 150, 158, 168-170, 176-179, 181, 183, 186, 189, 203, 216, 222-224, 227, 228, 236
Territoire, 12, 13, 31, 113, 127, 129, 151, 171, 172, 177, 178, 181-184, 186, 187, 190, 207-209, 230
Tradition, 7, 17, 18, 21, 23, 24, 31, 33, 39, 56, 59, 69, 70, 71, 75, 79, 82, 89, 106, 107, 111, 112, 145-148, 153, 155-160, 162, 164, 181, 184, 196, 197, 200, 207, 214
Totalité, 5, 15-20, 22, 26-28, 30, 35, 43, 55, 68, 70, 78, 87, 88, 97, 98, 110, 113, 117, 120-124, 131, 144, 145, 147, 154, 164, 177, 178, 183-185, 189, 190, 204-206, 208, 209
Totalité culturelle, 20, 98, 113
Totalité ethnologique, 164
Totalité linguistique, 120, 121
Totalité nationale, 88, 97, 98, 144
Totalité psychologique, 26, 87
Totalité socio-culturelle, 27, 117
Tout unique, 133, 134, 143
Trait psychique, 136
Traits psychologiques, 134, 135, 147, 194-196
Type linguistique, 130, 133, 220-222, 227
Type psychologique, 31, 129, 142-144, 148
Uniformité, 77, 124, 131, 134
Union de langues, 121, 230
Unité ethnique, 187
Unité ethnologique, 164
Unité organique, 27, 123, 190
Universel(le), 7, 14, 15, 17, 34, 40, 42, 49, 52-54, 64, 67, 76, 78, 81, 84, 87, 90, 117-120, 123, 126, 236
Zone anthropo-géographique, 93
Zone culturelle, 107, 110

NOMS PROPRES
Abyssinie, 125, 126, 202
Adam, 115
Allemagne, 25, 41, 103, 114, 193, 194, 230
Asie, 12, 13, 41, 43, 56, 107, 108, 123, 150, 222, 226
Astrakhan, 145, 146

Avvakum, 157, 172
Bally Ch., 228, 239
Benediktov, 162
Bouddha, 86
Byzance, 104-106, 110-112, 145
Caucase, 11, 13, 109, 201, 218, 223, 226, 227, 231, 236, 239
Christ, 123, 124, 126, 169
Dieu, 16, 42, 86, 116, 117, 120, 123-126, 170
Eurasie, 12-14, 16-18, 21, 26, 27, 29-31, 35, 43, 129, 171, 178-180, 187-190, 194, 201, 209
Europe, 6, 8, 12-14, 17, 18, 20-22, 24, 30-35, 37-39, 42-45, 48, 50, 54, 57, 60, 61, 65-67, 74, 76, 79, 81-84, 108, 109, 121, 125, 127, 149, 150, 158, 208, 229, 232, 238, 239
Galicie, 170, 172
Gengis Khan, 13, 14, 16, 22, 33, 146, 233
Gogol N., 162, 234
Ivan le Terrible, 146
Jakobson R., 8, 10, 12, 15, 30, 34, 35, 37, 39, 44, 151, 180, 209, 229, 230, 232, 235, 240
Javorskij S., 157
Kazan, 128, 133, 135, 145, 146
Kol'cov, 160, 162
Kostomarov, 162, 172
Kotijarevskij, 160
Kretschmer P., 212, 229, 234
Kuryłowicz J., 225
Majkov V., 160
Marr N., 28, 229
Marx, 41, 185
Meillet A., 11, 100, 101, 114, 233
Mendel, 194
Nesterov, 106, 114
Nicolas I, 37, 195
Nikon, 112, 114, 125, 155, 158, 172
Ouzbékistan, 183
Pierre le Grand, 13, 79, 82, 94, 105, 106, 114, 125, 144, 149, 153-158, 160, 162, 167, 169, 173, 202
Pologne, 104, 158, 171, 172
Potebnja A.A., 162, 172, 173
Pouchkine A.S., 201, 202, 238
Rimski-Korsakov, 106, 114
Polockij S., 156, 157
Propokovič, 157
Pugačev, 38, 44, 112, 114
Russie, 6-10, 12-14, 17-20, 24, 25, 28, 29, 31, 33, 35, 41-43, 79, 82, 94, 95, 104-107, 109-112, 125, 127-129, 141, 142, 144-151, 153-162, 165, 167-169, 171, 172, 175, 180-183, 189, 190, 193, 194, 201, 202, 234
Savickij P.N., 13, 30, 35, 43, 157, 209, 229, 234
Schisme, 112, 114, 125, 145, 151, 172
Schmidt J., 151, 221, 230

Socrate, 38, 85, 86
Ševčenko, 160
Tarde G., 14, 67-69, 73, 82
Tolstoï L., 198
Trotski L., 193
Uhlenbeck C., 226, 229
Ukraine, 154, 155, 157-159, 161-163, 165, 170-172, 193, 201, 218
URSS, 12, 17, 25, 34, 35, 96, 150, 161, 173, 180, 182-186, 188, 190, 193, 194, 208, 229
Vasnetsov, 106, 114
von Eickstedt E., 194, 195, 202
Wells H.G., 41
Zarathustra, 101

LANGUES
albanais, 102, 121, 214
aléoutien, 122
allemand, 5, 11, 14, 18, 20, 26, 32, 35, 40, 41, 44, 52, 79, 83, 84, 94, 102, 104, 114, 119, 158, 161, 193, 194, 197, 200-202, 213, 216, 219, 225, 229, 230, 232, 235, 236, 241
avar, 222, 226, 228
avestique, 11, 100, 101
balte, 99, 100-102, 141, 215
bantou, 216, 222
bulgare, 38, 109, 121, 127, 128, 150, 172, 215, 232
celte, 49, 50, 99, 102, 103, 108, 213
esquimau, 60, 61, 122, 221
finno-ougrien, 10, 18, 37, 105, 107, 109-111, 122, 128, 129, 139-142, 218, 221, 222, 224-226, 229
foula, 222
giliak, 122, 221
germanique, 14, 16-18, 39-42, 46, 48-56, 60, 64, 72-74, 82, 84, 91, 94, 95, 99, 102-111, 119, 126, 141, 150, 158, 161, 212, 213, 225, 228
grec, 50, 93, 102-104, 111, 133, 141, 145, 147, 225, 237
kamtchadale, 122
koriak, 122
indo-européen, 222-229, 238
indo-iranien, 10, 99-103
iranien, 10, 99, 104, 141, 150, 225, 226
islandais, 101
italique, 99, 102, 103
lak, 224, 226
latin, 17, 22, 23, 99, 101, 102, 112, 151, 172, 213, 214, 220, 225, 232, 236
lusacien, 104
ostiak, 122, 128, 140, 141, 151, 230
ouralien, 121, 122, 129, 230
ouralo-altaïque, 121, 122, 127, 139, 142, 150, 222, 223, 225-227

paléo-asiatique, 221, 225
persan, 101, 133, 134, 141
proto-illyrien, 99, 102
proto-thrace, 99, 102
roman, 93, 214
roumain, 121
samoyède, 121, 129, 141, 222
serbo-croate, 215
slave, 14, 15, 28, 95, 98-103, 105, 109-111, 128, 141, 142, 148, 172, 212, 213, 215, 217, 219, 225, 228, 233-235, 237, 238
slavon d'Eglise, 155, 156, 159, 172
slovène, 215, 218, 225, 228
tchèque, 104, 114, 229, 234
tchoukche, 122, 221
tibéto-birman, 223
turk, 110, 111, 131-133, 135-138, 140-142, 151, 221, 225, 228
vieil-indien, 101, 102, 225
vieux-persan, 101
vieux-russe, 101
vieux-slave, 100, 172, 257, 238
vogoule, 122, 141
wolof, 222
youkagir, 122, 221

PEUPLES
Altaïques, 130, 136, 139
Arabes, 52, 78, 147
Arméniens, 35, 201
Asiatiques, 41, 108, 109, 111
Bachkires, 107, 112, 128, 188
Balkares, 128
Biélorusses, 107, 154, 160, 161, 167, 171
Bouriates, 129
Bretons, 108
Bulgares de la Volga, 127, 128, 150
Caréliens, 128
Caucasiens, 109
Celtes, 50, 103, 108
Cosaques, 114, 167
Ecossais, 108
Estes, 128
Finnois, 109, 110, 128, 140, 228
Finno-Ougriens, 105, 109, 110, 139-142
Géorgiens, 40, 201
Germains, 13, 14, 18, 35, 41, 42, 49-53, 56-58, 60, 61, 63, 64, 66, 72-75, 77-84, 91, 102, 103, 105, 108-111, 151, 230
Goldes, 129
Grands-Russiens, 110, 141, 142, 148, 154, 161, 167, 171
Hindous, 52, 78, 161, 194
Indo-Européens, 103, 105, 211, 238
Irlandais, 108
Juifs, 193-201
Kalmouks, 129
Kara-Kirghizes, 128

Karatchaïs, 128
Khazares, 128, 138
Kirghizes-Kaïsaks, 128
Koumyks, 128
Lapons, 128
Lituaniens, 110
Lusaciens, 104
Magyars (= Hongrois), 128, 150
Mandchous, 129
Mechtcheras, 128
Mechtcheriaks, 128
Merias, 128
Mongols, 107, 109, 127, 129, 136, 139, 142, 151, 171
Mordves, 128, 142
Moscovites, 154, 172
Mouromes, 128
Ostiaks (= Khanty), 128, 140
Ougriens, 105, 109, 110, 128, 139-142
Ouïgoures, 129, 136
Ouzbeks, 128, 191
Petits-Russiens, 109, 128, 148, 154, 160, 167
Polonais, 104, 154, 170
Polovtses, 129
Pomores, 167
Romano-Germains, 13, 14, 18, 35, 41, 42, 49, 51-53, 56-58, 60, 61, 63, 64, 66, 72-75, 77-81, 83, 91, 105, 108-111
Sartes, 128, 188
Sibériens, 167
Slaves, 13, 14, 18, 26, 28, 52, 82, 99-105, 107-112, 127, 151, 172, 238, 239
Tatares, 107, 128, 133, 149, 188, 225, 238
Tchèques, 197
Tchérémisses, 128, 188
Tchouvaches, 128, 188
Teptiares, 128
Toungouzes, 129
Touraniens, 82, 110, 112, 127, 129, 139, 145, 148, 188
Turcs, 109, 128, 133
Turkmènes, 128
Turks, 32, 52, 107, 110, 111, 129, 130, 136, 138-142, 147, 150
Ukrainiens, 16, 18, 107, 108, 154, 155, 158, 161, 162, 165-167, 171, 194
Urusbiis, 128
Vesses, 128
Vogoules (= Mansi), 128, 140, 151
Votiaks (= Oudmourtes), 128, 151
Yakoutes, 128
Yougoslaves, 197
Zyrianes, 128

Table des matières

P. Sériot
N. Troubetzkoy, linguiste ou historiosophe des totalités organiques ?..... 5

Préface de R. Jakobson à l'édition italienne
de «L'Europe et l'humanité» (1982) 37

Textes de Troubetzkoy

L'Europe et l'humanité (1920) (extraits) 45
Sur le vrai et le faux nationalisme (1921) 83
Les sommets et les bases de la culture russe (1921) 97
La Tour de Babel et la confusion des langues (1923) 115
Sur l'élément touranien dans la culture russe (1925) 127
Sur le problème ukrainien (1926) 153
Sur le problème de la connaissance de la Russie par elle-même
(1927) (introduction) 175
Le nationalisme pan-eurasien (1927) 181
Sur le racisme (1935) 193
Sur l'idée dirigeante de l'Etat idéocratique (1935) 203
Pensées sur le problème indo-européen (1939) 211
Annexe : bibliographie de Troubetzkoy 231
Index 241

Imprimé en Belgique par Pierre Mardaga, Liège.